U0936311

珍藏本
纪念版

汉译世界学术名著丛书

圣西门选集

第三卷

董果良 赵鸣远 译

2017年·北京

ŒUVRES

DE

SAINT-SIMON

TOME III

Réimpression anastaltique

1966

据法国 1966 年版《圣西门全集》第 3 卷译出

昂利·圣西门

汉译世界学术名著丛书
（120 年纪念版·珍藏本）
出 版 说 明

2017 年 2 月 11 日，商务印书馆迎来 120 岁的生日。120 年前，商务印书馆前贤怀揣文化救国的理想，抱持"昌明教育，开启民智"的使命，立足本土，放眼寰宇，以出版为津梁，沟通中西，为中国、为世界提供最富智慧的思想文化成果。无论世事白云苍狗，潮流左右激荡，甚至战火硝烟弥漫，始终践行学术报国之志，无改初心。

迻译世界各国学术名著，即其一端。早在 20 世纪初年便出版《原富》《天演论》等影响至今的代表性著作，1950 年代后更致力于外国哲学和社会科学经典的译介，及至 1980 年代，辑为"汉译世界学术名著丛书"，汇涓为流，蔚为大观。丛书自 1981 年开始出版，历时三十余年，迄今已推出七百种，是我国现代出版史上规模最大、最为重要的学术翻译工程。

丛书所选之书，立场观点不囿于一派，学科领域不限于一门，皆为文明开启以来，各时代、各国家、各民族的思想与文化精粹，代表着人类已经到达过的精神境界。丛书系统译介世界学术经典，引领时代思想，为本土原创学术的发展提供丰富的文化滋养，为推动中国现代学术和现代化进程做出了突出的贡献。

为纪念商务印书馆成立120周年，我们整体推出“汉译世界学术名著丛书”120年纪念版的珍藏本，寄望既利于文化积累，又便于研读查考，同时向长期支持丛书出版的译者、编者和读者致以敬意。

两甲子后的今天，商务印书馆又站在了一个新的历史时间节点上。我们不仅要铭记先辈的身影和足迹，更须让我们的步伐充满新的时代精神。这是商务人代代相传的事业，更是与国家和民族的命运始终紧密相连的事业。我们责无旁贷，必须做好我们这代人的传承与创造，让我们的努力和成果不仅凝聚成民族文化的记忆，还能成为后来人可以接续的事业。唯此，才能不负前贤，无愧来者。

商务印书馆编辑部

2017年10月

目　　次

世纪科学著作导论 …………………………………………… 1
世纪哲学导论 ………………………………………………… 134
百科全书……………………………………………………… 138
蜜蜂与胡蜂的不和或生产者与不事生产的消费者的
彼此地位……………………………………………………… 149
基督教………………………………………………………… 162

录

圣西门的社会学说…………………………………………… 208
圣西门传略…………………………………………………… 244
圣西门的主要著作…………………………………………… 256
有关研究圣西门的文献……………………………………… 262
名译名对照表………………………………………………… 268
后记…………………………………………………………… 273

19 世纪科学著作导论[①]

1966 年法文版出版者的话

这里再版的《19 世纪科学著作导论》,是圣西门于 1808 年印发的两卷本;但大家知道,作者在 1807 年第一次出版此书时,是印成一卷的。

我们无从知道 1807 年版一共印了多少册,圣西门在引用《百科全书》的引言时曾提到这个版本只有 176 页。1807 年版没有 1808 年版卷首的《前言》,但有 1808 年版删掉的《致科学进步的爱好者》一文。

在本社出版的《圣西门学说研究》一书中,我们谈到我们是如何从"皇家图书馆"收藏的《19 世纪科学著作导论》版本中找到了第一次印刷的证据的,而且在撰写这篇出版者的话的时候,还蒙昂利·富尔内先生的好意,把他从旧书店买到的一本 1807 年版借给我们。

仔细核对 1807 年版和 1808 年版,发现圣西门在 1808 年对

① 《19 世纪科学著作导论》是圣西门的早期著作(1807—1808 年),它为其以后的思想发展奠定了基础,对研究圣西门学说的发展很有参考价值。我们翻译所据的原文,载 1966 年法文版《圣西门全集》第 6 卷。——译者注

1807 年版的正文没有作任何改动。两个版本之间的差异，只是对新版做了一些不大重要的增补。

这次再版是根据 1808 年版排印的，但我们认为有必要把 1807 年版卷首的《致科学进步的爱好者》和《全书提纲》全文再收进来，同时保留原来的编排，并尽量保留圣西门在原版采用的字体。

致科学进步的爱好者

亲爱的同道者们！

拙著的提纲如下：

全书共分四编。各编重点如我为每编所冠的题名所示。

全书提纲

第一编

关于无机体物理学

关于有机体物理学

关于哲学

第二编

第一篇

批判孔多塞的《人类理性进步的历史概观》

第二篇

历史概观新编(共分九个部分):

第一部分

埃及文明以前的科学发展

第二部分

从埃及文明到荷马出世

第三部分

从荷马到苏格拉底

第四部分

从苏格拉底到耶稣

第五部分

从耶稣到穆罕默德

第六部分

从穆罕默德到培根

第七部分

从培根到现在

第八部分

科学的现在

第九部分

科学的未来

第 三 编

新百科全书提纲

第 四 编

考察前三编阐述的观念在作者思想中是怎样形成、联系

和解释的

亲爱的同道者们：

我从事一项宏伟事业，我需要诸位帮助，我请求诸位帮助，我敦请诸位提出建议。在编写过程中，我写完一部分就向诸位通报一部分。

在这第一分册中，我向诸位提出我对无机体物理学的看法。

如果我对诸位的工作能有所补益，那就请你们命令我吧！

圣西门上

19世纪科学著作导论

第一卷

前言

一个新的创见，会使想出这个创见的人感到荣幸，会使他的朋友、同胞和同时代人感到荣幸，会使整个人类感到荣幸。

只有通过自己的著作发挥新创见的作者，才称得起是创造家。

科学方面的发明家，在详述其发现的著作完成之前，几乎都要保守秘密。我认为这种办法并不太好。我的目的是吸收我的同时代人，特别是吸收我的同胞参加我的工作。据我估计，我的这部列出提纲的著作，十年之内还不能定稿。我事先把拙著中提出的一些观念公布出来，为的是让同胞们共享我们从未体验过的快乐。我认为，我采取的办法必然对科学有利。如果有比我更合适的人来写这部著作，我情愿让他们去公布我的思想，并愿意把材料拿出来供他们使用。如果天命注定由我来写这部著作，我一定要从大家的审议和讨论当中汲取人们为我提供的解释和观念。

我对培根、笛卡儿、洛克和牛顿等先哲崇敬备至，我钦佩他们在发挥自己的创见时表现出来的一丝不苟的精神。但令人遗憾的是，这些著作家没有把一些分散的观念汇总起来。他们在把一大批观念联系在一起的时候，往往歪曲了各个观念的本义。为了在最短期内传播一组新的观念，必须使用两种方法：既要把这些观念联系起来加以介绍，又要把它们分开单独介绍，以便对整体和各个部分都能进行讨论。

人的认识有浅有深。能够领会新观念的人，现在要比从前多得多了；提出最有力和最新颖观念的现代著作家高于其读者的程度，远远不如古代著名著作家高于其同时代人的程度。我认为，著作家这方面有一种斯文习气，不愿意同读者促膝谈心，而是在读者面前摆出一副教师讲课的架式。我在写作时的心情，与其说是想要讨论我谈的主题，不如说是想要提出一个交谈的话题。

科学革命紧跟着政治革命。查理一世死后不多几年，牛顿就发现了万有引力。我可以预言，我可以预见，立即就要出现一次科学大革命。

我想出一个计划，它的实现将使法兰西民族赢得荣誉。法兰西民族的竞争者，将被迫承认法兰西堪称伟大的民族，有资格在伟大拿破仑的指挥下前进。

笛卡儿从想象手中夺下世界的权杖，把它交给了理性。他说："给我物质和运动，我就给你创造出一个世界。"他大胆地解释了宇宙的机制。从观察所应依据的观点来看，他的涡流体系[①]是令人惊异的。对这一体系进行初步的、扼要的一般概括，具有不可估量的价值。它的各个成分不掺杂任何神学观念。

不应该把牛顿置于笛卡儿之上，甚至也不应该把他们平列。牛顿没有生在伟人们所创造的科学国度，而法兰西人却有幸是这种伟人的祖先。

科学著作有两类：一类是研究事实，另一类是就事实推理，即完善理论。笛卡儿的主要工作，就是完善科学理论的。学者们遵循了笛卡儿指出的方向，但却超出它的自然界限。他们陷入形而上学的迷宫，而到洛克和牛顿出世以前，他们便完全忽视了事实的研究。

洛克和牛顿采取了新的方向。他们研究事实，并且取得巨大的成就：一个发现了万有引力，一个发现了人类理性的可完善性。

学者们都变成了牛顿和洛克的信徒。差不多一个世纪以来，他们一直遵循着这两位伟人指出的方向前进；他们研究事实，但又忽视了理论。

---

① 涡流体系(Le système des tourbillons)：笛卡儿的"以太涡动说"认为，物质世界是连续的，充满世界的物质微粒(以太)由于彼此接触而产生涡流运动。在运动中，同质的微粒逐渐分化为三种元素：大而坚且又运动缓慢的微粒形成土元素，小而圆且又运动迅速的微粒形成气元素，最小的微粒形成火元素。由于物质呈涡流运动，土元素离开中心而形成为行星，火元素留在中心而形成为太阳和恒星，气元素在中间形成为彗星。行星的旋转运动又产生新的涡流，由此而形成与我们的太阳系不同的另外一些太阳系。以上就是天体演化的涡流体系。——译者注

为了科学的进步，为了人类的幸福，为了法兰西民族的荣誉，法国科学院应该从事完善理论的工作，回到笛卡儿的方向上来。

为了更清楚地说明我的观点，我们来作一对比。笛卡儿一进入他发现的科学新国，就立即登上最高山峰，从那里毕生俯瞰这个新国，给我们提出关于这个新国的一般观念；而洛克和牛顿则从山顶上下来，一生跑遍了山下地区，只是在行程将要终了的时候才又爬回山顶；但是他们并没有很好地看到新国的全貌，每人只是认识了这个新国的一半。

近百年来，学者们从四面八方遍历了科学国度。现在，该是我们重新回到一般观念的时候了。我们现在应当进行的工作，是把近百年来绘制的分图衔接起来；我们现已具备必要的材料来绘制总图。

应该悄悄地建立笛卡儿草创的体系。外行根本不能参加这项工作，而让他们来做这项工作的见证人也是不适宜的。我把拙著的样本送给人的时候，我请他们只向修养高深和性格老成的人传阅。拙著绝不出售，也绝不在报刊上宣传。因此，我要采取我能采取的一切预防措施，以避免因过早发表而可能引起的纠葛。

我所以写作，是因为我有新的东西要说。我的观点在我的头脑中是怎样形成的，我就怎样把它说出，不加修饰，而请职业写作家去润色。我是作为一个贵族，作为韦芒杜瓦伯爵家族的后裔，作为圣西门公爵的写作继承人来写作的。

最伟大的事业和最有力的言论，已由伟人们作出和说出。哥白尼、伽利略、培根、笛卡儿、牛顿和莱布尼茨，就是这样的伟人。假如不是王位出缺，拿破仑也会把他提出的创见写成书。

我这两册叙述要点的书，只能当做导论看待。读者读完它们之后，就可对我设想的计划作出初步的判断。我首先叙述从笛卡儿到新王朝建立期间人类理性的进展，并引证最近两个世纪的杰出人物提出的一般观念。这种引证绝不可断章取义，所以我的引证要做到完整。最初我会受到指责，但很快就会得到赞许。人们将会感到，把学者们今天视为金科玉律的一般见解汇总起来，有多么大的好处；人们将会感到，把这些见解全部联系起来，对于科学的进步又是多么重要；人们也将承认，不对比这些见解，不用同一观点把它们整理出来，不把它们写进同一部著作或同一卷书中，就不能令人满意地完成这种联系。

长期以来，学者们遗忘了一般科学。为了卓有成效地研究一般科学，学者们需要做一些预备性的研究。

伟大的拿破仑登基以后，法兰西真是光芒四射，赢得了各种荣誉。新王朝建立以来，我们还能像塔西佗那样来撰写我国的军事史；但我们的学者在科学上却没有提出任何新的观念，英吉利的科学枷锁依然压在我们的头上。尽管皇帝做过种种努力，欲使科学跨大步前进，但我们仍然是牛顿和洛克的信徒。皇帝也曾激发我们的才智，他在法国科学院讲话时就对我们说过："向我汇报 1789 年以来的科学进步，告诉我科学现在处于什么状态，用什么方法来推动科学的突飞猛进？"

法国科学院为回答这个重大问题，提出了几篇写得很好的历史报告，但没有用任何一般观念把这些报告联系起来。这个回答也没有指出让科学迈出拿破仑步伐的方法。

皇帝既是人类的政治领袖，又是人类的科学领袖。他一手拿着罗盘定方向，一手握着利剑消灭敌视文明进步的人。像最骁勇的军事家投奔在他的麾下一样，全世界最杰出的学者也应当集聚在他的周围。以拿破仑为首的法国学者，应当在他的指挥下建造起一座空前绝后的雄伟庄严和富丽堂皇的科学大厦。

编纂一部好的百科全书，建立笛卡儿设计的科学体系，是符合伟大拿破仑的观点的唯一科学工作。

拙著就是对皇帝提问的一个回答。本书篇幅很长，我写出一部分就发表一部分。敬请读者赐教。

第　一　章

了解病情以后，就容易找到医治的方法。我要首先找出目前科学体系的主要病症，然后再提出解决办法。①

在考察无机体物理学各部分的理论的时候，我注意到在一个很重要的问题上存在着完全相反的观点。

观察太空固体运行和计算其运动的学者（我称他们为固体学家②）说，星球之间是真空的，如果不是真空的，其间必有阻力，固体就要经受摩擦，从而影响它们的运动。

---

① 1807 年版没有这第一段。——出版者注

② 要准确地表达新的观念，必须使用新词。

固体和流体都是宇宙中的物质，因此它们的相互作用也是相等的。

无机体物理学应当分为两门：固体物理学和流体物理学。

研究无机体物理学的学者也应分为两类。人们把这两类人称为天文学家和光学家，但我以为不够确切，因为它们只能很不完全地表达我上述的观念。因此，我决心创造固体学家和流体学家这两个名词。

研究流体运行的学者(我称他们为流体学家)以各种不同方式解释光的传送,但不管如何解释,他们都承认光是物质的,承认光是穿过天体空间的一种流体。

因此,固体学家认为天体之间什么都没有,而流体学家则认为天体之间有物质。

为什么学者不去努力消除固体论和流体论之间的矛盾呢?

为找出消除这种矛盾的途径,应当站在什么样的科学观点上呢?

第　二　章

应当解决的问题

为什么学者不去努力消除固体论和流体论之间的矛盾呢?

对问题的考察

第一部分　概述

只有深入研究人类理性走过的道路,只有仔细考察我们智力活动的机制,只有精心观察一个观念从初步的概括状态过渡到清晰的概念状态所经过的种种变化,只有准确规定这个观念的一切表现形式和它在取得明显的真理特征之前所呈现的一切变形,才能找到解决问题的方法。

理性的活动有两种方式：研究任何一个单独的问题有两种方式，考察成组的问题也有两种方式；创立理论有两种方式，改进科学工作也有两种方式。一种方式叫做综合，而另一种方式则叫做分析。分析就是从个别事实上升到一般事实；综合就是从一般事实下降到个别事实。有时，人们还用其他词汇来区别智力的这两大职能：把第一种叫做先天地(a priori)考察事物，把第二种叫做后天地(a posteriori)考察事物。

第二部分　事实的考察

17 世纪科学著作概观

17 世纪初叶，人们开始以观察作为推理的基础，对自己的智力活动机制进行了研究。培根就是在这样的条件下执笔写作的。他以自己的著作开辟了科学史的伟大新时代，他发现了好的方法，他特别观察了智力的强大功能，他已知道把综合法同分析法区别开来，他应用巧妙的对比使最普通的人都学会了这种抽象观察。

培根采用了综合法。他立足于一般科学观点，他一览无遗地把科学尽收眼底，他对全部的既有知识进行了有系统的分类和再分类。用他自己的话说，他发展了我们智力的一个新工具。

最后，培根提出并概括出以下两个观点：

一、必须着手建立一个新科学体系；

二、必须用综合法建立这个体系。

笛卡儿开始写作比培根稍晚，并且是在这位一般哲学的革新者的推动下前进的。他阐述了培根的基本观点，改进了培根的计划，并将其实现；他建立起新的科学体系，而且也是用**综合法**建立的；他创立了涡流体系，我们应当把实证科学取得的进展归功于这一个卓越的创见。[①]

正是笛卡儿组织了科学革命。是他画出了新旧科学的分界线，是他树起了物理学家联合进攻神学家的旗帜；他从想象手中夺下世界的权杖，把它交给了理性；他确立了**人只能相信理智认定的和经验证实的事物**这个著名原则，从而彻底摧毁了迷信，改变了我们星球上的精神面貌。

笛卡儿首先证明，到他那个时代为止所获得的知识，只有做素材的价值；他给这个证明起了一个朴素的名称，叫做**方法的怀疑**

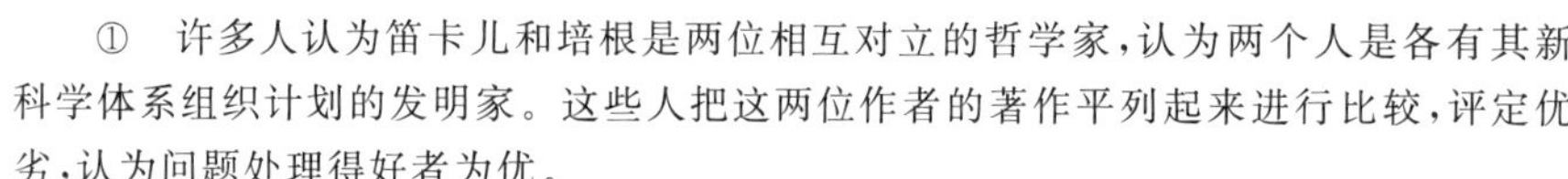

① 许多人认为笛卡儿和培根是两位相互对立的哲学家，认为两个人是各有其新科学体系组织计划的发明家。这些人把这两位作者的著作平列起来进行比较，评定优劣，认为问题处理得好者为优。

我认为，学者们采取的这种方式并不好。

培根生于1563年1月22日，笛卡儿生于1596年4月2日，因此笛卡儿出世时，培根已经三十六岁。也就是说，培根五十二岁时，笛卡儿才十六岁。

我现在要问：

一、笛卡儿在十六岁之前有可能想出改造科学体系的计划吗？

二、能不能设想笛卡儿在受教育期间对培根传播的观念一点也不知道呢？

对于第一个问题，我的答复是：

建立新科学体系的计划，是组合最抽象的观念所产生的最大成果。根据事物的本性，一个不到十六岁的人的头脑，是不可能初步形成这样一个计划的。

对于第二个问题，我的答复是：

笛卡儿由弗莱舍中学毕业的时候，培根的主要著作已经发表十多年了。我认为任何一个明情达理的人，只要仔细思考，就会确信：一贯追求强而有力的观念的青年笛卡儿，在中学毕业之前，不可能不知道培根设想出来的并号召全世界学者去实现的计划。

可把一般观念比作麝香：人们不必看到或摸到它，就会嗅到香味；最新的一般观念一经产生，人们的思想就会受到影响。

(Doute méthodique)。然后，他毅然决然地表现出他那大胆的理性姿态(他说)："给我物质和运动，我就给你创造出一个世界。"

笛卡儿既机灵又能干，他能够避开僧侣阶级的迫害，而又不妨害自己思想的发扬光大。他郑重声明他承认神的存在，但他又不让神启观念发生任何作用，不使自己的信仰屈服于任何神启观念。他认为，神启观念只是天才人物在人类幼稚无知时代创造出来的科学概括。

一直到 17 世纪末叶，学者都是在培根和笛卡儿的推动下前进的。概观学者这几百年来的著作，可以发现：

一、他们指明了旧体系，即宗教体系的最基本缺点；

二、他们为开创新体系做了初步的准备工作。

附注：法国科学院创建于 17 世纪结束之前。因此，在 17 世纪结束之前，革新派学者的团体已开始作为政治团体而存在。

事实的考察(续)

18 世纪科学著作概观

第一部分

如果我们长时间地从同一视点去观察事物，我们的眼睛就要疲倦。这时，我们就再也发现不了事物之间的新关系，甚至连最初看见的东西也看不清楚了。

学者们先天地考察事物已近百年，他们疲倦了，所以人类的科学眼睛没有力量去发现新关系，科学停滞不前。人们提出许多原则，但得不出任何结论，体系越来越多。科研机构虽为建立理想世界而热情工作，但忽视了对现实世界的研究。人们沉湎于形而上学，完全忘记了物理学，不再观察事实。洛克和牛顿就是在这种条件下著书立说的。观察他们二人走过的治学道路，我们可以设想他们在投入工作之前，曾作出以下两节所述的推理和论断。

我设想的洛克和牛顿所作的推理

笛卡儿承担的事业，既不可能由一个人完成，又不可能由一代人完成，甚至也不可能由下一世纪的几代人联合完成。这一事业极为艰巨，它是人类理性所能做出的最宏伟的事业，所以它的实现就需要很长时间。建立新科学体系要有各种不同的工序，而且要一再重复同一工序，因为每一道工序的初次进行都只能有草图的价值，而应当进行的第一道工序，则是要画出总草图。笛卡儿进行了这道工序，而且完成得很好。他的涡流体系，就是新科学体系的令人惊异的总草图。

笛卡儿十分精确地规定了新体系的建立者们应当达到的目标，他说：人只能相信理智认定的和经验证实的事物。

笛卡儿直接奔向他所确定的目标，在通向目标的道路上，他尽其所能开辟各种途径。涡流体系丝毫不违反理智，所以笛卡儿满足了他提出的第一个条件。

涡流体系对个别事实并没有作出令人满意的解释，即这一体系还没有用经验证实，也就是说，笛卡儿并没有满足他提出的第二个条件。我们对涡旋体系的这一缺陷不应大惊小怪，因为这是事物的本性所决定的，即经验不会走在发现的前面。

人类知识的宝库中，还没有在这方面观察到的事实。在笛卡儿建筑新科学大厦的时候，还没有备齐必要的材料，所以这位哲学家就不可能使他的事业取得完美的成就。

必须拆除笛卡儿建立起的大厦，但要精心保存起他使用过的建筑材料；除了拆下来的材料外，还必须添加新的材料；必须致力于新事实的发现，等到材料备齐再重建这座大厦。总之，必须停止先天地观察事物，而是要后天地观察事物，即必须暂时放弃综合法，而采用分析法。

我设想的洛克和牛顿所作的论断

我们主张把科学分为两部分，即分为无机体科学和有机体科学。我，牛顿，从事于无机体的研究；我，洛克，致力于有机体的研究。我们每个人都在各自选择的范畴观察个别事实，并从个别事实上升到一般事实。我们二人都不研究共性这样的一级科学观念，即不研究可以把在两个范畴内观察到的事实联系起来的科学观念；我们二人都不试图依靠一般科学观点，都不建立新科学体系的一般组织。

我们向人类声明：我们欣赏笛卡儿的著作，我们的意图是向他指出的目标前进，继承他的事业，一句话，完善他开创的科学体系。

如果说我们采取的方式不同于笛卡儿的方式，这并不是说我们不赞同他的方式，而是因为我们不能回避自然规律。

泛化和分化是精神活动所需的作用，犹如收缩和舒张的作用为生理活动所需要一样；这是人类理性以等长的时间轮流交替使用的功能。

但是，笛卡儿从事的是泛化(一般化)活动，而我们要做的是分化(个别化)活动，把我们提出的个别观念留给我们的后继者去泛化。笛卡儿运用综合法，而我们则采用分析法；笛卡儿先天地观察事物，而我们则后天地观察事物。

人类理性应当轮流交替地收集材料和用它们去建筑科学大厦。笛卡儿使用了萨拉森人输进欧洲的材料以及哥白尼、刻卜勒和哈维提供的材料。我们的任务是收集新材料，把它们留给以后首先出现的杰出天才去使用。

洛克和牛顿的科学著作

洛克和牛顿并没有作过上述的推理和论断。假使他们真是这样做了，就一定会写在自己著作的卷首。我们的这种入题方式比他们自己采用的方式更为可取，因为这样的导论会使他们的丰富了人类知识宝库的卓越发现更易于理解。

洛克和牛顿并没有说明他们所以采取那种方式的动机，而且也没有讲明他们所以决定采取那种方式的理由。他们只用自己的科学本能做向导，但是这个向导领导得非常好。

洛克和牛顿离开了崎岖小道，去为自己开辟新的道路；他们走下科学高峰而来到平原，从平原为自己选择了出发点。

牛顿看到苹果坠落之后，就从这一简单的事实拾级而上，一直上升到万有引力的观念。

洛克的注意力最初集中于我们最直接的感觉，即集中于我们的第一需求所派生的感觉；他从抽象到抽象，一直上升到人类理性的可完善性的观念。

洛克和牛顿的著作发表之后不久，也就是说，从18世纪初叶起，学者中间出现了不同的意见，分成了水火不相容的两派，洛克—牛顿派向笛卡儿派宣战了。

事实的考察（续）

18世纪科学著作概观

第二部分

洛克—牛顿派和笛卡儿派的争论

今天，不难看出这个争论所犯的错误。

学者们本想研究一般情况，但却考察了个别情况。

假如学者们最初立足于高超的观点，看清各项发现之间的联系，看清相继阐明科学机构的研究成果的各项重大创见之间的联系，那么，他们就会努力去理解笛卡儿派的观念怎么能产生洛克—牛顿派的观念，一句话，他们就会恰当地提出和讨论所要考察的问题。

假如问题提得恰当，则笛卡儿的理论一经问世，学者们就会首先把注意力集中到人类知识的状态上去，就会确认笛卡儿已经把新科学体系的建立推进到当时条件所能允许的高度，就会看到提出新体系的初步轮廓是势所必然，就会看到只有如此才能把科学机构的注意力集中到应当从事的工作上去，就会认为涡流体系是一个暂时的体系，就会把这一体系看做是使实证科学由此形成为完整体系所必需的工作草图，就会不去批判涡流体系，就会不让洛克和牛顿的著作与笛卡儿的著作互相对立起来，也就不会去争论综合法和分析法孰好孰坏。这种孰好孰坏的争论十分荒谬，犹如对一台泵的作用，硬要争论究竟是活塞上升好还是下降好一样。对于这一问题，人们只能回答说："如果活塞处在泵体的上部，就应叫它下降；如果处在下部，就应叫它上升；正因为活塞有自上而下和自下而上的交替运动，泵才起作用。"

假如问题提得恰当，学者们就会觉察到笛卡儿是有意采用和提出新科学领域的一般观念的，就会觉察到笛卡儿因此一开始就把自己置身于科学的顶峰，就会觉察到他首先站在哲学的高原，一览无遗地掌握人类知识的所有领域，随后又下降到两个次要的观点：他写出《论人》(*Traité de l'homme*)一书，说明他停留在有机体物理学的观点上；而他的屈光学和他在几何学上对代数的应用，则说明他停留在无机体物理学的顶峰。

学者们本应当看到，笛卡儿已被上述的著作累得筋疲力尽。这样，他们对笛卡儿到达平原后的疲惫不堪，对笛卡儿科学旅程日志的最后部分远远不如最初部分，也就不会感到惊奇了。

假如问题提得恰当，学者们也就会觉察到，洛克和牛顿在发现一般原则十分协调，而原则的应用却很不好的时候，必然要观察、比较和解释个别现象。

实际上，问题是提得不恰当的，所以学者们自认为是在探讨一般情况，其实只是探讨了个别情况；自认为是提出了一般原则，实则只提出了个别原则。但是，学者们所犯错误的性质，并没有立即产生不良后果，所以18世纪的科学著作仍然很有价值。

学者们没有想到应当轮流交替地发挥泛化和分化的作用，应当轮流交替地运用综合法和分析法，应当轮流交替地进行先天的观察和后天的观察，而是指示人们必须走洛克和牛顿的道路。

18世纪科学著作概观(续)

洛克—牛顿派和笛卡儿派争论之后的著作

第　一　类

我认为，在洛克和牛顿的著作之后写成和发表的18世纪科学著作中，有四部最为著名：

头两部是《函数论》和《天体力学》；

另两部是《论感觉》和《人类理性进步的历史概观》。

前两部是牛顿著作的继续；后两部是洛克著作的继续。

牛顿的创见的改进和发展

《函数论》

在天才们想出的新颖、有力和正确的创见中，总会掺杂一些错误的观念，而清除这些观念所需的时间，则与该发现的重要程度成正比。牛顿用无穷小的观念作为其微分法的杰出发现的基础，这就非常错误地把物理学观念同纯数学观念混杂在一起了。

拉格朗日先生终于区分开良莠，他建立的微分法理论没有任何物理学观念。

拉格朗日先生对其微分法的发现，对从牛顿到他为改进微分法所做的种种努力，以及对他为达到这一目的所采取的种种方法，作了如下的叙述。

“从广义上来讲，函数计算的对象和微分计算的对象一样，但是函数计算，没有微分法的那些在计算原则上和一般演算过程中遇到的困难。此外，函数计算还能把微分计算与可以说现已成为另一门独立科学的代数学联系起来。

“我们知道，作为莱布尼茨的微分法基础的无穷小的假定，是有一些困难克服不了的。为了克服这些困难，欧勒①把微分看做是零值的，从而把微分比的表达式写成不表达任何观念的 0∶0。

“麦克劳林②和达兰贝尔运用了极限的观念，并把在有限差变成零值时的微分比看做有限差比的极限。

“这样来表达微分量，只是把困难往后推了，因为在最后解析时，无限减小的差比仍然变为 0∶0。

“况且可以看出，当某个量无限减小时把极限这个常用词用于解析式就很不恰当，因为这种极限缩减到零之后还可以变成负数。在几何学上也是如此。严格地讲，并不能说次切距就是次割距的极限，因为次割距变成次切距之后仍然可以继续增大。

“根据老前辈的定义，真正的极限是一个虽然可以随意接近但绝不能超过的量。例如，圆周对内接多边形和外接多边形来说就是如此，因为不管边数增加多少，内接多边形总超不出圆周，外接多边形也进不入圆周。同样地，渐近线也是它所归属的曲线的真正极限，如此等等。

① 欧勒，列奥纳特（Euler，Leonard，1707—1783 年），瑞士的杰出数学家、力学家和物理学家，曾前后在彼得堡科学院（1727—1741 年和 1766—1783 年）和柏林科学院（1741—1766 年）工作。——译者注

② 麦克劳林，科林（Maclaurin，Colin，1698—1749 年），英国的数学家，牛顿的友人。——译者注

“再者，我并不否认，像麦克劳林和达兰贝尔以及他们以后许多其他学者所做的那样，对以特殊方式规定的极限进行研究，可以精确地证明微分学的原理。但是，人们在这里不得不使用的形而上学之类的东西，即使说与分析精神不是完全相反的，至少也是格格不入的，因为分析不能允许有形而上学，而只能依靠基本原理和主要的基础运算。

“关于微分系数法，的确可以把微分系数看做是量变的速度，并从这里抽出任何力学观念；但是在微分系数中，上述速度的分析测定也取决于无穷小的量或无限减小的量的研究，从而同微分学有同样的困难。

“如果深入研究这些不同的方法，或者更确切地说，如果深入研究同一方法的不同考察方式，就会发现这些方法或方式的唯一目的，就是设法通过移项或者说通过使前项与数列的其余项隔开的办法，单独求出函数展开的前项，因为需要用微分学解答的一切问题，仅仅取决于这些前项。可以说这就达到了目的，几乎无需怀疑，运算的目的就在于此。

“从曲线的研究中产生出无穷小的方法，接着再把它变换成无限减小或极限的方法，而从运动的研究中则产生出微分系数法。在分析中，人们便借用了从上述研究中得出的原理。人们一开始没有看出，至少是似乎没有看出，取决于这些方法的问题，经过分析研究，可简单地归结为对导函数的研究，即对已知函数展开的前项的研究，或者可归结为用导函数对原函数的逆向研究。

“牛顿在最初解答沉重物体在受阻的条件下移动所画出的曲线问题时明确指出，这个问题不应当用纵坐标数列的前项来解答。但是，在应用这一原理时他错了。在第二次解答时，他研究了四个连续的纵坐标的差，而且完全使用的是微分法。尽管他仍然说问题要用数列的前项来解答，但是可以看出，这句话同上下文没有任何直接的关系。

“因此，更为合理和更为简单的办法，是直接研究函数的展开，而不走无穷小或极限等形而上学的弯路。与其说这是使微分学完全取决于这种展开，不如说是把微分学引回到纯代数的原点。

“然而，在微分学产生的时候，人们还没有函数所包含的那种相当广义的观念。

“最初的数学分析家们使用微分这个词，只是表示同一个量的各次方。随后人们把含义扩大，表示另一个量以任何方式形成的一切量。现在，一般是用这个词表示一个量根据已知定律取决于其他一个或几个已知量。

“从这个观点来看，就应当把代数学看做函数的科学，而且不难看出，方程的解一般说来只在于用已知量的已定函数求未知量的值。因此，这些函数就表示为求出待求量的值而对已知量进行的各种运算，而且这些函数实际上不外是计算的最后结果。

“但是，在代数学中，只是研究一般化了的，即改写成字母的算术运算所求的函数，而不是像在真正的函数计算中对不定的增值得出一个或几个函数量，以研究数列展开的代数运算所求的函数。

“用一般方式来研究的函数展开，产生出各级的导函数；而一旦找到这些函数的数字算法，就可以只研究这些函数本身，而不考虑它们所由来的数列。因此，只要把一个已知函数当做原函数，就可以用简单而划一的法则从中导出其他的所谓的导函数；只要在若干变数之间得出任意方程，就可以逐步过渡到导方程，再从导方程回到原方程；这种转换也适用于微分法和积分法，但根据函数理论，这要取决于以简单的计算法则为基础的纯代数运算。

“研究面积、正切、接触半径等时，导函数必然要出现在几何学中；而研究速度和力时，导函数则必然要出现在力学中。举例来说，如果把一个曲线面积看做横坐标函数，它的纵坐标就是第一导函数或第一函数；纵坐标与次切距的比用纵坐标的第一函数来表示，从而也用面积的第二导函数或第二函数来表示。接触半径取决于纵坐标的前两个导函数，其余类推。同样，如果把经过的空间看做时间的函数，速度就是第一函数，而加速的力则是第二函数。由于曲线几何和力学的这些因素能够提供像方和根的代数式这样简单易解的算式，所以这也许算是函数计算的一点小贡献。

“就函数的构成量中的一个量来研究函数时，可不考虑这一量的值，而只研究它进入函数的方式，即只研究函数同这一量和同其他量的组合方式。因此，只要和它组合在一起的其他量恒定不变，则不管它如何变化，函数仍被看做是始终不变的。因此，就函数而言，必然有变数和常数的区别。”

欧勒先生概括和阐述了拉格朗日先生所证明的全部真理。

在科学史中，能够找出一个伟大理论的最初观点、一切细节和全部证明都是出自一人的例子吗？

《天体力学》

拉格朗日先生改进了牛顿发明的计算方法，拉普拉斯先生概括和改进了这种计算的应用。

下面是拉普拉斯先生设想的著作计划。他实现了这一计划，所以他的著作的导论可以算作他的著作的摘要。

> “牛顿在上世纪末公布了万有引力的发现。从那以后，几何学家们经过努力，终于把宇宙体系的一切已知现象都纳入这一伟大自然定律，从而赋予天文理论和天文图表以出人意料的精确性。我决定用同一个观点阐述这些散见于大量著作中的理论，汇编成《天体力学》，以综述万有引力对茫茫太空中的太阳系和其他类似体系的固体和流体的平衡和运动所发生的全部作用。最广义的天文学，是力学的一个大问题，因为在力学中天体运动的参数是任意值。问题的解答既取决于观测的精确性，又取决于分析的完善性；而且至为重要的是不能想当然，要使解答只依靠必不可少的数据和观测。我必须竭力达到拙著所预定的重大目标。考虑到题目的繁重艰巨，我希望天文学家和几何学家从宽对待拙著，从中找到他们的研究所需的相当简易的答案。拙著分为两部：第一部论述测定天体重心运动的方法和公式、天体图像、天体周围流体的变动和天体围绕各自重心的运动；第二部先把第一部给出的公式应用于行星、卫星和彗星，然后考察有关宇宙体系的各种问题，并概述这方面的几何学著作的简史。拙著采用直角和日长的十进分法[①]，至于

① 直角为 100°，圆为 400°，日长为 10 小时。——译者注

长度测量单位，仍采用根据敦刻尔克至巴塞罗那的经线所测定的米长。”

拉普拉斯先生关于月球理论的研究，足以使他在光荣殿中占有显赫的地位。

月球理论还不完善。长期以来，天文学家们几经观测，证明这个卫星的平均运行并不规则；但是，没有一个人指出这种不规则的原因，没有一个人精确地测定出不规则的差比。拉普拉斯先生填补了这个重大的空白。

拉普拉斯先生证明：所谓的月球不规则运行实际上是非常规则的运行，月球的这种运行是万有引力的直接效应，这个看来好像是牛顿学说不能解释的例外或个别事实恰恰同牛顿学说所依据的一切事实完全一样，绝非例外和个别。我认为，拉普拉斯先生的这个证明是永远值得称赞的。

这位学者为作出他的证明所采用的方法多么有效、多么平易、多么简单！

天才的禀赋是拉普拉斯先生的基本条件。

在所有的天文计算中，（拉普拉斯先生说过）人们都把行星看成是完全圆的球体。问题的这种提法没有什么不妥，但只能限于考察太阳系的各星体的一般作用和相互作用。所忽略的量，比起所计算的量是小得微不足道的，观测时感觉不到这种不精确性所引起的误差。但在月球理论中，如果忽略了这个量，那就错了。改进月球理论的方法是：在计算地球对月球的引力作用时，不要把地球看成完全圆的球体，而要看成自转轴的两端平扁的球体。

拉普拉斯先生做完计算之后，就设法去求证计算。这个求证需要大量工作，还必须研究对月球所做的全部观测。这位学者向科学院报告了这一工作的艰巨性。只要有利于科学的进步，科学院总是立即行动的。正如拉普拉斯先生所希望的那样，科学院提出了课题悬赏。布瓦尔[①]先生和布尔格[②]先生前来应征，并分得了奖金。他们比较了三千多次观测，用观测证明了拉普拉斯先生的理论的正确性。

洛克思想的完善和发展

概　　述

在向读者直接介绍洛克思想的完善和发展以前，我先考察一下科学史上的一个重要问题，并竭力把它搞清楚。这个问题就是科学著作的划分问题：洛克和牛顿在新科学体系中所完成的划分，柏拉图和亚里士多德在旧科学体系中所完成的划分。

在两个伟大的科学发现之间，必有一个长期的间隔。伟大的科学发现，都是轮流交替地由一个人和两个人领导完成的。

这两个事实的存在原因，不难从历史上找到证明。

第一个事实的原因

在两个伟大的科学发现之间，必有一个长期的间隔。一个伟

① 布瓦尔，亚历克西斯（Bouvard，Alexis，1767—1843 年），法国天文学家，经纬度测绘局主任。——译者注

② 布尔格，约翰·托比阿斯（Bürg，Johann Tobias，1766—1834 年），奥地利天文学家。——译者注

大科学发现的特征是什么呢?

只有改变科学团体的研究工作的指导方向的科学发现,才称得起第一流的科学发现。但是,由于事物的本性:

一、科学团体只能根据综合法或分析法进行研究。因此,重大的发现只能是创造出一套可以决定学者们从综合法过渡到分析法或从分析法过渡到综合法的观念。

二、在这两个过程中,学者们必须走完一个过程的全程,才能从一个过程过渡到另一个过程;而且不论是从哲学的高度下降到科学的细节,还是从最个别的事实上升到最一般的事实,人类理性都需要一段很长的活动时间。

由此我得出结论:

在两个伟大的发现之间,必有一个长期的间隔。

第二个事实的原因

伟大的科学发现,都是轮流交替地由一个人和两个人领导完成的。

我前面说过:

一、人类理性是轮流交替地使用先天法和后天法来观察事物的。

二、伟大的科学发现只是先天地或后天地观察科学总体的一种新方式。

(我认为)如果我对上面的两点讲得已够清楚,那么我现在的任务就是找出第二个事实的原因,即根据事物的本性证明:以先天法提出的创见是单纯的,而以后天法提出的创见则是复杂的。我现在来论证。

用新方式先天地考察事物，就是重新组织一般原则。这一工序要求组合一般原则时前后统一，从而这就不可能是多数人合作的结果。

后天地考察事物，或对个别事实进行新的考察，需要很长的时间和详细的论述，而这绝非是一个人的能力可及的。

为了从方法论上证明以上所述，就必须完全撇开直接感觉，上升到最高抽象的领域，并在这里停留必要的时间去重新组织一般原则和用这些原则去解释现象，因为现在只有探讨对物理学的进步有明显利益的发现时，形而上学才能引起学者们的注意。简而言之，为了确切证明上面提出的问题，就必须在这段插叙中一一陈述本书将要提出的全部最有力论断，但这样做又不太适宜。

因此，我暂时只提出这个证明的结果。

可把科学领域视为中央部分耸有一座高山的国度。从这座高山的顶峰，一个人就可以看到全国；而在平原，至少要有两个人才能看到一个人从顶峰上所见到的全貌。如果现在把笛卡儿比作站在顶峰上的人，把牛顿和洛克比作站在平原上的人，那就可以看出，学者们在 17 世纪只有一个向导，而在 18 世纪则有两个。虽然 18 世纪的学者们分成各有自己领袖的两派，但我在考察他们的著作时力求把它们统一起来，所以我希望人们能够为我的努力而喝彩。

《论感觉》

仔细研读洛克的著作，可以发现这位学者对解剖学、医学和生理学都造诣很深，对有机体物理学各个部门的知识也都达到了当时已有的水平。洛克显然是以把精神方面的现象，即智能现象纳入物理观念的范畴为目的的。洛克显然是以此为目的的，因为他曾抨击、驳斥和摧毁兽类自动论之类的天赋的、神启的和灵感的观念；他甚至还试图把对最低级动物所做的观测同对最高级植物所做的观测联系起来。

在洛克的时代，相信神启观念的人为数还相当可观。僧侣集团虽已分裂成相互攻讦的两派，但仍然很有势力。新教僧侣和旧教僧侣在反对建立新科学体系这一点上，还是利益共同的。两派僧侣都认为，世俗人应当是他们的下属。一句话，神学家（既然认为世俗人是他们的从属）企图禁止世俗人研究重大的观念，叫人们相信神职人员从超自然的（即不可思议的）权力那里得到解答一切重大科学问题的能力，从而把重大的观念禁锢在信仰的范围之内。

以建立新科学体系为主要目的的洛克，为建造科学大厦收集材料的洛克，不得不要点机智；他不能毫无顾忌地发挥自己的思想，被迫（为了避免僧侣的迫害）在论证神启观念并不存在的每一章节的开首，都要郑重声明他相信神启观念。

洛克在其著作中所用的大量护身符，使他的著作很难于理解，以致像孔狄亚克这样的人，为理解他的一个最重要观点都感到非常吃力。例如，孔狄亚克在给一位女友的信中说过：

“我们回忆不出我们出生时的无知情形，因为当时的状态未留下一点痕迹。我们所能回忆出来的无知情形，只是我们记住的那些学过的东西；而且为了理解我们所学的东西，必须先知道一点东西；我们必须先用几个观念来感觉，然后才能观察我们用原先没有的观念去感觉的东西。今天可使我们如此清楚地了解一个认识向另一个认识过渡的这种深刻的记忆，却不能溯源到最初的一些记忆；相反地，最初的一些记忆是被它假想出来的。因此，我们就认为这种倾向是与生俱有的。说我们学会了看、学会了听、学会了品味、学会了感觉、学会了触摸等等，都是似是而非的怪论。看来在感官形成的当时，天性就赋予了我们以全会运用感官的能力，而无需学习就能一直运用它们，因为我们现在并不需要学习使用它们。

"在发表拙著《论人类知识的起源》时，我就抱有这种见解。洛克对于一个胎生盲人被治愈复明的议论，也没有能使我放弃这一见解。与这位哲学家相反，我仍坚持眼睛生来就会识别形象、大小、方位和距离。"

在孔狄亚克著书立说时，僧侣已经丧失了他们在洛克时代拥有的大部分势力。孔狄亚克很少受到威胁，他大胆得多了。孔狄亚克走过洛克所开辟的道路以后，终于看到被第一个走完全程的杰出天才所荫蔽的细节。孔狄亚克用不着洛克那么多的护身符。

在沙·乌埃版《论感觉》卷首的论点摘要的头几页中，孔狄亚克将其目空一切的态度表现得十分清楚。我在下面将要引述这段摘要。孔狄亚克过分自负，自认为是第一流的天才，其实不过是洛克的一个注释者。这个错误对科学并没有什么妨碍，因为一个人只有在心灵上摆脱从属感，才能表现出他的全部才能。

《论感觉》的论点摘要

"这部著作的主要目的，是说明我们的一切知识和一切能力是怎样来自官能的，或者更确切地说，它们是怎样来自感觉的，因为官能实际上不过是偶然原因。官能并不感觉事物，借助官能来感觉事物的只是心灵；是感觉使心灵发生变化，人们才获得一切知识和一切能力。

“我的这项研究并不能无限地促进推理艺术的发展，只能使它发展到获得初步原则。事实上，如果不了解我们的思想是怎样形成的，就找不到经常不断指导我们思想前进的可靠方法。对于那些总是求助于自己都不理解为何物的本能的哲学家，你能够指望他们什么呢？只要我们心灵的活动还是神秘莫测的，未被我们了解，你能夸口消除我们的错误的根源吗？因此，必须先从我们受到的最初感觉开始考察；必须探讨我们的初始活动的原因，追溯我们观念的根源，同时详述我们观念的形成和发展，一直跟踪追迹到大自然给我们规定的界限。总之一句话，正如培根所说的，必须全面重新研究人类的悟性。

“但是，有人会反驳说：只要重复亚里士多德所说的我们的知识都来自官能，就已经说得够全面了；绝没有一个有头脑的人不会进行你们认为是如此必要的发挥，但也没有什么比同洛克一起去就这些细节钻牛犄角再徒劳无益的事情了；亚里士多德能用那一句名言概括出我们知识的整个体系，这完全证明他是非凡的天才。

“我承认亚里士多德是最杰出的天才之一，而提出上述反驳意见的人也无疑是博学之士。但是，只要听一听他们的议论，或者如果他们写有哲学著作而读一读他们的这种作品，就足以确信他们对洛克的指责是多么站不住脚，而如果他们不是去批判而是去研究这位哲学家的著作又是多么有益！

“如果这些人使用的方法是正确的，而且运用得非常清楚和十分确切，那他们还多少有点权利把形而上学为认识人类理性所做的努力看成是徒劳无益的。但是，我们完全可以怀疑他们如此重视亚里士多德是为了能够轻视洛克，而轻视洛克又只是为了轻视所有的形而上学者。

“长期以来，人们都说我们的一切知识来自官能。但是，逍遥派还远远没有懂得这一条真理，所以尽管他们中间许多人都有这种想法，但从来没有能够发展它，而且在数世纪之后，这仍是一个有待发现的问题。

“往往一个哲学家表示赞同一个真理，可是他并没有弄懂这个真理：他有时是追赶浪头，随声附和；有时是驯而不服，另有野心，他反抗，他战斗，他偶尔还能惑众。

“几乎所有的流派都是这样形成的，所以它们往往是信口雌黄，胡诌一通，但有的议论也要有些道理，因为它们总是要相互挑毛拣刺的。

“我不知道亚里士多德在提出知识根源的原则时有什么理由，但我知道他并没有给我们留下发挥这一原则的任何一本著作，而且总的来说，他是竭力反对柏拉图的见解的。

“在谈完亚里士多德之后，可立即来谈洛克，因为不必考虑就这个题目有所论述的其他哲学家。这位英国人无疑曾在这方面大放异彩，但也留下了一些阴影。我们将会看到：他没有留意在我们的感觉中还掺杂着很大一部分识别活动；他不懂得我们是多么需要研究触、视、听等等活动；他认为心灵的一切能力都是天赋的品质，而没有想到这些能力也会来自感觉。

“从整个广度来讲，他远没有掌握人的体系；假使没有莫利纽①，恐怕他始终也没有机会知道视觉中还掺杂着识别。他曾明确断言，其他官能也都一律没有掺杂着识别。因此，他认为我们生来就有一种会使用官能的本能，而无需用思考来帮助我们运用官能。

“试图研究人类思想史的毕丰先生②，一开始就假定他所设想的人具有人应当获得的习惯。他不知道每一官能是通过什么判断顺序发展起来的，所以他说：在动物身上，嗅觉属第一，只有嗅觉可以代替其他一切感觉，而且从一开始，从而在学会触摸之前，嗅觉就决定和指导着动物的一切动作。

“《论感觉》是唯一能够剖析人的习惯的著作。观察人出生时的感觉活动，就可证明我们是如何学会使用自己能力的；而凡能很好理解我们的感觉体系的人，都会承认没有必要使用本能、机械运动和其他类似的暧昧不清的字眼，或者退一步说，如果一定要用它们，就得能够把它们变成明确的观念。

① 莫利纽，威廉（Molineux，William，1656—1698 年），爱尔兰哲学家，曾研究数学和天文学。——译者注

② 毕丰，若尔日·路易·勒克勒尔克（Buffon，Georges-Louis-Leclerc，1707—1788 年），法国杰出的自然科学家，著有《自然时代》等作品，曾猜测到生物界的变异，指出猿和人的起源的共同性。——译者注

“但是，为了达到本书的目的，既绝对需要重视我们的一切活动的本源，又绝不能忽视我们的一切活动本身。本摘要所要指出的，也只是这一点。

“如果人对自己的感觉毫不关心，那么事物对他的印象就像影子一样，留不下任何痕迹。过了几年之后，他仍和最初一样，任何知识都没有获得，除了官能之外没有其他能力。然而，人的感觉的特性，绝不容许人们长期处于这种麻木不仁状态，因为感觉必然有使人痛快的和不快的，而人就是总想方设法去寻找痛快而避免不快的；而且快乐和痛苦的对比越鲜明，对心灵的作用也越强烈。

“在缺乏一种我们认为是我们的幸福所必需的东西时，我们就会感到困难。我们把对困难的担忧叫做需求，而由需求又产生出愿望。这种需求随着情况一再重复，而且往往由此产生出新的需求，从而使我们的知识和能力得到发展。

“洛克第一个指出，因缺乏某种东西而引起的担忧是我们作出决定的根源。但洛克认为担忧来自愿望，其实恰恰相反；另外，洛克还把愿望和意志严格地区别开来，其实两者并没有多大区别；最后，洛克只是考察了正常人的担忧造成的影响，即能够运用一切官能和养成一切活动能力的人的担忧造成的影响。

“因此，只须证明这种担忧是使我们养成触、视、听、嗅、尝、比较、辨别、思考、希望、爱、憎、恐惧、想念、欲求等习惯的最初根源。总之，心灵和肉体的一切习惯都是由此而来的。

“为了证明这一点，必须比这位哲学家再上升得更高一些。但是，由于我们无法考察我们最初的观念和最初的感触，所以就必须猜测，从而也就必须作出种种假定。

“然而，仅仅再上升到感觉还是不够的，因为要阐述我们的一切知识和一切能力的进步，就必须把应当归属于各种官能的活动分辨清楚，而这项研究现在还没有人尝试过。因此，我把《论感觉》分为四个部分：

“第一部分论述自身不能识别外界事物的官能。

“第二部分论述触觉，即独自能够识别外界事物的官能。

“第三部分论述触觉如何使其他官能学会识别外界事物。

“第四部分论述能够运用全部官能的单独人的需求、观念和智能。

“以上的叙述清楚地表明，本书的目的是说明我们的每种官能产生什么样的观念，以及所有的官能联合起来又怎样给予我们以生存所必需的一切知识。

“所以说，人的整个体系都是从感觉产生出来的，这个完整体系的各个部分既相互联合又相互补充。这是一串前后连贯的真理：前面的观察给后面的观察做准备，后面的观察给前面的观察做证明。举例来说，在你阅读第一部分时，就开始想到视觉可以下必依靠本身去辨别大小、形状、方位和距离；而当你在第三部分读到触觉如何给予视觉以这一切观念时，就会对这一点心悦诚服。

“虽说这一体系的基础是一些假定，但由此得出的一切结论却是由我们的经验证实了的。例如，绝不会有一个人只有嗅觉，因为这样的动物是生存不下去的。但是，为了说明我们在观察时所作的推论是正确的，只要对我们自身稍微考察一下，就得承认我们虽可以把个人身上发展的一切观念和一切能力都归之于嗅觉，但只靠嗅觉这一官能，我们却不可能获得其他观念和能力。我们可以撇开视觉、听觉、味觉、触觉不管而只考虑嗅觉，但我们所以要设想一些假定，只是为了把这种抽象说得更为明白易懂。”

《人类理性进步的历史概观》

洛克在其哲学著作中论述了个人智力的发展和人类理性的完善。

孔狄亚克给洛克关于个人智力的论述作了注释。

孔多塞努力把体系建立在完善的观念之上；他发展了洛克关于理性的无限可完善性的叙述。[①]

① 普莱斯和普利斯特列* 二位博士后来阐明了洛克的人类理性可完善性的观念，孔多塞利用了他们的著作。

* 普莱斯，理查(Price，Richard，1723—1791 年)，英国政治家、经济学家和道德论哲学家，资产阶级激进主义者。——译者注

下面是孔多塞写在其著作卷首的内容提要：

“人生来就有能力接受感觉，从所接受的感觉中识别和分辨构成复合感觉的简单感觉，记住、认识和组合它们，在记忆中储存或复现它们，从组合中比较它们，找出它们的异同；还有能力对所有这些对象打上记号，以便更好地认识它们，从而便于进行新的组合。

“个人的这种能力，在外界事物的作用下，即由于某些复合感觉的经常存在，而在人身上逐渐发展。复合感觉的恒定性，无论就其总体的同一性而言，还是就其变化规律而言，都是不依人本身为转移的。个人也能通过与其他人的相互来往而锻炼这些能力。最后，在这种能力得到初步发展之后，人们还能通过后天习得的方法使其有所发现。

“感觉有的带来快乐，有的带来苦痛；人也能把这些瞬间的印象转变成持久的、甜蜜的或苦痛的感受；并且在看到或想起其他可感事物而快乐或苦痛时，还能回味这种感受。最后，这种能力与产生观念和组合观念的能力结合之后，就产生人与人之间的权利和义务关系，这些关系又必然与我们最宝贵的幸福和最大的灾难息息相关。

“如果从人类的不同个体的共同点出发，只观察和认识人的上述能力的发展所表现的一般事实和恒定规律，则这门科学就叫做形而上学。

“但是，如果从同一时期和同一地区生存的人群所表现的结果来研究这一发展，而且是研究代代相传的发展，这就是概观人类理性进步的历史。人类理性的进步也遵循着个人能力发展所遵循的规律，因为人类理性的进步同时就是集合成社会的大量个体的能力的发展的结果。但是，每一断代的结果一方面取决于前一断代的结果，另一方面又影响以后各断代的结果。

“这是对人类理性进步的历史概观，因为它是通过对过去不同时代的人类社会进行连续观察而形成的，而且一直是叙述其变化的。这个历史概观要指出变化的程序，说明每一断代对下一断代所起的影响，进而根据无数世纪以来不断更新的人类所发生的变化来解释人类走过的路程和人类走向真理或幸福所迈出的步伐。对人类的过去和现状进行的这种观察，将会使我们找出保证和加速人类的本性可望得到的新进展的方法。

“这就是我写这部著作的目的。它的结论是用推理和事实说明人类能力的完善是无止境的，人类的可完善性实际上是无限的，今后任何强权要想阻止这个发展都是不可能的，只要我们居住的地球存在一天，人类的能力就要发展一天。毫无疑问，前进的步伐可能时快时慢，但是永远不会后退；至少可以说，只要地球在宇宙体系中的位置不变，只要宇宙体系的一般规律不在地球上产生巨大的混乱和发生使人类无法生存、无法施展才能、无法找到对策的变化，就不会后退。

“我们所观察的人类的最初文明状态，是人数不多的群体以渔猎为生，只会制作粗糙的武器和某些生活用具，巢宿或穴居，但已有互通需求的语言，而且还有少数作为行为公认的标准的道德观念；他们组织家庭生活，遵循具有法律效力的惯例，甚至已经形成政府的雏形。

“大家知道，由于生活资料的来源既不可靠又很困难，除了必不可少的休息之外就是极端的劳累，所以当时的人根本没有空闲去深入思考和用一系列新的观念去丰富自己的理智。满足需求的手段，也只能是偶然地或在个别季节中促进本来可以不断发展的实业的进步；每一个人只能完善自己的才干或机智。

“因此，那时人类的进步必然是非常缓慢的，他们只能在罕见的困难环境中一步一步地前进。尽管如此，人类仍然从以渔猎或采集野果为生的状态，过渡到驯化、饲养和繁殖动物而得到丰富生活资料的状态。随后，又出现了粗放的农业。这时，人类不再满足于采集野果或植物，而学会用它们作粮食，选其良者加以种植或栽培，以耕作劳动对它们进行再生产。

“在文明的初期，只有个人的猎获物、武器、渔网和生活用具是私有财产；后来，先是畜群变成了私有财产，接着，开垦和耕种的土地也成了私有财产。首领死亡之后，他的私有财产自然传给他的亲属。这样，某些人就占有了可以保存的剩余物。即使一个孤独的人，也会有各种新的要求；人们有了一样东西之后，就感觉到缺乏其他东西。这种需求产生了交换的理念：从此，道德关系就变得复杂而多样了。生活比较安定，空闲时间较为充裕可靠之后，人们就可以深刻思考问题，或至少可以连续观察问题了。惯例承认了某些人可用部分剩余物品雇用他人来替自己劳动。这样，在人群中就出现了不必专门从事体力劳动的阶级，这个阶级的欲望已经超出基本需求的范围。实业兴旺起来，艺术得到发展和进步；较为细心和精明的人偶然观察到的事实，导致了新艺术的出现；随着生活资料的逐渐充裕和有所保证，人口便增加起来；在同一块土地上可以养活更多人的农业，成了生活资料的主要来源。农业促进了人口的增长，人口的增长又反过来促进了农业的发展。在居住较为稳定、邻舍较为接近、关系较为密切的社会中，习得观念便迅速地传播开来和巩固地传给后代。科学的曙光已经开始出现；人类超出了其他动物之上，再也不像其他动物那样，仅仅局限于自己个体的发展了。

"由于人们的相互关系不断扩大、增加和复杂化，人们就感到必须想出一种方法，以便把自己的思想转告给不在自己跟前的人，把事件比口传更准确地传述下去，把约定的事项比证人的记忆更牢靠地确定下来，把同一社会的全体成员在行动上必须遵循的习尚比较长期地固定下来。

"因此，人们感到需要有文字，并发明了文字。最初的文字完全是不折不扣的绘画，随后才变成了用笔画表示物体形象的约定俗成的绘画。再往后，就像用语言中已经应用的拟声词那样，用实物图像来表示抽象的观念。这种符号的起源同单词的起源一样，必然很古很远，难于追溯。最后，写字就成了给每个观念、每个单词以至给观念和单词的每个变化赋予约定俗成的符号的艺术。

"于是，出现了人人都要学习和相互都要得出同样理解的书面语言和口说语言。

"一些天才人物发现，一种语言的所有单词都是由少数几个单音组成的，单音的数量虽然极其有限，但足以构成几乎是数量无限的单词。于是，他们发明出一套可供阅读的符号，但不是用它们表示相应的观念或单词，而是用它们表示组成单词的单音。他们是人类的永垂不朽的恩人，他们的名字和祖国将永远铭记在人们的心里。

"于是，创造出拼音文字，用为数不多的几个符号什么都可以写出来了，正如用为数不多的几个单音什么都可以说出来一样。书面语言同口说语言一样容易，只需学会认识字母和拼读就可以了。最后迈出的这一步，保证了人类的进步永不停止。

“在今天来说，能创造出一种为科学专用的书面语言，看来是很有好处的。这种语言所表达的单一观念及其组合，要使任何人都得出完全相同的理解。这种语言要能进行严密的逻辑推理和精确细致的智力活动，要使各国人都能理解。这种语言要能译出各国的语言，而又不致像通常的翻译那样容易曲解原意。

“因此，必须经过一场不寻常的革命，使这样的书面语言成为哲学的有用工具，以便迅速地传播文明和改进科学方法。如果不发明这种语言，那就只能延续愚昧无知的状态。

“历史上至今留有记录的一切民族，都曾处在现存的野蛮部落的开化阶段至现今的文明阶段之间的状态，其中有的向前发展了，有的倒退到愚昧无知的状态，有的时而发展时而倒退或停滞在某一状态，有的在征服者的铁蹄下从地球上消失了，有的被胜利者同化或沦为奴隶，还有的接受了开化民族的文化并把它传播给其他民族。所有这些民族，从历史时代开始到现代，形成了一条以已知的各原始民族和现代的欧洲各民族为环节的从未间断过的链条。

“现在，可以考察我所作的历史概观的三个不同部分了。

“在第一部分，我们用旅行家的记述来说明人类在未开化民族中所表现的状态。在这里，我们只能猜测孤立的人（或者更正确地说，只是为了繁殖才与他人联合的人）是通过哪些阶段，才得以达到以使用发音清晰的语言为下限的最初进步的。随着应用一些最广义的道德观念和建立初步的社会秩序，发音清晰的语言的使用所带来的最明显的同时也是独一无二的差别，终于使人类同也像自已那样长期过着有规律的群居生活的动物区分开来。因此在这里，除对理智和道德的能力进行理论考察之外，我们别无其他向导。

“接着，在人类进入从事艺术活动，科学已经放出曙光，商业已把各民族联合起来，拼音文字终被发明出来的阶段，除了上述的第一个向导之外，我们还能以观察几乎所有中间阶段的不同社会的历史为向导，尽管我们还不能对把人类的这两大时代区分开来的一切方面都一一进行观察。

“在这里，我们的概观开始主要依据史书记载的一系列事实，但必须从不同民族的历史中选择事实，然后进行比较和整理，写出一部假定的单一民族的历史，并概观这个民族的进步。

“从希腊发明拼音文字时期起，历史才开始以一系列从未间断的事实和经历连贯到现代，连贯到人类在欧洲的各文明国家的现状；而对人类理性的进步和发展的概观，也才成为真正的历史概观。哲学再不必依靠推测，再不必编造各种假说，而只须汇集和整理事实，指出事实的连贯和协调所产生的有益真理了。

“最后，是概观我们对未来的希望，即概观我们的后代应当完成的和恒定的自然规律将会保证实现的进步。这第三部分概观必须说明：今天在我们看来似乎是虚幻的希望，将要通过一些什么阶梯才会逐渐变成可能和甚至变成现实；尽管某些偏见可以得到暂时的胜利，受到一些政府或民族的吹捧，但为什么唯有真理必然得到持久的胜利；大自然是用什么纽带把文明的进步同自由的进步、美德的进步、对天赋人权的尊重的进步紧密地联系在一起的。这些进步是人类的唯一真正利益，它们好像是彼此分离的，甚至被认为是互不相容的；但在大多数民族的文明同时达到一定程度，其中一个伟大民族的语言为世界所通用，以及它的商业扩展到全球的时候，我们可以看到这些民族是如何变成不可分离的。一俟这种联合在整个有教养人的阶级中实现，这些人就只能推崇那些同心协力加速人类的进步和增进人类的幸福的人类之友了。

“我们要叙述或多或少推迟或拖延理性进步的一般错误的由来，并概观它们的历史。这种错误作为政治事件出现时，往往使人类向愚昧无知倒退。

“使我们陷入错误或坚持错误的智力活动，其中包括可以迷惑最有教养的人的巧妙的谬误推理和痴心妄想的梦呓，也同正确的推理方法或发现真理的方法一样，都属于我们的个体能力的发展的研究范围。基于同样的理由，一般错误在各民族中发生、传播、传代和永续下去的方式，也是人类理性进步历史概观的构成部分。同使人类理性进步和开化的真理一样，一般错误也是人类理性活动的必然结果，即是人类理性在其所认识的事物与其想要认识的事物和认为需要认识的事物之间经常存在差距的必然结果。

“还可以看到，根据我们能力发展的一般规律，在我们进步的各个时代必然要产生一些偏见，而且它们的诱惑力或支配力很强，因为在掌握消灭错误所必需的全部真理以后，人们还会长期保留幼年时期的错误，以及他们所在的国家和所处的时代的错误。

“最后，由于不同阶级的人们的教育程度不同和职业不同，所以任何一个国家和任何一个时代都有形形色色的偏见。如果说哲学家的偏见曾危害真理的继续前进，而没有教养的阶级的偏见则是推迟了已知真理的传播，某些负有重任或权势很大的职业的偏见则是阻挠了真理的发展。这些偏见是理性必须永远反对的三大敌人，而且总要经过长期艰苦的斗争，才能彻底战胜它们。因此，这个斗争的历史，即偏见的产生和兴亡的历史，将在本书中占有很大的篇幅，而且是本书的相当重要或相当有用的一部分。

“如果有一门可以预见、指导和加速人类进步的科学，那它就应当以人类进步的历史为主要基础。毫无疑问，哲学必须摒弃那种认为只能从前代的历史中找出行为准则、从古代思想的研究中找到真理的迷信。但是，哲学不也应当把傲慢地拒绝经验教训的偏见一并摒弃吗？当然，只有深刻细致的思考，才能使我们获得人类科学的一般真理。然而，如果说观察人类的个体对于形而上学家、道德学家是有用的，那么为什么观察人类的社会就对他们没有用呢？就对政治哲学家没有用呢？如果说观察同时存在的不同社会，研究其间的关系是有用的，那么为什么逐个时代地进行这种观察和研究就没有用呢？即使在思辨真理的研究中可以忽略这种观察，但在实际应用思辨真理和从科学导出必然产生有益成果的艺术时，也应当不要这种观察吗？我们的偏见及其产生的恶果，不都是来自我们祖先的偏见吗？查明偏见的根源和后果，不就是使我们认识某些偏见和预防另些偏见的最可靠方法吗？

“我们已经达到可以不犯新错误和不重犯旧错误，不使一切腐朽的制度再伪装德政而被愚昧或狂热地接受下去，不叫一切错误思想再给一个伟大的民族造成灾难的地步了吗？因此，研究各民族是如何上当受骗、腐化堕落或陷入贫困的，难道是徒劳无益的吗？

“一切都在表明，一次新的人类大革命的时代即将来临。除了概观为这次大革命作好准备的历次革命以外，又有什么能向我们十分清楚地指出我们应当期待于这一大革命的东西呢？又有什么能在革命运动中给我们提供一个最可靠的向导呢？文明的现状向我们保证，这次大革命肯定是顺利的。然而，我们应当全力以赴，不也是一个先决条件吗？为了对大革命带来的幸福少付代价，为了使大革命更加迅速开展，为了使大革命的成果更为丰硕，难道我们不需要根据人类理性史去研究我们应当预防什么障碍和应当用什么方法去克服它们吗？

“我想把我所研究的这段历史时期分成九大阶段。另外，我又不揣冒昧，预定出一个第十阶段，以描绘人类未来的命运。

“我只叙述标志每个阶段的特点的主要东西。我只陈述主流，而不研究例外或细节。我要提到一些事件及其结局，并在书中阐述其发展和作出论证。”

评述孔多塞的著作

任何著作家都受其所处政治环境的影响。比如，僧侣阶级曾阻挠洛克思想的自由传播；法国的平均主义者曾助长孔多塞夸大其关于自由的观念。

在孔多塞从事写作活动的时候，革命已经发展到一触即发之势。他成了革命党的领袖，他提出了法国必须建立共和政府的主张，他曾敦促各国人民采用排除王权和神权的社会组织。在他的党的勇士们用枪杆子捍卫共和政府的时候，他用笔杆子捍卫了这一主张。

孔多塞所处的一般环境和特别环境，都在使他头脑发热。环境使他无暇去冷静衡量事物，观察它们之间的联系，并根据他所确定的原则得出有条不紊的结论。他在写作期间，没有深入研究其要求人们采纳的最好主张，而只是竭力让人们实行他提出的主张。结果他的杰出创见——回顾人类理性的进程并在回顾的结尾准确地推测人类理性的未来发展，在实施当中仅限于抨击国王和僧侣阶级。

浏览一下历史，既会看到许多武功赫赫的征服者，又会看到许多独具创见的哲学家。前者如居鲁士[①]、亚历山大、恺撒[②]、穆罕默德和查理大帝，后者如苏格拉底、柏拉图、亚里士多德、培根和笛卡儿。

假如孔多塞在回顾人类理性进程的时候注意到这个问题，他必然会得出如下的结论：第一，不管是从事政治活动，还是从事理论工作，要想做出惊人的成绩，都有困难；第二，在两方面取得成就所需的能力和才干是大不相同的，而且是互相排斥的。因此，他不得不退出政界，独居斗室，专心为他个人和人类的幸福运用他的天才。他绝不能用他的杰出创见去写迎合时尚的著作，以免降低创见的价值。他要用自己的创见去为有机体物理学的一般理论奠定基础。

我要在本书第二编的第一篇中，更加深入地研究我一再谈到的孔多塞的这部著作。他的这部著作尽管在一切细节方面仍有缺点，但仍不失为人类理性的杰出作品。

最初由洛克进行、后来由普莱斯和普利斯特列二位博士发挥的观察，在孔多塞的手中变成了观察的工具。

① 居鲁士（Cyrus，公元前 600 年左右—前 529 年），波斯国王，公元前 559—前 530 年在位，世称居鲁士大王。——译者注

② 恺撒，凯尤斯·尤利乌斯（Caesar，Caius Julius，公元前 100 年左右—前 44 年），古罗马的著名统帅，著有《高卢战记》一书。——译者注

我认为洛克是发现矿藏，普莱斯和普利斯特列是挖掘矿石，而孔多塞则是用炼出的金属铸造必要的工具，以进行新的开采和发现新的矿藏。

18世纪的第一流科学著作的第二部分

概　　述

人类在青年时代就已隐约地看到成年以后才找到论据的一切真理，而且在想象力丰富的这个时代，人类也概括地看到了尚待以后证明的一切真理。

有一位古人说过，人是一个小宇宙。我相信，学者们立即注意到了这一杰出的概括。这个概括，也是我要深刻思考的对象。

我对"人是一个小宇宙"这一概括的思考结果

我认为，在我所处的空间，存在着各式各样的量的关系和质的关系。

在我看来，人和宇宙是两个规模不同而性质相同的结构。我认为，人就像放在大钟里的并由大钟带动的一只小表。

对人和宇宙所作的这种比喻，可以提供一些说明许多重大科学问题的方法。① 现在，我就按这一比喻来对比考察17世纪和

① 人们对于我们的智力怎样了解自己与外界事物的相互关系的活动，还没有提出任何令人满意的解释。不少作者把这种活动比作反光镜，而康德则把它比作透镜。这不仅没有使问题变得简单，反而使它复杂化了。我敦请19世纪的学者们接受我论述18世纪科学著作时所作的推断。我预先向他们声明，我预告的四部著作所述的体系，大部分是建立在这种推断之上的。

18 世纪的人类理性发展。

在 17 世纪，一位指导学者们写作的卓越天才，研究了大宇宙和小宇宙。他从事于天文学和生理学的研究。我们从他那里，即从笛卡儿那里，得到了关于涡流体系和人的论述。

前面已经说过，在 18 世纪，学者们分成了两大派别：以牛顿为首的一派专门研究大宇宙，而洛克派只研究小宇宙。

卓越的天才人物的特点，是上升到最高级的一般，而对次要的科学，只是顺便研究一下而已。

化学只能作为无机体物理学的次要研究领域。化学家只是观察大宇宙的次要链轮。牛顿根本没有注意这门科学。

植物学的内容也只是有机体物理学的次要研究领域，洛克就很少注意这门科学。

因此，我决定把化学和植物学放在第一流科学著作的第二部分。

化　学

化学在 18 世纪有了长足的进步。

人是一个小宇宙。

作为对这一概括的发挥，我说：人的机制和宇宙的机制，除开下面的差别以外，是完全相同的：

宇宙是以永恒的运动为动力的机构，而人则是在有限的时间内由派生的运动推动的机构。

人是按尽可能小的规模构成的机构，而宇宙的规模则是无限大的。

人能了解外界的量和质与他的关系，是因为他自身拥有分化和泛化量和质的能力；用物理学的术语来说，就是因为一切现象在他身上是以小规模的形式存在的。我所说的一切现象，是把看得见的和看不见的都包括在内。

人的个别官能感觉不到的现象和只能属于共同感受（sensorium commune）的现象，是被诗人们称为想象产品或被哲学家们称为形而上学成果的一些现象。

布莱克[①]、卡文迪什和普利斯特列，分解了空气和水。孟日、贝尔托莱[②]、拉瓦锡[③]、富尔克罗瓦[④]和纪顿[⑤]，改进了这几个英国人的发明。

拉瓦锡把化学方面的新发现系统地写成一部著作，下面就是该书的绪论。

拉瓦锡著作的绪论

"本书的原来目的，只是想对我 1787 年 4 月在科学院公开会议上宣读的关于必须改进和完善化学术语的报告，进一步加以发挥。

"在我写作本书的过程中，我才切实感到：在这以前，我还没有把孔狄亚克修道院长在其逻辑学和其他著作中提出的原则，完全搞明白。孔狄亚克证实：我们只能借助词来思考；语言是真正的分析手段；最易理解、最为准确和最适合于以任何方式表达事物的代数学，既是一种语言，又是一种分析手段；最后，推理的艺术归根结底也不外是一种完美的语言。诚然，我是认为自己只在研究术语的命名，只以改进化学术语为目的，但我情不自禁地不知不觉把本书写成了一部化学入门。

"术语不能离开科学，科学也不能没有术语，因为任何物理科学都必须由三种东西构成，即要有构成该科学的一系列事实、反映事实的观

① 布莱克，约瑟夫（Black，Joseph，1728—1799 年），英国的著名化学家和物理学家。——译者注

② 贝尔托莱，克劳德·路易（Berthollet，Claude Louis，1748—1823 年），法国的著名化学家。——译者注

③ 拉瓦锡，安都昂·罗朗（Lavoisier，Antoine Laurent，1743—1794 年），杰出的法国化学家，他推翻了关于燃素存在的假说。——译者注

④ 富尔克罗瓦，安都昂·弗朗斯瓦（Fourcroy，Antoine François，1755—1809 年），法国的著名化学家，他支持拉瓦锡的燃烧理论。——译者注

⑤ 纪顿，路易·贝尔纳（Guiton，Louis Bernard，1737—1816 年），法国化学家。——译者注

念和表达观念的词。词必须表示观念，观念必须反映事实，这是一个印章的三个印迹。由于词是保存和传递观念的，所以就不可能改革语言而不改进科学，也不能改进科学而不改革语言；而且不管事实多么肯定，不管反映事实的观念多么正确，只要没有用准确的词来表达，其所传递的印迹就不会真实。

“这部化学入门的第一部分，拟对希望深入研究本书的人，提供这些真理的常见证据。然而，由于我不得不采用与迄今为止的一切化学著作根本不同的顺序写作，所以我就必须说明我决定这样做的动机。

“我们进行学习，只能是从已知到未知。这是一个始终不变的原则，也是数学和任何其他学科所公认的一般原则。在幼年初期，我们的观念都来自我们的需求；对需求的感觉，使我们产生关于能够满足需求的那种物品的观念；通过一系列的感觉、观察和分析，不知不觉地相继形成相互联系的各种观念；而且一个细心的观察者，还可以在一定程度上看出这一切观念的来龙去脉。这一切观念，就构成了我们的知识总体。

“当我们开始研究一门科学时，我们对这门科学的认识几乎和儿童一样，而我们所经过的道路，也恰似儿童出生以后为获得观念所走过的道路一样。正如在儿童身上观念是感觉的结果，即感觉产生观念一样，对于开始研究物理科学的人来说，观念也只能是经验和观察的直接结果。

“让我不揣冒昧补充一点，即开始科学生涯的人的境遇，还不如儿童获得最初观念那么顺利，因为儿童对周围事物的利弊即使弄错，天性自会向他提供多种多样的办法来自行改正，而且经验也在每时每刻帮助他纠正所作的判断。贫困和痛苦来自错误的判断，幸福和欢乐来自正确的判断。有了后者这样的老师，人们就可立即变得行动合理和作出正确判断，否则就要遭受贫困和痛苦。

“在科学的研究和应用当中，情况并非如此。我们所作的错误判断，既不影响我们的生存，又不影响我们的福利；没有任何物质利益在促使我们改正自己的错误，而不断促使我们背离现实的幻想，以及容易使我们激动的自尊心和自信心，却在使我们作出违反事实的结论，从而在一定程度内自己欺骗自己。因此，难怪在一般物理科学中，人们往往以猜想代替论证，使猜想一代一代地流传下去，而在猜想具有了权威性质和被人们接受以后，它便日益强大起来，最后，连最杰出的天才也把它看做基本真理了。

“预防这种偏向的唯一方法是：尽可能取消或至少减少我们自己所作的那些只能使我们迷惑的推理，坚持不断地以经验来检验推理，只保存那些合乎事理而不致使我们上当受骗的事实，只在经验和观察的自然联系中寻求真理，像数学家简单地处理数据而求解那样，把推理归结为简单的运算和简短的判断，使推理自始至终明确无误。

“我对这些真理确信无疑，所以给自己定下一条规则：始终要从已知求未知，一切结论都要直接来自经验和观察，按最便于初学者理解的顺序把事实和化学真理联系起来。为了能按这样的计划进行叙述，我不能不一反常规，采取新的办法。事实上，所有的化学教科书和化学论著都有一个通病，即一开始就假定学生或读者只能在后面的章节中学到知识。几乎所有的作者都是从讲解物体的成分和亲力开始，而没有想到从第一天起就应当陈述化学的主要现象，就应当使用没有下过定义的术语，就应当假定学习的人通过以往的教育已经理解这门科学。大家知道，在化学的第一课上学不到什么东西，学习一年也只能开始听懂语言和认识仪器，没有三四年的时间就培养不出一个化学家来。

“这些缺点并非来自事物的本性，而是来自教育的方式。因此，我决定让化学课程有一个我认为较为符合事物的本性的进度顺序。我绝不否认，在竭力避开一种困难时，又会陷入另一种困难，而且也不可能克服所有的困难；但我认为，有待克服的困难并不来自我所规定的顺序，而是化学至今还处于不完善状态所使然。这门科学还有许多空白使事实的系列中断，要想把这个系列连贯起来，还是相当棘手和困难的。化学还没有像初等几何学那样具有有利的条件，使自己成为一门把各部分紧密连接起来的完整科学。但在目前，化学发展得很快，可用新的学说把化学研究的事实讲解清楚，所以我们可以希望，甚至在不久的将来，就能大大接近其可能达到的完善地步。

“不能作不通过经验证实的结论，不能用空话代替事实，这是一条我绝不能违背的严格守则，它不允许我把有朝一日很可能成为真正科学的那部分化学，即论述化学亲力或亲势的那一部分化学写在本书当中。若弗卢瓦、格累尔特、贝利曼、舍勒、莫尔沃、柯万①等很多人，虽然已经收集了大量只待整理的个别事实，但还缺乏重要的数据，或至少是现有的数据不够精确和肯定，不能成为一个十分重要的化学部分的基础。况且，亲力的科学与普通化学的关系正像超高等几何学与初等几何学的关系一样，所以我认为不必费这么大的周折，使绝大多数读者能够简易理解的东西复杂化。

“我的自尊心可能不知不觉地加重了我的这些想法的分量。莫尔沃先生正要发表一篇百科全书性的论述亲力的文章，我很有理由担心我在研究工作中同他针锋相对。

“人们一定感到奇怪，在一部化学入门里竟找不到一章是论述物体的构成和成分的；不过我要在这里指出，认为自然界的所有物体都是由三四个元素构成的思想倾向，来源于希腊哲学家的偏见。主张已知的一切物体都是由四个元素按不同的比例合成的论断，是在实验物理学和化学的基本观念出现以前，很早就存在的一种纯属臆测的假定。那时，人们还没有掌握事实，但却凭空建立起体系；今天，我们虽已收集了许多事实，但只要事实不符合我们已有的偏见，我们似乎就要竭力不顾事实，而迁就于偏见。诚然，只要人类的这些哲学之父的权威压力存在一天，情况就将这样存在下去，而且这种权威毫无疑问还要压在我们后

① 若弗卢瓦，埃蒂耶纳（Geoffroy，Etienne，1772—1844 年），法国大动物学家，进化论者，制作过化学亲力表；

格累尔特，克里斯提布·埃烈哥特（Gellert Christieb Ehregott，1713—1795 年），德国的化学家、矿物学家和冶金学家；

贝利曼，托尔培恩·奥洛夫（Bergman，Torbern Olof，1735—1784 年），瑞典的化学家和物理学家；

舍勒，卡尔·威廉（Scheel，Karl William，1742—1786 年），瑞典的化学家和药剂师；

莫尔沃，吉顿·德（Morveau，Guyton de，1737—1816 年），法国化学家，拉瓦锡的合作者；

柯万，理查（Kirwan，Richard，1733—1812 年），英国化学家。——译者注

代的身上。

“特别值得注意的是，在讲授四个元素学说的同时，没有一个化学家不在事实面前被迫增加元素的数目。文字改革以后从事写作的第一批化学家，认为硫和盐是合成一大批物体的元素物质，所以他们确认元素有六个，而不是四个。贝黑尔①认为有三种土；在他看来，金属物质之间存在的差异，是由合成它们的各种土的比例不同而引起的。施塔尔②修改了这个体系。他以后的所有化学家，都敢于进行修改，甚至还想出其他体系。然而，所有的这些化学家都深受他们的时代精神的影响，即只知论断而不作证明，而且论断正确的概率往往极小。

“在我看来，人们对元素的数目和性质所能谈出的种种，都属于纯形而上学的议论，都是人们打算解答而又未能明确解答的问题。它们可能有无数答案，但实际上，恐怕连一个符合实际的答案也没有。因此，我只好说：如果我们用元素这个名词来表示合成物体的单一和不可分割的分子，那么很有可能我们还没有认识这些分子；如果说不是这样，而用元素或物体成分这个名词来表示无法再分的东西的观念，那么凡是我们现在无法分开的物质都是元素。这并不是说，我们可以肯定我们认为是单一物质的物体不会是由两个或更多的成分合成的；而是要说，由于这些成分总也分不开，或者更正确地说，由于我们无法把它们分开，所以我们就认为它们是单一的物体，而且在经验和观察提供证明以前，我们也无须假定它们是复合物体。

“对观念的发展进行这种考察时，必然牵涉到如何选择表达观念的词。1787 年，莫尔沃、贝尔托莱、富尔克罗瓦和我合编了一部关于化学术语命名的著作。我根据这部著作，曾尽量用单一的词来表达单一的物质，而我首先要命名的也正是这些物质。大家可以回想一下，对所有的单一物质，我们都力求保留社会上已有的名称，仅在下列两种情况下才作了更动：第一种情况是，在新发现的物质没有命名，或者是命名不

① 贝黑尔，约翰·约阿希姆（Becher，Johann Joachim，1635—1682 年），德国化学家。——译者注

② 施塔尔，格奥尔格·恩斯特（Stahl，George Ernst，1660—1734 年），德国化学家，燃素说的提出者。——译者注

久而新名称还没有得到普遍采用的时候;第二种情况是,在古人或今人所采用的名称能引起显然错误的观念,即会使性质不同甚至相反的物质相互混淆的时候。在这两种情况下,我们就决然另定名称,而且主要是借用希腊语来命名,以使名称可以表达物质的最一般性质和最显著特征。我们发现,这样做有利于减轻初学者死记十分空洞的新词的负担,帮助他们及早养成不接受任何不代表一定观念的新词的习惯。

“对于由若干单一物质组成的物体,我们用这些单一物质的名称组成复合名称来表达。但是,二元化合物的数目已经很多,如不分门别类,势必混乱不清。根据观念的自然顺序,我们用类和族的名称表达数量多的个体的共同性质,用种的名称表达数量少的个体的特性。

“可以想见,只靠形而上学是作不出这种区别的,这要根据物质的性质来进行。孔狄亚克修道院长说过,一个儿童是用“树”这个词来称呼我们指给他看的第一棵树的。以后他看到第二棵树,就产生同样的观念,用同一个词来称呼它;对于第三棵树、第四棵树,也都是一样。这样一来,开始只就一个个体教给他的“树”这个单词,以后就被他变成了类或族的名称,即通常变成了包括所有的树的抽象观念。但是,当我们告诉他所有的树并不都有同样的用途,并不都结同样的果实以后,他很快就学会了用单独的名称来区别这些树。这种逻辑对任何一门科学都一样,自然也适用于化学。

“举例来说,酸是由两种我们认为是单一物质的物质合成的,其中构成酸性的一种物质是所有的酸都共有的,我们就用这个物质的名称来作类或族的名称;而每一种酸所独有的另一种物质,则把各种酸互相区别开来,所以我们就应当用这种物质的名称来作种的名称。

“然而,就绝大多数的酸而言,它们的两个构成成分——致酸成分和酸化成分,可随双方全都达到平衡点或饱和点时的不同比例而有不同状态。这是人们在硫酸中观察到的现象。我们用变换种的名称的词尾的办法,来表示同一种酸的这两种状态。

“金属物质在空气或火的作用下,会失去金属的光泽,分量加重,呈现土灰色。这种状态下的金属物质,同酸一样,也是由一种共同成分和一种个别成分合成的。我们也要用共同成分的族名把它们归类,我们采用了“氧化物”这个名称；然后，再用各金属的个别名称，把各种氧化物相互区别开来。

“作为酸和金属氧化物特有的个别成分的可燃物质，也可以变成许多物质的共同成分。长期以来，人们只知道硫化物属于这种物质。根据万德尔蒙德①、孟日和贝尔托莱等人的实验，现在我们知道：碳能同铁化合，也能同其他许多金属化合，而根据化合的不同比例则可产生出钢、石墨等等。根指佩尔蒂埃②的实验，我们也知道磷能同许多金属物质化合。我们也用共同成分的族名来概括这些不同的化合物，用族名的词尾来表示它们之间的类似，再用个别成分的名称来区分这些化合物的种。

“由三种单一物质合成的物质的命名问题，稍有困难，因为数目过多，尤其是因为不用很长的复合名称就表示不出构成成分的性质。在这类物体中，我们研究了中性盐，例如研究了：

一、共同的致酸成分；

二、每种酸的酸化成分；

三、决定盐的种别的土质盐基或金属盐基。

“我们用每类内的所有个体共同的酸化成分的名称来命名该类盐；然后，再用个别的土质盐基或金属盐基的名称来区分种别。

“虽然一种盐是由同样的三种成分化合成的，但是由于成分的比例不同，仍然可以呈现非常不同的状态。如果所用的名称表示不出这些不同的状态，我们的命名法就有缺陷。因此，我们首先要变换词尾，使不同盐的同一状态具有同样的词尾。

“最后，我们达到了只看名称就一目了然的地步。比如，一种可燃物在化合物中是同致酸成分化合的，则立即可以知道这种可燃物质是什么；又如化合物完全饱和，或呈现酸过剩，或呈现碱过剩，则立即可以知道是以什么比例饱和的，酸是处于什么状态，它是同什么碱化合的。

---

① 万德尔蒙德，亚历克西斯·泰奥菲尔（Vandermonde，Alexis Théophile，1735—1796 年），法国数学家，曾同孟日和贝尔托莱一起研究过钢和铸铁的关系。——译者注

② 佩尔蒂埃，比埃尔·约瑟夫（Pelletier，Pierre Joseph，1788—1842 年），法国化学家，曾发现过许多生物碱。——译者注

“有人认为，如果不违反一点惯例，不采用暂时还有点生硬和不规范的名称，就不可能顾全上述的各个方面。然而我们发现，听觉很快就会习惯于这些新名词，尤其是当新名词与一个既一般而又合理的体系联系在一起的时候，情形更是如此。再说，以前我们用过的一些名称，比如：阿尔加罗特粉（poudre d'Algaroth）、蒸馏盐、逢弗里克斯（pompholix）、溃蚀性水、矿物性泻根剂、氧化铁红等许多名称，同样生硬离奇。为了记住这些名称所代表的物质，特别是为了确定它们属于哪一族化合物，需要很强的记忆力和多次反复的背诵。弱酒石油、矾油、砷锑乳、锌花等名词，也都是不恰当的，因为它们会造成错误的观念，因为严格说来，在矿物界中，尤其是在金属界中，根本没有什么油、乳、花之类的东西，最后还因为这些名词所表示的物质都是烈性毒物。

“在我们发表化学术语的简报时，有人指责我们改变了前辈们在讲述、阐明和传授化学时所用的语言；但是人们忘记了，正是贝利曼和马卡儿①他们提出改革意见的。瑞典乌普萨拉大学的学识渊博的教授贝利曼先生晚年时给莫尔沃写信说：‘不要赞同任何不确切的术语，已经懂得这一点的人将会一直理解下去，还没有懂得这一点的人很快就会理解。’

“人们指责我的最主要原因，可能是因为我在本书里没有历述前人的意见，只是提出我个人的主张，而没有研究他人的见解。因此，我总也没有对我的国内同行，更没有对国外的化学家，作出我想作出的正确评价。但是我请读者注意，在一部叙述基础知识的著作中，如果引文过多，或用很大篇幅去叙述科学的发展史和有关的著作，就会湮没所要讨论的真正对象，使初学者读起来感到厌倦。在一本入门书中，既没有必要叙述科学的发展史，又没有必要叙述人类理性的发展史；它只应当清晰简明，抛弃一切可以分散精力的叙述。这是一条必须经常平整的道路，不能让路面上留下可以阻止前进的任何障碍物。科学本身就已使人相当吃力了，何必再增添毫不相干的东西。化学家们也不难看出，我在本书的第一部分，差不多完全是使用我自己的实验。如果说有时我

① 马卡儿，比埃尔·约瑟夫（Macquer，Pierre Joseph 1718—1784年），法国化学家，著有一部六卷本的《化学词典》。——译者注

也可能随意借用贝尔托莱、富尔克罗瓦、拉普拉斯、孟日和其他一些一般与我采用同样原则的人的实验或见解，而没有指出他们的名字，这是由于我们经常来往，相互交换观点、观察结果和看法，使我们有了共同的见解，以致往往难于辨别哪一个见解是属于哪一个人的。

"上面我根据验证和构思的发展所必需遵循的顺序陈述的一切，只适用于本书的第一部分，而且只是这一部分收集了我所采纳的一切学说，具备了我力求采取的真正入门的形式。

"第二部分主要由几份中性盐术语分类表构成。我只加了一些简短的注释，以说明制取各种已知酸的最简易方法。这第二部分没有我自己的东西，几乎都是从其他著作的精华中摘来的简明提要。

"最后，在第三部分，我详述了现代化学的全部操作。人们似乎早已渴望有这样一部著作，我也相信拙著会有些用处。总的说来，实验的实践，特别是现代实验的实践，还推广得不够。假如我过去在法国科学院所作的各种学术报告能更多地论述实验操作的细节，则我所讲的东西可能更易于被人理解，科学的进步也可能更快一些。我认为，在这第三部分，材料的安排可以随便一些，所以我只努力把最类似的操作分别归类，每类作为一章，共计八章。不难看出，这第三部分没有摘引其他任何著作，而且主要的章节也只使用了我自己的实验。

"在结束绪论之前，我要抄录孔狄亚克修道院长先生的几段话。我认为，他极其正确地描绘了不久以前的化学状况。这几段话虽然不是专对化学说的，但只要我们理解得正确，就会从中汲取力量。

'对于我们想要认识的事物，我们不是先去观察它，而是先去猜想它。我们从错误的假定到错误的假定，一直在错误的乱丛中徘徊。这些错误变成偏见以后，我们又把错误当成了原则，于是我们在错误中越陷越深。这时，我们就只能根据沾染的坏习惯进行推理。滥用没有很好理解的单词的艺术，竟变成了我们的推理的艺术……当事情弄到这种地步，错误如此成堆的时候，要想使思考的能力有条不紊，唯一的办法就是把过去学到的一切全部丢掉，从头开始修正我们的观念；正如培根所说，要一代接着一代地改造人类的悟性。'

"一个人越认为自己有学问，越难于采用这个办法。因此，把科学讲述得很清楚、很准确、很有条理的著作，并不是所有的人都能理解的；而没有什么学问的人，倒比很有学问的人，尤其比写过很多科学著作的人，更能理解它。

“孔狄亚克修道院长先生在其著作的第五章结尾补充说：

‘科学终于发展了，因为哲学家们很好地进行了观察，而且也把在观察中所要求的精确性和严密性应用到语言上去。他们校正了语言，更好地进行了推理。’”

评述拉瓦锡著作的绪论

在我看来，被学者们奉为典范的这篇绪论，最多也不过是一部折中主义的作品。拉瓦锡的思想与牛顿的思想的关系，正如马勒伯朗士[①]的思想与笛卡儿的思想的关系一样。拉瓦锡过多地应用了分析法，马勒伯朗士在《真理的探索》一书中采用的方法超出了我们智力的综合能力。

我在评述十九世纪哲学著作的一节中论及贝尔托莱的化学静力学时，将详述我对这篇绪论的看法。到那时，我将竭力开辟一条道路，把引力的观念和亲力的观念连接起来。我预先声明，拙著和贝尔托莱著作的唯一区别是：他从亲力上升到引力，而我则从引力下降到亲力。

植　物　学

在林耐[②]以前，植物学几乎就是研究植物名称的学问。从某种意义上来说，林耐是这门科学的创立者。孔多塞对林耐的著作

① 马勒伯朗士，尼古拉（Malebranche，Nicolas，1638—1715 年），法国唯心主义哲学家，形而上学者。——译者注

② 林耐，卡尔（Linne，Carl，1707—1778 年），瑞典杰出的自然科学家，动物和植物分类法的创立人。——译者注

作了如下的分析：

“林耐先生对植物和动物进行了一系列的观察比较，发表了长篇论述。

“植物同动物一样，有生，有长，有死；植物同动物一样，也吸收营养、生长和衰亡；它们也同动物一样，有运动的内因。林耐还观察到：花草也有运动时间和休息时间，即有睡有醒，而且在温度昼夜保持不变的暖房中，花草也在交替地运动和休息，可见这种现象同温度高低无关，它取决于有没有光照；最后，某些花草的叶子和绝大多数花草的雄蕊花粉，都有应激性的表现。敏感性和由此产生的自发运动，似乎是区别动物生命与植物生命的唯一依据。

“人们还观察到，动物的卵子和植物的种子，在胚的发育方面有明显的相同之处。最后，在植物界和动物界，都有从个体分出一部分以进行繁殖和传代的再生方式，而且最高级植物和最低级动物在这方面存在着一种类似。因此，如果观察一下从四足动物到水螅虫的一系列动物，就会发现个体的构造越简单，自发运动和敏感性越微弱，则吸收营养的器官便越多；同时，生命的根源也不再仅仅属于个体，而是在个体的许多部分都有完整的生命根源，动物也逐渐接近植物，直至其间只有细微的差异。”

林耐先生把他研究植物学的成果总结在题名为《植物学哲学》一书之中，下面是该书的导论。

林耐《植物学哲学》导论

“一、大地给我们提供的一切，叫做元素和自然物。①

“二、自然物分为三类：矿物、植物和动物。②

---

① 《自然系统》，对三界的观察 6，§ 6、7。

“元素是单一的，自然物是奇异奥妙的复合体。

“物理学论述元素的特性。

“自然科学研究自然物的特性。”

② “《自然系统》，观察 6，第 211 页，§ 14、8、9；知的必要性。

“《动物志》序言第 4 节。第一个人的活动。

“《斯德哥尔摩学报》，1740 年，第 411 页：习惯。

“三、石头在生长，植物在生长和生活，动物在生长、生活和感觉。①

“四、植物学是提供植物知识的自然科学。②

“V. 132：我们认为，从物的起源来看，任何生物都有两种性别。③

---

① “《自然系统》，观察 6，第 221 页，§ 13：知的必要性。

“《自然系统》，第 219 页。2：石头怎样生长。

“《有性生殖植物》，§ 1. 14：植物怎样生活。

“《荣克・伊萨格文集》，I：植物是没有感觉的生物，固定在一个可以吸取营养、生长和繁殖的地方或场所。”

“布尔哈非《组织学》，3：植物是有机物体，其某些部分附着在其他物体上，以吸取营养而使自己繁殖和生长。

“路德维希《植物》，3：在自然物中，形状不变而有移动能力的叫动物，形状不变而不能移动的叫植物，形状可变化而不能移动的叫矿物。

“评述：从化石和结晶物上看，似乎完全是同一个品种：藤壶能够移动，而低等水螅(Lernea)只能算作含羞草属。”

② “布尔哈非《组织学》，16：植物学是自然科学的一部分，它能使人顺利和容易地获得植物知识，并记住所得的知识。

“路德维希《植物》，1：植物学是研究植物的科学，或者说是关于植物的知识和通过植物产生的知识。”

③ “我关于扩大可居土地的论文(《乌普萨拉和卢德维加的可居地》，1745 年)，说明了这一论断。

“水在年年后退，使陆地逐渐扩大。

“不同的植物标志着陆地的垂直高度。

“植物种子的繁殖能力往往是惊人的。一个夏季，一株玉米可结实 2000 粒，旋覆花——3000 粒，向日葵——4000 粒，罂粟——32000 粒，烟草——40320 粒。

“还有多年生植株、根蘖和芽。

“有多少芽就有多少枝条。因此，一株直径只有一巴掌宽的小树，往往就有 10000 个芽或枝条。

“植物种子的传播力也是惊人的。

“种子的传播媒介有：人和动物的活动，风力，尤其是春秋的大风。

“飞蓬(《克利夫顿公园》，第 407 页)从美洲传播到全欧。

“果实结在枝条的高处。

“因此，植物有攀缘能力，便于在高处结实。

“蒴果都是在高处破裂。

“种子利用各种方式飞播：

“利用羽状冠毛飞播的，有菊科植物和缬草；

“133.植物虽然没有感觉，但能像动物一样活着。因此，才有植物的萌发、

“利用绒状冠毛飞播的，有菊科植物、五星国徽属和草棉。

“利用萼飞播的，有菊科植物、山萝卜属、匙叶草、荞麦藤属、三叶草属。

“利用梗柄飞播的，有白头翁、杨树、香蒲、青篱竹属、甘蔗属。

“利用种子翼瓣飞播的，有冷杉、鹅掌楸、桦、鸡蛋花、紫薇、锥果木、莳萝、紫花南芥、小果虫实、唐松草。

“利用果皮飞播的，有槭属、桦属、菘蓝、秋海棠、采木属、榆、榆橘、薯蓣属。

“利用萼传播的，有葎草、酸模。

“由于体积增大而重量相对减轻。

“依靠萼的肿胀而传播的，有酸浆属、狗筋蔓、三叶草属。

“依靠果皮肿胀而传播的，有膀胱豆、兰堇、省沽油属、倒地铃、鹰嘴豆。

“弹性蒴果能将种子弹向远处：

“由韧壳弹出的，有三分果（《自然秩序》，47页）、凤仙花、酢浆草、香叶木、白鲜属。

“由枝梢弹出的，有爵床属、芦莉草、假杜鹃、山黧豆。

“由纤维片弹出的，有苦瓜、甜瓜、碎米荠。

“因脱落而弹出的，有燕麦属、老鹳草、豨莶属、木贼草、蕨。

“被人和动物挂在身上而传播的植物：

“借助萼而挂上的，有牛蒡草、龙牙草、瑞克希阿、车叶草、酸模、荨麻、墙草、白花丹、林奈花、豨莶属。

“借助果皮而挂上的，有珠藓属、母鸡草、水麦冬、角胡麻、甘草属、露珠草。

“借助种子上的刺而挂上的，有倒提壶、勿忘草、马鞭草、胡萝蔔、变豆菜、鬼针草。

“动物吞食整个种子，随排便而散播的，有槲寄生、燕麦、桧属。

“浆果生来就利用果肉散播。

“松鼠、猫头鹰、家鼠在觅食过程中传播种子。

“虫类、刺猬、鼹鼠挖掘土地时，给种子落地生长准备好了土壤。

“河流、海洋、湖泊、雨水、气温，也有助于同样的目的。

“海滨叶子草的生长是一个奇妙惊人的例子。

“山扁豆、含羞草和甜瓜，有自我保存种子的特性。

“种子在海底也不腐烂。

“由于种子与其他物品相似而免遭动物吞食，比如海蓬子和苜蓿属。

“能把种子掩藏起来的植物，有花生、三叶草、山黧豆。

“有些植物有芒刺、针叶和茎梗，从而可免遭动物损坏。

“油脂植物用叶子繁殖。

“尤其是树木，在大自然的美妙安排下，像一座封闭的花园。

“种子的子房和胚是精华，可使繁殖代代不断。”

营养、年龄、运动、吸力、疾病、死亡、解剖和组织等。这一切都证明植物是有生命的。[①]

“134. 一切有生命的物体都出自一个卵，所以植物也不例外。植物种子的作用在于繁殖同一植物的个体，这就表明种子也是卵。[②]

“135. 理智和经验经常告诉我们，植物产生于卵；子叶就是明证。[③]

---

① “萌发：依靠种子或芽。

“营养：从松软的土壤中吸取，如 Kylbel 属；从水和空气中吸取，如银钟花属。

“年龄：树木中的常春藤属，有幼年期(分第一和第二阶段)、茁壮期、成年期和衰老期。

“运动：半头状花和其他一些花，能指示白昼的时刻。

“金盏花可预报早晨降雨。

“葶苈属、椭圆齿状叶银胶菊和七瓣莲，在夜间弯垂。

“凤仙花和穗槐属在夜间褪色。

“豨莶属和三叶草属在夜间反光。

“含羞草、蝶形花科植物在夜间闭合。

“罗望子属在夜间收缩。

“植物的叶子在白天展开，说明它们醒了。

“淡黄木犀草和半头状花，向着太阳转动。

“松树和其他一些树木所以不能运动，是因为阴暗稠密。

“吸力：植物是不接受外力帮助而循环的。

“疾病：发烧、打蔫、受冻、干萎、肥大、溃疡、虫害。

“死亡：生命终止。

“解剖：导管、胞果、螺旋状导管、皮、表皮等。

“组织：分泌导管、腺。”

② “哈维写道：‘一切有生命的物体都出自一个卵。’

“卵的最终结局和本质，就是表示生命的开始。

“鲍巴尔第一个发现了蕨的种子，我本人发现了苔藓植物(地衣)的种子，列奥弥尔发现了墨角藻的种子，米歇尔发现了真菌的种子。其他较高等植物，更应当有种子。

“观察含苞和开化，可知种子和芽是为植物传代的。”

③ “任何一个明白事理的人，都不能否认所有的植物都有种子。

“真蛸照样有卵。

“所有的根菜都在某种程度上都具有真蛸的性质，从芽、植株和根蘖上可以看到这一点。

“任何初生的嫩小植物都有子叶，这就证明它有种子。

“长期以来，人们通过经验得知，‘繁殖’一语不够明确，似有寓言的性质；而在有了‘子叶’这个术语之后，人们就不用它了。”

“136.动物的绒毛叶来自蛋黄，蛋黄产生生命；同样，植物的具子叶里也有胚。①

“137.后代不是只从卵子或只从精子生出来的，而是由两者一起生出来的。通过杂交动物，通过推理，通过解剖，都能证明这一点。②

“138.说未受精的卵能发育，经验证明这是荒谬的；植物的卵也是如此。

“139.任何种属的植物都有花有果，尽管我们看不到它们。③

“140.任何花都有药室和柱头。④

“141.正如先怀孕而后分娩一样，植物也总是先开花而后结果。⑤

“142.植物的生殖部位就是籽实各部分的着生位置，因此开花就是

① “植物的子叶和具子叶是同义语。

“子叶里的乳汁滋养胚芽，而胚芽并没有根，它与动物的胎盘或‘绒毛叶’起着同样的作用。

“苔藓及其近属植物只是没有子叶。

“《论苔藓植物的种子》。”

② “勒文霍克氏精虫并不存在，而是一些本身不能生存的微小物体，但可以繁殖。

“不同种动物的杂交。例如，骡子是由马和驴杂交而生的，它既不同于马，也不同于驴。

“解剖：观察胎盘和脐带。

“推理，分析遗传缺陷、狗、母鸡。”

③ “我们发现了苔藓的种子。

“瓦利斯纳绘出浮萍属的花。

“列奥弥尔看到海藻类的花。

“贝·茹协精细地研究过美洲线叶萍的花。

“米歇尔描述过真菌的雄蕊。”

④ “我们在斯堪的纳维亚半岛旅游中看到过水韭的药室。

“后来得知梅花草的柱头不在花中，但其胚芽却微微展开。

“或许只有苔藓没有雌蕊，因为苔藓的胚是裸露在外面的。”

⑤ “秋水仙和金缕梅都在秋季开花，第二年结果。

“芭蕉属的果实也不是结在开花之前，虽然它的胚芽长得很大，但没有受粉；它停止生长，是为了育孕，并非为了成熟。

“因此，还是开花在前，而结果总是在后。”

怀孕，籽实成熟就是分娩。

“143. 药室是植物的雄性生殖部位，花粉是真正的精液；花粉精汁、提前成熟、位置、时间、药室、去雄和花粉结构，都能证明这一点。①

“144. 处处紧跟胚的柱头，就是雌性生殖部位；精汁、提前成熟、位置、时间、脱落和切除，都能证明这一点。②

“145. 植物的育孕过程是药室的花粉脱落在裸露的柱头上，药室裂开喷射出去的细小粉粒被柱头的湿液吸附；对结合、对应、位置、时间、雨水、棕榈科植物、下倾花、水下花和聚药花进行的观察，甚至对各种花所作的自然观察，都能证实这一点。③

① “位置：二强雄蕊花的雄蕊上升到花冠的上唇瓣下面，而其雌蕊则弯向雄蕊。

“绝大多数雌雄同株植物的雄花都长在雌花的上面，如玉米和蓖麻。

“时间：在雌雄同株和雌雄异株植物的药室形成的时候，雌蕊的柱头也同时形成。

“去雄：芭蕉属的雄花如果晚于雌花开放，则所结的果实就不能生育，没有籽粒。

“如果把甜瓜的雄花全都掐掉，就结不了瓜。

“药室：正如囊果皮一样，药室也有单室的、双室的、三室的和四室的。见101节。

“花粉结构：同种子一样，花粉的结构有其特点和有一定用途。见101节。

“一切花粉都是囊状的小粒，这些小粒可以脱落下散。”

② “位置：聚药花的柱头一般都穿过药室，这种花很少有不结果的。

“时间：药室在柱头茁壮时喷射花粉。

“脱落：对绝大多数的花来说，柱头都是在药室衰萎后才枯萎，所以说这是开花的后果。

“切除：对任何花都可以去雄。”

③ “结合：马里兰认为花粉进入了胚，瓦扬认为柱头固有的湿液吸收了花粉的精汁，茹协看到槭树花粉迸进湿液里去，尼达姆证明所有的花粉都喷射气体精。

“对应：柱头倾向药室，然后又直竖起来。如石竹属、西番莲属、黑种草属。

“如果雌蕊很短，药室就集聚在柱头的上方，如虎耳草属、梅花草属。

“青葙属的药室是靠合的或靠近的，而花粉则由药室倾落下去。

“石蚕属的花冠把药室略微推向柱头。

“位置：只要有雄花出现，就自然生出雌花，但这两种花要由同一种子产生出来。

“时间：雌雄异株植物往往是出叶以前开花，以免叶子阻碍雌蕊，如柳属、杨属、榛属。

“雨水：雨水浸透花粉，使花粉不能倾落在柱头之上。

“146. 因此，萼等于新婚床，花冠等于床的帷幕，丝状体等于输精管，药室等于睾丸，花粉等于精液，柱头等于外阴，花柱等于阴道，胚等于卵巢，果皮等于受精的卵巢，籽粒等于卵。①

“园艺人员都很清楚，雨水浸透花粉后，对仁果树和核果树的结实会有很大影响。

“农民最讨厌在小麦扬花季节下雨。

“烟雾吸走柱头的湿气，也会造成减产。

“棕榈科植物：由于泰奥菲拉斯托斯（古希腊哲学家和植物学家。——译者）、普林尼乌斯（古罗马博物学家。——译者）、肯普夫（德国博物学家和医生。——译者）和图尔努弗（法国植物学家。——译者）等人的介绍，人们都知道爱琴海诸岛的黄连木属的种植情况。

“古代人发明的和现代人仍在地中海东岸各地应用的无花果小蜂传粉早熟法。见拙著《论无花果的栽培》。

“下倾花的雌蕊比较长，便于花粉落在柱头上，如风铃草属、雪片莲属、雪衣莲属、贝母属。

“水下花在开花期间漂浮在水面，如睡莲属、芦荟属、狐尾藻属、眼子菜属、水鳖属（Hydrocharis）、苦草属。

“奇异瑰丽的聚药花：没有柱头，也不能受粉。

“见矢车菊属、向日葵属、金光菊属、金鸡菊属各条。

“如在花粉坠落以前去掉独株郁金香的药室，郁金香就结不了籽。

“开花期间集中生长在一块地上的不同品种的甘蓝，总不会结下本品种的种子。

“乌普萨拉公园中的杜鹃花，从 1702 年起就不结籽；1750 年移来一种雄性品种后，就开始结籽了。

“在荷兰的大多数公园中，克鲁希亚木都不结籽；然而在莱顿，我发现一株雌性克鲁希亚木受了粉，所以我事先就肯定准有一株雄性的，后来我果然找到了它。

“榕属、葎草属、芭蕉属、桑属虽然没有雄蕊而结实，但并不是例外。必须把开花部位、萼、果皮、花托、种子等分辨清楚。”

① “可以把萼看做是女性的阴唇或男性的包皮。

“也可以把花冠看做是小阴唇。

“可以把供给药室汁液的丝状体叫做输精管。

“药室是睾丸。

“柱头相当于女性身上的使小阴唇分叉的外阴部分。

“雌蕊相当于阴道或输卵管，但一般不看做输卵管。

“胚相当于卵巢，因为它含有种子的原基。

“果皮相当于受精后的卵巢，卵受精以后就躲藏在其中。

“种子等于卵，详见 134、135 节。”

“147. 土壤是植物的胃袋，根部是乳糜管，茎是骨骼，叶子是肺，热等于心脏。因此，古人把植物叫做倒立的动物。①

“148. 具有药室的花是雄花，具有柱头的花是雌花，药室和柱头两者都有的花是两性花。②

“149. 只有雄花的植株叫做雄株。只有雌花的植株叫雌株。只有两性花的植株叫两性体。既有雄花又有雌花的植株叫雌雄同株。

“两性花、雌花和雄花都有的植株叫杂性体。但是，绝大多数植物是雄两性体或雌两性体。③

① “从前，人们把植物叫做倒立的动物。植物通过根部像通过乳糜管一样从土壤中吸取最松软的微粒，这种微粒像动物胃里的乳糜一样，沿着硬挺的茎梗上升，再由枝杈把它们输送给生殖器官，使其能够生育。

“植物并没有心脏，由热取代心脏的作用。这个心脏不需要经常的动力，也没有血液循环，但要有吸力。

“叶子运动并呼吸，起肺的作用；叶子也很像动物的肌肉，但这种肌肉是由梗柄固定住的，不能够自发地运动。”

② “两性体在植物界常见，而在动物界则罕见。许多蠕虫似乎是两性体，蜗牛肯定是雌雄同体。

“植物必须把性别不同的集中到一处，因为它不能去找配偶或与配偶约会。”

③ “两性体植物在同一株上开有雌雄同体花，植物的大多数种属都是如此。

“雌雄同株植物在同一株上分别开有雄花和雌花，如：

角栃属	栎属	柏雷草属
玉蜀黍属	山毛榉属	角果藻属
香蒲属	松属	薏苡属属
荨麻属	蓖麻属	黑三棱属
桤木属	铁苋菜属	桦属
苍耳属	葫芦属	豚草属
苋属	泻根属	菊科和若干伞形植物
菰属	黑钩叶属	
狐尾藻属	墨角藻属	酸模属
金鱼藻属	下叶珠属	轴藜属
榛属	桑属	刺痒藤属
枫香属	黄杨属	车前属
冷杉属	筋骨草属	银胶菊属
麻风树属	慈姑属	胡桃属

“150. 凡是美丽的花都是天然的，而且都奇形怪状，其丰满的花朵盛开而不孕，所以总是败育；复合花则不那么容易败育，多育花会使花朵

甜甘属	鹅耳枥属	巴豆属
水韭属	柏属	莲叶桐属
灰藓属	苹婆属	苦瓜属
水马齿属	栝楼属	石松属
薹属	线叶苹属	

“雄株只开雄花，雌株只开雌花，如：

茨草属	柳属	缬草属
苦草属	榕属	杨梅属
槲寄属	荨麻属	鼠李属
桑属	漆树属	避霜花属
五月茶属	角豆树属	水麻属
黄连木属	大麻属	沙棘属
葎草属	酸模属	菝葜属
杨属	克鲁希亚木属	树头榈属
月桂属	金发藓属	秋海棠属
番木瓜属	海枣属	水鳖属
达提斯卡属	柿属	麦瓶草属
假升麻属	山青定属	麻黄属
桧属	狗筋蔓属	泥炭藓属
那配阿属	紫杉属	薯蓣属
假叶树属	巴豆属	马桑属

“杂性体也叫杂种，它必然有两性花，而且在下述的情况下，还有雄花或雌花之一。

“雄两性花和雌两性花是：其中一个花是雌雄同体，而另一个花则是不育的，如芭蕉属。

“在所有的植株上兼有雌两性花和雄两性花的，有藜芦属、朴属、山羊草属、瓦伦西亚草属。

“在单独的一株上兼有雌两性花和雄两性花的，有矮棕榈属、人参属、紫树属、柿属。

“在所有的植株上兼有两性花和雌花的，有墙草属、滨藜属。

“在单独的一株上兼有两性花和雌花，而在另一单独的植株上兼有雌雄同序花和雄花的，有 Arctopus。

“在所有的植株上兼有多朵杂性花和一朵雌两性花与一朵雄花，而在单独的一株上则兼有多朵杂性花和一朵雌两性花与一朵雌花的，有皂荚属。

“在不同的植株上兼有雄两性花和雌两性花的，有岩高兰属。”

更加奇形怪状。”①

评述林耐的著作

研究各种现象，可以持两种截然不同的观点。

对现象的主要外貌进行观察研究的，叫做**自然科学家**。

致力于发现现象的机制的，叫做**物理学家**。

毋庸置疑，林耐是一位伟大的自然科学家，然而他的思路却是亚流的。同他专门研究的植物学不能列入第一流科学著作一样，他也只能是一位第二流学者。同拉格朗日、拉普拉斯、孔狄亚克或孔多塞这样一些人物相比，伟大的林耐要渺小得多。同天文学和人体生理学的研究相比，植物学的研究就不太重要了。

在这部关于最近两个世纪人类理性发展的简短概述中，如果我愿意并能够用一点时间来批判林耐的话，那我就要问：在他的名著开端写的那句话，即“大地给我们提供的一切，叫做元素和自然物，……”究竟有什么意义呢？

这句话提出新的一般观念了吗？它对一般科学的进步指出能

① “丰满美丽的花朵一般都不结籽，而是通过插条或分根来繁殖的，如石竹属、剪秋罗属、獐耳细辛属、旱金莲属、蔷薇属、石榴属、驴蹄草属、毛茛属、堇菜属、芍药属、水仙属。

“少数的花，比如罂粟和黑种草的花，与其叫做丰满的花，不如叫做复合花，而且都结籽。

“美丽的花，由于雄蕊变成花瓣，花冠就变大了。因此，复合花便丧失许多雄蕊，而丰满的花则全部丧失雄蕊。由于见到花瓣增多，人们便提出了复合花的观念，但不应举睡莲属、仙人掌属、松叶菊属的花为例，因为它们的雄蕊没有畸变。

“如果有人愿意更深入地研究植物性别的秘密，请参阅《植物交配》一文（见《瑞典科学院院报》，第 1 卷）。”

够直接有用的思想了吗？

综述18世纪的第一流科学著作

在17世纪，物理学家是在笛卡儿的旗帜下前进的。

18世纪初，洛克和牛顿把物理学家分成两支队伍。这两支队伍都各自努力在科学的新大陆上进行发现。

上面已经说过，出于事物的本性，学者们总是轮流交替地由一个和两个首脑领导的，而且（这一点必须着重提出）决定他们从先天到后天或从后天到先天的方向转变的天才们提出的观念，其广泛性和重要性都远非早期的学者们从当时的天才们那里获得的任何观念所能比拟。

可以肯定，决定学者们方向转变的天才们，一览无遗地看到了新方向中的一切最重要东西，而他们以后的最精明强干的人，也只能充当他们的助手。

还可以肯定，随着学者们一起前进的这些助手，在接近他们所研究的事物以后，也不能掌握事物关系的总体，他们充其量只能部分地改进在天资和环境方面均占优势的人物所提出的观念而已。我说他们在天资和环境方面均占优势，是因为我认为必须进行这种比较。拉格朗日和拉普拉斯这类人的天资和理解力真的不如牛顿吗？我认为不是这样。然而我觉得，拉格朗日和拉普拉斯所以只能充当助手，是因为他们受到了环境的制约，当时的环境只叫他们用尽一切办法去进行我们要求于他们的改进工作。他们，假如处在16世纪末叶，必然是培根式的人物；假如处在17世纪初期，必然是笛卡儿式的人物；假如处在18世纪初期，必然是洛克或牛顿式的人物。假如今天他们只有二十岁，我敢说用不着等到中年，他们就会改变学者们的前进方向。

且看下面的事实。

在无机体物理学方面，牛顿胜过跟着他的方向前进的一切后来人。他发明了微积分，发现了万有引力定律，精确地算出了光速，制造出当时最完善的天文仪器，指出了水的分解和金刚石的燃烧现象。

在牛顿以后完成的最著名的科学著作，都是牛顿思想的发展；而且这些改进还是逐步实现的，没有一个人发展了牛顿的两大发明。因此我在上面才说：天才们可决定学者们转变方向，而他们的助手极其“接近他们所研究的事物以后，也不能掌握事物关系的总体，他们充其量只能部分地改进……”

对有机体物理学来说，情况也是如此。洛克既是植物学家又是解剖学家，既是生理学家又是哲学家。

孔狄亚克和孔多塞是洛克以后最著名的两位学者，他们毕生只是分别地从事于一门科学，只是分别地改进了精神和方法论方面的观念。

孔狄亚克和孔多塞既没有研究过解剖学，又没有研究过生理学。他们两人各自所犯的严重错误的根源，在于他们对有机体物理学的这两个主要部门一无所知。

总评 18 世纪的第二流科学著作

以促进科学为目的的工作，并不限于学者们写出的著作。学者和其他人一样，都受着一条规律的制约，即任何一个人、任何一个集团，不论其性质如何，都想扩大自己的权力。军人用刺刀，外交官用计谋，几何学家用圆规，化学家用试管，生理学家用解剖刀，英雄人物用行动，哲学家用思想体系，努力去赢得指挥权。他们从不同方面由山麓向上攀登，渴望登上统治整个宇宙的理想人物所在的和每个强有力的人物都想占据的高峰。

我把以促进科学为直接目的的著作列入第一流著作，把后来的学者为改善他们的社会存在而付出的努力列入第二流活动。

僧侣阶级曾是旧体系的捍卫者，即是人类在其想象力充沛和最不善于推理的时代所想出的体系的捍卫者。我来叙述一下以前的学者对僧侣阶级进行的伟大斗争，以及革新派学者在反对僧侣阶级的斗争中取得的辉煌胜利。

18 世纪中叶，狄德罗和达兰贝尔曾号召培根、笛卡儿、洛克和牛顿的思想的拥护者联合起来，并率领这支物理学家大军向神学家发起了进攻。

我们来看一看百科全书引言发表时的情况，再考察一下培根以后的科学发展，并用新的观点研究一下我们已经扼要叙述过的事实。我们至今只是陈述了科学进步的主要里程，现在让我们来研究一下建立新体系的学者们所取得的成就！

16 世纪末叶，培根把世俗学者鼓动起来，向法定的科学团体即僧侣集团造反。培根在科学的新阵地上树起一杆大旗，物理学家们都集结在这面旗帜之下。

17 世纪初叶，笛卡儿建立了初步的物理学体系，并在这一科学阵地上挂起一盏大灯，继他之后完善这一体系的所有杰出人物都集聚在这盏大灯的周围。

笛卡儿逝世后不多几年，路易十四便创建了科学院。这个科学院只由物理学家和几何学家组成。

科学院自创建之日，就开始围攻神学家固守的阵地。

我把神学体系坚持的各项原则看做僧侣阶级藏身的设防工事中的一座座坚固碉堡。我把物理学家们比做对这些碉堡展开攻坚战的大军。最后，我把狄德罗和达兰贝尔视为这支大军的将军，而物理学家则在他们的指挥之下，向神学家的防地发起总攻。

撇开这一切比喻，我们来看事实。我们看到，自培根出现以后，物理学家的声望与日俱增，而神学家的声望则日益扫地。然而在我所谈的时代，即在 18 世纪 50 年代，我们也看到僧侣阶级仍然享有很大的权力和拥有巨额的财富，巴黎大学仍然是唯一的法定科学讲坛，僧侣阶级依然负责国民教育工作。我只有把物理学家用来消灭僧侣阶级的权力和财富的手段讲得一清二楚，才能完全达到为此提出的目的，因为正如我在本节的开端所说的那样，学者们用以改善其社会存在的著作只属于第二流科学著作。

这是从培根到现在这段历史的杰出部分，然而这个期间的历史事实非常复杂。没有高超的推理能力和非凡的实干才能，就不可能把摧毁旧体系的工作和建立新体系的努力叙述得清清楚楚和令人满意。

我把旧体系比做一座大厦，它的高耸的上部构造正像教堂的钟楼。物理学家已在开始拆除钟楼。但在 18 世纪 50 年代，旧体系的整个下部构造仍然完整无缺。这里面住着群众，僧侣阶级也下降到这一部分，并继续在这里统治着人民大众。狄德罗和达兰贝尔领导下的物理学家们，正在拆除这一部分。

我敢说，百科全书派在摧毁旧体系方面比在建立新体系方面做得更有成效。这个看法（我根据这个看法把他们的著作列为18世纪的第二流科学著作）是新提出的，所以应当加以说明。

对18世纪第二流科学著作进行的事实考察

我把这项考察分为四个部分。

在第一部分，我要陈述为什么把百科全书列为第二流著作，指出怎样才能把百科全书编得可以列为第一流科学著作。

在第二部分，我要略述早于百科全书派著作的著作和为百科全书做准备工作的著作。在这一部分，我要论证伏尔泰对18世纪上半叶文人产生的影响。

在第三部分，我要论述卢梭，并提出我对他的全部著作的看法。

在第四部分，我要叙述18世纪文人著作的成果。

我认为，在这项考察当中，应当颠倒一下事实的时间顺序。虽然百科全书是18世纪50年代开始编著的，但我认为应当先从它开始考察，因为百科全书中的著作是18世纪最杰出的著作，而且我认为，把18世纪的所有文人著作当作百科全书著作的准备著作或衍生著作的叙述方式，要比按时间顺序叙述这些著作的方式清晰得多。

事实考察的第一部分

百 科 全 书

百科全书 这个词出自希腊语，含义是陈列所有的科学或陈述人类知识的大系。

我把百科全书列为批判性著作，其理由如下：

第一个理由

孔狄亚克在其《论缺点和优点毕露的诸体系》的开端，对体系一词下了定义。学者们都赞赏这一定义，我也采用这一定义。他说：

“体系就是把一种艺术或一门科学的组成部分排列成一个使各部分可以互相支持和前面能够说明后面的顺序。解释其他部分的部分叫做原则，而原则越少，体系就越完善，所以最好只有一条原则。”

根据这个定义，原则最协调的体系才是最完善的体系，而把互相反对的原则排列在一起的体系则是最不完善的体系。但是，神学原则和物理学原则显然是互不相容的，因为神学原则的依据是神启观念或神示观念，而物理学原则的依据则是习得的认识，即一般的观察。

狄德罗和达兰贝尔在评比这两种原则时只希望达到批判的目的，即证明物理学原则远远超过神学原则。从批判的观点出发的百科全书，只能对这两种原则进行比较。由于我对百科全书有如上的看法，所以我决定把它列为批判性的著作，而不能把它看作创见性的著作。

第二个理由

狄德罗和达兰贝尔采用的科学分类，仍然是在他们开始写作活动前一百五十年培根所发明的分类。这种分类，是在笛卡儿、洛克和牛顿的思想和发现丰富了人类的知识宝库之前发明的。在今天看来，把科学分为记忆的科学、理智的科学和想象的科学的这种分类的缺点，主要表现在两个方面。

第一方面　在今天看来，把科学分为三个部分是有缺点的。形而上学的发展告诉我们，我们的理性活动不外乎是对事物进行比较。我们知道，人们的观念只能分为两大部分，然后在每一部分之下再细分。

第二方面　培根的分类不外是对人类智力进行分类。但是，只有两类不同的事物：自身的事物和外界的事物。

我们自身对外界的作用；

外界事物对我们自身的作用。

这样的分类比按我们的智力进行的分类更为广泛，后者只能是前者之下的亚类。

现在，我来抄录《百科全书》的引言，然后再举出一些观点来证明我已扼要说明的见解[①]。

---

① 圣西门在这里抄录了《百科全书》的引言，并在引言之后附了一幅《百科全书》系谱树*，以作《19世纪科学著作导论》第一卷的结尾。

《百科全书》的引言篇幅很长，而且又是众所周知的，所以我们认为没有必要复刻。——出版者注

* 《百科全书》系谱树删去未译。——译者注

第　二　卷

关于插叙的说明

看完我的百科全书系谱树，读者一定会感到重新建立科学观念是可能的。这样，我也就完成了我在引述达兰贝尔所写的这篇引言时提出的看法中所规定的任务；这样，我也就可以立即接着考察 18 世纪的科学著作了。虽然我可以立即接着考察，但我也可以以插叙的方式对我的系谱树进行初步解释。总之，我可以加入一段插叙，我不愿意放弃这个机会与读者自由交谈。让我们来讨论一下我们决心达到的崇高目的，并通过这个讨论发挥我们的全部精神能力，因为增强我们的希望就是增强我们的力量。

希望读者把你们的意见通知我，让我们通过讨论来阐明我向诸位提出的观点。我决心着手写作这部著作的目的，是重新组织百科全书的编著工作。我认为现在还不能写引言，但我已收集了这部百科全书所需的材料。对应当写进书中的观点，我已掌握了一定的数量。我要在插叙中提供诸位看的，正是这些观点和这些材料。我把这段插叙题名为《我的札记》。

插　　叙

我 的 札 记

第 一 部 分

一、观念世界的体系

改善观念世界的组织结构，是增进我们对现实世界的认识的最通用办法。

可把牛顿的发现，即万有引力看做一般事实或一般观念。在把它看做一般事实时，我们可以和应当用它来解释现实世界；而把它看做一般观念时，我们可以用它来建立想象的世界。我要谈的，正是这个想象的世界。

点产生线，线产生面，面产生真空的几何体。如向这个设想的空间投掷某种物质，将会产生什么结果呢？

第 一 个 假 定

向空间投掷流体，并设流体的每个分子都有引力。

这时，处在体系中心的分子开始自转，并一直保持自转。

其他分子则有三种运动：

一、自转。

二、向中心移动，与中心分子相遇和冲撞，被中心分子反射回来。当斥力耗尽时，引力又使其他分子向中心移动，再被中心分子反射回来，这样一再反复下去。

三、围绕中心分子公转。

第 二 个 假 定

向空间投掷固体，并设固体的组成分子都有引力。

固体开始围绕体系的中心旋转，并一直保持这种状态。

第 三 个 假 定

把一种流体和质量与它相等的一种固体投进空间。

如固体恰好处在体系的中心，而固体的中心又同体系的中心相合在一点，则固体开始自转并一直保持自转，不再产生其他运动，只发生第一个假定中的中心分子那样的作用；而流体的组成分子，则有第一个假定中所述的三种运动。

第 四 个 假 定

把若干种固体和质量与它们相等的若干种流体投进空间，并设固体部分和流体部分混合形成两团各自独立和体积不等的物体。

这时，两团物体中体积大的距离体系中心最近。

体积小的那团距离中心的远近，与两团物体的体积之差成正比。

两团物体既有自转，也有围绕体系中心的公转。

组成流体的分子，按上面第一和第三假定的方式运动，而且毫不妨碍固体的运动。

在上述的几个假定以外再作新的假定时，也可以按上述道理形成新的观念世界，而且这个世界的结构也是完全可以知道的，因为它是按理逐步构成的。我暂时不再作这种假定，因为我认为我所说的足以使有理智的人相信，由固体和流体组成的体系是可能存在的，而且其中的流体毫不影响固体的运动。这种可能性一经公认，数学家就不难根据这个理论把光学的事实同天体力学的事实联系起来，即把对天体流体的观测同对天体固体的观测联系起来。

我也可以用另一种方式提出我的假定，即我可以在空间创造物质，而不是向空间投掷物质。

我在空间创造物质，我赋予每个分子以一般的力，即赋予每个分子以各种力，如吸引和排斥其他分子的力，向各个方向移动的力，等等。

假如我消灭了一个分子。这时，剩下的全部物质就开始运动，而且是根据我所说的万有引力的规律运动。

我认为，用这种方法就可以使人们对万有引力的思想有个清晰的概念。

二、关于牛顿

伟大的物理学家、几何学家和天文学家牛顿，既未能概括他的思想，又未能统一整理他的思想。他完全没有理解他的思想的哲学价值。作为一位天文学家，牛顿充分利用了他的万有引力的观点;作为一位几何学家,他发明了计算万有引力作用的方法。但是,他丝毫没有认识他的发明的重大意义,没有看出各种各类现象都是这个原因的结果,而是到神学著作中去寻找比他想出的观点更为重要的观点。他给《启示录》作了注释。

人们认为牛顿的全部科学发明概括了世界体系,其实这种看法是非常不恰当的。这位学者并没有必要的哲学天赋去组织他的思想,使其形成一个完整的体系。他甚至自相矛盾,他的一些基本观点显然是相互对立的。

牛顿一方面说宇宙的所有部分都受万有引力的影响,另一方面又说天体之间的空间是真空的。如果说空间是真空的,则万有引力不就显然不是万有引力而是部分引力了吗?

(作为天文学家的牛顿说)如果在天体之间的空间有物质存在,则天体的运动必然要因摩擦而变化,但我们在观测中并没有发现天体结构发生任何变化,所以我们必须认定星辰是在真空中运动的。

作为天文学家的牛顿本可以作出下面的推理,从而不与作为物理学家的牛顿发生矛盾:

如果在天体之间的空间存有与天体质量相等的物质,则天体对周围流体的作用就应当被流体的反作用抵消,所以在这种力量相等的情况下并不产生摩擦。

假如作为几何学家的牛顿能按这个假定推理,他就会把他的杰出见解(物体间的引力与它们的质量成正比,与它们间的距离平方成反比)完全正确地应用于他关于真空的假设。

假如牛顿能够上升到概括的高度,他的内心一定会对真空的观念产生反感。他能把宇宙看成是一个自成体系的整体，肯定这个宇宙的某些部分完全没有价值，认为它的某些部分与其他部分完全没有关系吗？一句话，他能认为宇宙的某些部分既不产生作用又不承受作用吗？

假如牛顿上升到了概括的最高一级，他必然会认识到，绝不能把地球力学的摩擦观念原封不动地搬用到天体力学中去。地心对地表的所有物体的引力，始终影响着地球力学的整个作用。在天体力学方面，把摩擦的观念引来推理之前，必须先仔细研究引力在所考察的领域内能起什么作用。

考察一下人类理性的发展和我们观念的日臻完善的过程，分析一下我们对固体的感觉(这种感觉比对流体的感觉更为锐敏，更为明显，更易于计算其效果)，人们就不会再对物理学家至今一直把固体看作主要因素，而把流体看作次要因素的情况感到惊异，并且可以清楚地认识到，要使科学大踏步前进，就必须对流体的作用和固体的作用进行直接的和全面的比较。

根据真空的假设来解释光的传播的任何尝试，都必然得出荒谬的结论。

牛顿和后来的许多著名物理学家，为解释彗星形成所做的种种努力，都未得出令人满意的结果。

我对牛顿感到不满，所以我要大力宣扬我的思想。我看到牛顿阴魂的作用对科学的进步非常有害，所以我要向我的同时代人，特别是向我的同胞大声疾呼：现在是改变路线的时候了，即必须沿先天的道路进行发明。[①]

---

① 不少人向我提出，把科学的路线分为先天的道路和后天的道路的做法，既不明确也无用处。我要努力说明这种分法是明确的，并证明它是有用的。

封特内尔(Fontenelle，Bernard Le Bovier de 1657—1757 年)说过：

“笛卡儿和牛顿这两位第一流天才，采取了截然不同的两条路线：前者英勇翱翔，志在俯瞰万物之源，用几个明确的基础观念去掌握基本原理，最后，作为必然的结果，再下降到自然现象；后者谨小慎微，从现象开始前进，以上升到未知的原理，最后，根据一系列结论来确认这些原理。前者从他完全理解到的东西出发，去寻求他所见到的事物的原因；后者从他所见到的事物出发，从中找出或明或暗的原因。明显的原理并不能使前者经常看到现象的本来面目，现象也不能经常使后者认识相当明显的原理。在各自的道路上阻止这两个人前进的界限，并不是他们个人理性的界限，而是人类理性的界限。”

封特内尔完全知道并明确指出笛卡儿和牛顿所用的方法的差异。他一眼就看到，双方都是以对方的出发点作为自己的目的地的。封特内尔只是一个文学家，所以他未能上升到这个观点的顶峰，从那里俯视他的一系列发现及其不断丰富人类知识的全部卓越见解；他没有理解人类理性是按照泛化而后分化、分化而后泛化这样的路线轮流交替地发展的，否则他就应当做出如下的论述：

笛卡儿做了泛化(概括)的工作，他以后出现的第一位天才当然就要进行分化(分析)的工作，所以牛顿进行分化的研究是不足为奇的。

既然牛顿做了分化的工作，所以我们就应当进行泛化的工作，而将来出现的第一个天才人物则应当做分化的工作。

反正应当肯定，封特内尔承认有两条科学路线，而且他证实了它们的存在。现在，各位批判家先生，请你们给这两条路线各定一个名称。我所以请你们为两条路线定名，是因为这是区别两条路线的唯一方法 。如果我把它们叫做先天的道路和后天的道路，恐怕你们挑不出毛病。

苏格拉底走的是后天的道路，他从多神信仰或多原因信仰过渡到单一原因的观念。在他以后的所有一神论哲学家，都走的是先天的道路，因为他们都是从单一神或单一原因的观念出发，通过一些次要原因，下降到事实的考察的。

如果我能如愿以偿，证明万有引力是所有物理现象和精神现象的唯一原因，则学者们就将沿着先天的道路前进，因为所有的学者都将从万有引力的观点出发去考察现象。

我把现象分为精神现象和物理现象。这种分类法本身并不坏，然而重要的是不能忘记，最好的分类法的目的，应当是把观念理出条理，使其便于组合。一句话，最好的分类法应当是给出一般的数学公式，把这一列现象与另一列现象编入一个方程。学者们在完全排除神学观念和使普通物理学向前发展时，就会发现最好是创造一般分类法，把现象分为固体现象和流体现象。今天我们所说的精神现象，就是以神经流体为动力的现象。

三、现实世界的体系

宇宙是充满着物质的空间。

物质以固体和流体两种形式存在。

流体的量同固体的量相等。

物质的分子可轮流交替地以固态和流态出现。

一切现象都是固体和流体相互斗争的结果。

宇宙分为两个相等的部分。我把一部分叫做固体,另一部分叫做流体。固体部分是物质趋于固化的部分;流体部分是物质趋于流化的部分。

在某些时期,两种状态的物质相互混合在一起。不久,就发生全面的分离,然后又在原来的基础上重新混合。

宇宙是唯一的永恒现象,其余现象的持续时间有长有短。

太阳系是固体体系的一部分。

太阳系是一个扁球体,其中流体的量同固体的量几乎相等,而固体的质量则略大于流体的质量。

在太阳系中,固体的质量不断增加,而流体的质量则相应减少;还不断形成彗星。

太阳系各星球之间的流体,服从太阳系的公转运动,它的密度随其在空间所处的位置而各不相等。在体系的中心附近,流体的作用受到该处固体的强烈干扰。流体本身的运动受到干扰以后,流体就被解体,于是固体物质和流体物质便在体系的这一部分聚合在一起,而这种聚合体同以后由于同样原因形成的聚合体汇合,又逐渐增大。最初,这种聚合体形成我们见于太阳的黑子。当黑子的体积和密度达到一定程度后，就脱离太阳的表面，而形成我们所说的彗星。

起初，彗星的离心力很大，其抛出方向几乎垂直于黄道面；随着密度的增大，倾斜度和离心力就逐渐变小。彗星的密度是通过下列两种力而增大的：

一、彗星内部发生的分子引力；

二、经过邻近行星时受到的瞬间压力。

彗星的密度达到一定点时就产生自转运动，从而具有了行星的特征。[①]

彗星的密度逐渐增加，表面上出现叫做有机体的美丽小物体。当彗星的固化达到一定程度时，就不再出现这种现象。

四、有机体的形成

每当出现一次重要的发酵现象，就有有机体形成。如果物质的发酵程度不大，所产生的动物就小，有机化的程度也不高。这类

① 许多年前，我曾写信把我对彗星形成的看法，告诉给经纬度测绘局的观测主任布瓦尔先生。

三年前，布瓦尔先生告诉我：

“目前，在天际有一颗密度不大的彗星，透过这颗彗星可以看到星辰。整个彗星是半透明的，它没有核，像一片云雾和一片不太厚的流体。可以肯定，这个事实同阁下的看法非常吻合，但同目前所有的学说恰恰相反。”

几个月前，我同布瓦尔先生一起观测了一颗外表与上述彗星完全不同的彗星。这颗彗星的轮廓几乎同行星一样清晰分明，除了微微发光的彗尾之外，再没有彗星的其他特征。

由此看来，四年来天文学家们观测到两颗彗星，其中一颗处在生成的初期，另一颗正在变化，即将变成一颗行星。

动物只有很小一点智能，它们只能是昆虫类。最大的动物产出于最大的发酵时期。当地球从彗星状态过渡到行星状态的时候，即当地球开始自转的时候，地球上才产生最大的发酵。

当地球从彗星状态过渡到行星状态的时候，地球的表面完全是一层水。鱼类是最初生成的有机体，而且最大的动物也都出现于鱼类。鲸是已知的最大动物。

鞑靼高原是地球上最高的部分。它是最早露出水面的部分，也是陆地动物最初生成的地方。这一时期生成的动物（可以叫做第二次生成的动物），就体积来讲是第二等动物。

美洲浮出水面（这次事件造成了洪水）之后，出现了动物的第三次大生成。第三次生成的动物，其体积都不如前两次大。

有机体的机制

如果把有机体看做是固体同流体的斗争场所，则可认为有机体的机制，不外是脑和起同样作用的其他器官向外排放流体，即由脑的神经把这种流体输送到个体的各个部分去。

感觉器官是神经末梢的端部，通过这些端部的出口建立神经流体即生命流体与同样细小的空间流体之间的联系。

思想是一种物质引力，是神经流体运动的一种结果。[①]

最初，人同其他动物并没有什么明显的区别；拿人的构造和其

① 达兰贝尔不敢承认思想是物质的，因为他觉得思想的速度太快。他说："一个简单而能思维的实体，一瞬间能有这么多的活动，简直是形而上学的奥秘。"他可以看到，电的速度也是非常快的，因为它的行程是无法测量的。即使神经流体的分子不比电流分子更为细小，至少也与它同样细小。

他动物的构造比较，我们可以看到：人的构造，无论是内部结构还是外部结构，现在都比其他动物优越。为什么要为人的精神优势另找原因呢？人的智力同动物的本能之间界线，只是在口说的或书写的约定符号体系形成之后，才清楚地画了出来。

五、人的智力和动物的智力之差异

人的智力同其他动物的智力所以在今天有天壤之别，那是因为人从第一代起就处于最有利于自己发展的地位。人类的数目不断增加，而智力仅次于人的动物的数目则不断减少。人与其他动物的一切关系，均表现为人在妨害其他动物发展其能力：迫使一部分动物躲藏于山野，役使另一部分动物，不断地阻碍动物发展其可以同人进行斗争的能力，竭力发展动物的有利于人的能力。结果，人的精神不断完善，而其他动物的精神则不断遭到破坏。

假如人类从地球上消失了，结构的完善程度仅次于人的动物，就将日益完善起来。

根据一些公道的政治理由，必须把人类分成几个人种。当然，欧洲人是第一流人种，因为他们生存和居住在地球上出产小麦和钢铁最多的大洲。

在大革命过程中，由于不了解生理学家所观察到的事实，政府领导人犯了一个严重的错误。他们建立了黑人同欧洲人平等的原则。这个原则当然是错误的，因为通过观察证明，这个原则所依据的事实是虚伪的。

通过研究人类的历史，生理学家极为生动地指出了特殊人物发展成为特权集团的方法。特殊人物分为两类：军事的特殊人物和科学的特殊人物。[①]

头脑组织非常优超的生理学家，应先用他的思想回顾各种动物的形成时期，然后再下降到以后的几个世纪观察人类智力的不断进步，最后把其如何改进人类命运的明确观点告诉给他的同胞。

六、对一个重要观念的初步概观

事物没有两种秩序，只有一种秩序，即自然的秩序。

现象分为两类：固体现象和流体现象。

人是一个小世界，身上具备大世界所有的各种现象，只是规模小一点。

行星从属于宇宙，它像一只挂钟装在一座大钟里面，并由大钟驱动。

人从属于所在的行星，他像一只小表装在一只挂钟里面，而这只挂钟又装在一座大钟里面。

人类理性随着地球接近其终期而衰老。

随着人类理性的衰老，人的推理能力逐渐增强，而其想象能力则逐渐消减。

随着行星的衰老，行星固体的作用逐渐占优势。

在我们的理智活动中，当流体的作用占优势时，我们就善于想

① 当学者们认识到僧侣阶级和贵族阶级的建立是人类发展的有机结果时，就会放弃设法消灭这些集团的一切观点，而欢迎以证明下列三点为目的的科学著作：一、僧侣集团和贵族集团应由最著名的特殊人物组成；二、每当组成僧侣集团和贵族集团的个人不具备最杰出和最超群的品质时，就必须改组、改建和改编这些集团；三、有一个一流的天才人物，就能很好地改组僧侣集团和贵族集团。

象;当固体的作用占优势时,我们就善于推理。

七、人类历史的理论

人类全体的智力和个人的智力,是按同一规律发展的。这两种现象的区别,只在于它们所处的发展阶段的规模的大小。对人类理性的进步和个人智力的发展进行对比考察不难证实的这条真理,对于认识人类直至消失以前的未来命运很有用处。

个人智力的发展

人在儿童时代喜欢堆垒石头、建造小堤、挖掘小水池等游戏,把斧子、锯、刨子、钉子、榔头和可用这些工具加工的材料交给他,会使他感到最大快乐,这是他最喜欢的玩具。可以肯定,人在幼年时期也爱好艺术。

到了成年时期,人会成为艺术家。哪一个青年人不想在音乐、绘画或诗歌方面一显身手呢?

到了二十五岁,人的能力获得了重大发展,于是他寻找一切机会使用这种能力。他把自己的同辈都当作对手,经常准备着同这些对手、同整个大自然,甚至同自己进行斗争。四十五岁以前,他基本上是富有尚武精神的。

到了四十五岁,人就进入一生的后半阶段。他的活动能力开始减退,而他的思辨能力则逐渐增强。他开始回顾,回顾自己的前半生。他不再从事发明,而是从新的方面考察他所见到的事物。他把自己精神生活的头一部分用于概观过去,把其第二部分用去总结。

以上是个人历史的概况。下面来谈人类纪年史的概况。

人类理性的发展

我从埃及人开始，因为他们以前的民族，历史都模糊不清，没有什么值得谈的东西。我在第四节末说过："人的智力同动物的本能之间的界线，只是在口说的或书写的约定符号体系形成之后，才清楚地画了出来。"现在，我就依照这一见解来叙述。

从埃及人到我们现代，相继对人类起过重大作用的有四个民族：埃及人、希腊人、罗马人和萨拉森人。

埃及人建造了最大的石塔，挖凿了最大的湖泊，修筑了最坚固的人工堤坝。

在艺术方面，希腊人的作品至今仍然是典范。

在战争艺术方面，罗马人胜过了他们以前的民族；而萨拉森人的武功，比罗马人更为巨大和显著。

萨拉森人不仅在军事方面杰出，他们还有更为优越的特点：他们是物理科学和分析科学的发明者，代数学、化学和生理学的发展都应归功于他们，是他们在欧洲建造了最初几个天文台。一句话，他们创造了主要的推理公式和出色的观测方法。

对个人历史和人类历史进行对比考察之后，我可以得出结论：人类的年龄已经达到相当于个人年龄四十岁的时期。根据最可靠的说法，人类大约已经存在八千年。根据这一假定，个人的一岁相当于人类的两个世纪。

一般现象是唯一可以永恒存在的现象；太阳系的现象是很次要的现象，它的寿命必然有限。我们居住的行星是太阳系的一部分,不管它的体积有多大,其寿命不会超过它所在的太阳系的寿命。

虽然人们全都承认这条真理,但它对科学的进步还没有直接的益处,因为还没有发现现象趋于结束的规律。发现这一规律,将对科学的进步非常有益。

考察天文、化学和生理方面的事实,使我初步总结出不同门类现象所遵循的规律。我认为:所有的这些现象,都可以被看做固体和流体之间的斗争;任何一种现象,一开始总是流体的作用胜过固体的作用;当现象的寿命过了一半以后,固体的作用便占据优势,而且越来越占据绝对优势,直到现象结束为止;然后,固体中的固定分子自行解体,恢复分子个体的独立性即能动性,从而还原成一团流体。

人在幼年时期,流体占据优势,软体部分的固化是使人死亡的不可避免的原因。其他动物也逃不脱这一规律,植物也是如此。人们发现矿物界也有这一规律。石头处于溶解状态以后,变成液体而处于悬浮状态,随后下沉而具有稍浓的沉淀状态,最后逐渐固化,直至转变成尘埃,即直至消灭。

地质学家所作的观察和历史学家所收集的事实,都证明地球的表面当初要比现在布有更多的水。

天文学家已经知道:

一、月球(比地球小,其现象的寿命必然要短)的表面已经完全干涸;

二、在太阳系中,正在形成新的彗星。

八、历代的文物古迹

现存的最古老古迹是金字塔。金字塔也是现存的最宏伟古迹，同时也是最没有用处的建筑物。

在埃及人之后，最雄伟的古迹是希腊人留下来的。希腊人留下来的最著名古迹是柱廊。这些柱廊虽没有直接的用途，但对全体居民的享乐还多少有过一点好处。

罗马人的水渠和大道，要比埃及人的金字塔和希腊人的柱廊有用得多。

我们现代的最大建筑物是船舰。同所有的其他建筑物相比，这类建筑物的用途优越得不容置疑。至于现代的地面建筑，虽比前人的小得多，但数量却比前人多出许多倍。[①] 在我们祖先生活的时代，有过若干雄伟高大的公共建筑，有过若干富丽堂皇的私人住宅，而人民大众的住所却非常简陋。今天的欧洲，遍地都是美丽的庄园和舒适的住宅。

任凭你从哪一方面去看，从埃及人到我们现代，人类的境遇都显著地改善了。

一个埃及国王，当他在位期间，要驱使半数以上的臣民去给他修造陵墓。还能有比这种做法更滥用权力的吗？

在希腊人那里，自由人的数目同奴隶的数目是什么比例呢？

在罗马人的时代，凡非出生于罗马城的人，其生活都没有保障。

今天，在法国、德国、意大利、西班牙和英国，共有居民一亿二

① 圣西门死于1825年，他没有能够看到铁路和电报机。——出版者注

千多万，除少数人外，都有很好的住所，丰衣足食。在所有的主要关系方面，他们都权利平等。在所有的这些国家，法律规定对社会各阶级的犯罪分子，凡是同样的罪行都处以同样的刑罚。

任何观念都有一定的范围，超出这个范围就不能正确应用。孔多塞在应用可完善性的原理时，就超出了它的应用范围。

孔多塞用可完善性的原理成功地抨击了循环论哲学家的见解。我把那些认为人类理性总是在一个圆圈内回转，周而复始地一再循环的学者，称为循环论哲学家。但是，孔多塞在建立以可完善性的原理为基础的体系时，却犯了非常严重的错误。

他说："历史证明，人类理性是不断发展的，因此我们可以断言，人类理性也将无限地完善下去。"

如果这个见解是完全正确的，那么人类理性在取得新的才能的同时，绝不会丧失既有的才能，但历史所证明的却与此相反。《伊利亚特》是至今最古老的史诗，是我们所知道的最美的史诗；梵蒂冈的阿波罗大理石雕像是现存最美的雕像，等等。在许多方面，现代人并不比前人高明；而在另一些方面，今人又远远超过古人。我们能分解水和空气，而我们的祖先却把它们当作元素；我们现在能够避雷，环球旅行，等等。

九、现代人的幸福

三十五到四十五岁是一个人最幸福的年月：他既可以概观，又已具有进行总结的能力。就人类的寿命而言，现代人已经达到人类理性可以充分发挥想象和推理两大能力的时代。我们的子孙将认为他们很有想象力，其实他们只是进行回想；我们的祖先曾错误地认为自己很会推理，其实他们的推理还很幼稚，因为他们没有把各项推理联系起来，还未能建立推理的一般体系，而仍以杂乱无章的想象产物作为科学体系的基础。

现代人要比将来各代人幸福得多，而我们的皇帝也将是最能干的人。

十、关于历史

根据最近几年对埃及、印度和中国进行的历史研究，似乎中国、印度和巴勒斯坦是在同一时期开始有人居住的。

我认为，鞑靼高原是人类的摇篮。我认为，洪水退后，亚洲大陆一露出水面，人类就分为四个部族下到平原地带。我认为，这四个部族是各向一方而下的：一个部族下到中国，另一个部族下到印度，第三个部族下到巴勒斯坦，第四个部族下到西伯利亚。

这种看法便于解释一些最重大的历史事件。

东方、西方和南方部族的知识进步，要比北方部族的快得多。这并不奇怪，因为前三个部族所处的环境非常有利于他们智力的发展。他们容易找到食物，不必同严酷的气候作斗争。

到公元前5世纪，在苏格拉底稍前，中国人、印度人和迦勒底人[①]都各自取得了科学进步，程度不相上下。从此以后，西方部族突飞猛进，而其他两个部族则停滞不前。这并不奇怪，因为中国人和印度人都濒临大海，受到限制，不能认识新的现象，没有可能进行新的尝试；而迦勒底人则驰骋于欧非两大陆，容易推进到可居住

① 指建立新巴比伦王国的迦勒底人。——译者注

世界的最遥远地方，而且他们还处在一个岛屿星罗棋布和便于航行的小海的周围。

迦勒底人与其殖民地之间的古代交通，比中国人和印度人之间的古代交通便利得多。毕达哥拉斯到印度旅行期间，收集了有关那里的科学的所有重要资料；而我们却未听说中国人和印度人用过希腊人的知识来丰富自己。他们受到亚历山大的进攻，把亚里士多德的发现拒之于门外。

这也没有什么好奇怪的，因为受过同样教育的两个人，谁最努力扩大自己的知识范围，谁就最有学识；谁能同别人多方交换观念，谁就最聪明。

我感到，只是在苏格拉底以后，历史才饶有兴趣，富于教育意义。研究苏格拉底以前的历史事件，在我看来，就像研究一个成年人的经历。人到了成年，都竭力回忆他在乳母的怀抱时期、受大人监护时期和学习读书写字的年月所想的一切，并设想自己在成年期所应做的一切。

不必用太多的精力去研究中国和印度的历史。显而易见，这些民族还处于幼稚时期，而且他们从孔夫子以来所取得的点滴进步，也应当归功于同欧洲人的来往。可以肯定，不谈印度人和中国人的科学著作，照样可以写出一部完整的人类理性进步史。

北方部族和西方部族的科学史，包括了人类理性进步史的全部主要内容。

西方部族

腓尼基人、埃及人、希腊人、法兰西人和西班牙人等民族的祖先，以前都居住在迦勒底和阿拉伯。在历史研究中，考察殖民地和宗主国之间的学术交流，是一件非常有趣和很有教益的事情。

直到公元前3世纪，总是宗主国的人先提出新的重大观念，而后由殖民地的人加以发展。

摩西发明了上帝的观念①，而苏格拉底则明确了这个观念的含义，并且把它作为自己的哲学体系的基础。

耶稣创立了基督教，而保罗则使基督教的教义系统化了。

阿尔-马门哈里发在位时，阿拉伯人从事了代数学、普通物理学、天文学和生理学的研究。

欧洲人发展了数学和物理学，他们现正有系统地完善这些科学。

北方部族

从鞑靼高原下来走向北方的部族，直到他们的后人罗吉尔·培根的时代，只是在军事方面有点成就，他们以侵略和掠夺著称。这个部族的宗主国人叫鞑靼人。他们在北部的移民叫克尔特人、斯拉夫人、诺曼底人等等。

美洲的发现

发现美洲以后，欧洲就成了世界的宗主国。就目前的世界四大洲而言，欧洲的位置最为优越，这使它的居民成了新旧世界的中

---

① 我说摩西发明了上帝的观念，但我并没有说，而且也不打算说，只是他一个人发明了上帝的观念。与此相反，我认为，甚至我肯定，从鞑靼高原下来的四个部族，都各自发明了上帝的观念。

间人。

欧洲人能否一直保持世界宗主国的地位呢？如果美洲全住上了人，如果美洲人的海军超过了欧洲人的，新大陆是不是就要成为宗主国大陆呢？目前我不想研究这个问题。除非在主要方面把过去研究完毕，我是不愿意涉及未来的。

十一、关于历史的分期

历史的分期至今分得都不够好。学者们袭用的各种分期法，都犯有时间分配甚不均匀的毛病，而且也没有根据人类智力发展的一般序列来规定所划的时代，一直是根据次要的或局部的事件类别来划分。到现在为止，历史学家只注意政治、宗教或军事方面的事实，从未上升到足够高的观点。孔多塞是第一个编写人类理性史的著作家，但是支配着他的慈善心肠遮蔽了他的视线。他给我们提出的初稿不是一部历史，而是一部长篇小说；他没有观察事物是怎样的，而是希望事物是怎样的。

直到苏格拉底的时代，从鞑靼高原下来的四个部族，其中没有一个显著地超过了另外三个，都各自取得了不相上下的进步。每个部族都通过自己的努力得出上帝的观念，但谁都没有清楚地认识这一观念。苏格拉底是第一个切实地赋予这一观念以单一性的人。他第一个宣称，应当把上帝的观念当作创造科学体系的工具。他是一般科学的创始人。在苏格拉底以前，所有的观念只被并列在一起，是他第一个开始把这些观念有系统地联系起来的。

从苏格拉底到我们现代，科学工作从未间断。统称为中世纪的 7、8、9、10、11 和 12 世纪，已经不是蛮族全面入侵的世纪，被我们称为蛮族的某些部族这时已经很开化了,他们开垦了我们现在耕耘的科学大地。

我说苏格拉底是第一个上升到一般观点的人,是因为他的著作构成了古代史和近代史的明显分界线。

于是,历史分成了两大部分:

从人类历史的开始到苏格拉底:古代史;

从苏格拉底到我们现在:近代史。

人类的古代史,相当于个人的童年史。这一部分不太重要,不值得重视,教育意义不大。它只能吸引凡夫俗子的注意。钻研上古的著作家所作的那种研究,妨碍了他们认识自己的愚蠢。他们像那些眼睛盯着云雾,想要从中看到世界上存在的一切事物的人一样;或者更正确地说,他们像一群盲人硬要眼睛好的人待在黑暗之中,拉人家后退到他们的水平。

我建议把古代史分为两个部分:第一部分是从人类的起源到摩西;第二部分是从摩西到苏格拉底。

摩西以前的事情,在历史学家面前,像被盖上了一张看不透的苫布;只有生理学家的物理眼力,能够穿透这张厚厚的苫布。

从摩西到苏格拉底的历史事件,非常模糊不清。传说中尚有很多空白,编年史很不完整。然而,历史学家对埃及人为希腊人的艺术成就预作准备的十个世纪,可以绘出一幅相当有意思的图画。不过,这一部分历史从来没有编得很好,因为自以为能够胜任的人,更愿研究近代史。近代史的题材最有意思,第一流的画家都把自己的画笔用于最有意思的题材。

我建议把近代史也分为两个部分:

第一部分:从苏格拉底到穆罕默德;

第二部分:从穆罕默德到我们现在。

我首先是使这种分期法把时间分为两个相等的部分。从苏格拉底到我们现在共经历了两千二百年,即从苏格拉底到穆罕默德一千一百年,从穆罕默德到我们现在又是一千一百年。

两个时期的长短完全相等,是以人类理性发展中出现的重大变化为依据的。

苏格拉底发现的矿藏,开采了一千多年之后,已经枯竭了。在第五世纪,以信仰虔诚和善于词令见称的最后一个一神论者奥古斯丁[①]死了,罗马帝国也衰亡了。

西方部族的殖民地,无论是建立在欧洲的还是建立在非洲的,都陷入沉睡状态。人类的理性似乎停止活动了,个人的智力似乎达到了极限,然而这些都是迷惑人的假象。阿拉伯人正在崛起,十世纪末叶,他们提出了两大创见:一个是政治上的,另一个是科学上的。他们改变了人类理性的进程。

在 7、8、9、10、11 和 12 世纪,阿拉伯人在政治和科学方面都是第一流的民族。13 世纪以后,他们才不再成为人类的先锋。

罗吉尔·培根出现于 13 世纪,在物理学和数学方面他是第一个超过阿拉伯人的欧洲人。

罗吉尔·培根以后,欧洲人在物理学和数学方面的进步从未间断。

---

① 奥古斯丁,奥略里(Augustinus,Aureleus,354—430 年),基督教神学家和唯心主义哲学家,宗教世界观的狂热宣传者;生于北非的塔加斯特,曾任北非希波的主教。——译者注

从13世纪起,欧洲的物理学和数学就取得日益压倒神学的优势。

从13世纪起,欧洲人就比亚洲人和非洲人更加努力于物理学方面的研究,从而日益处于领先的地位。

欧洲人之发现美洲,应当归功于物理学和数学的发展。

美洲的发现,使欧洲成为世界的宗主国。

一千一百年以来,人们对物理主义(Physicisme)的研究日益关心,而对一神论的研究则逐渐荒废。我认为,这足以作为我对近代史分期的根据。

一部好的近代史,应集中精力讲述从苏格拉底到穆罕默德时期的一神论者著作和从穆罕默德到现代的物理学家著作。

前面说过,我们还没有一部编得很好的历史,甚至连一部好的历史年表都没有。目前最好的历史年表,要算朗格勒·杜弗雷斯诺阿编的那一部;这部年表所载的事件,有四分之三是有重大意义的,但还有许多极为重大的事件未被列入。它根本没有提到阿拉伯人的科学发明,只是提了一下阿拉伯人的军事成就。

法国科学院开始感觉到有必要编写一部阿拉伯人的历史。它鼓励著作家从事这方面的工作,而且已经收到有关这方面的几份重要报告。

阿拉伯人的历史应分为两个部分:政治史和科学史。

沃尔涅[①]先生说:“必须把现代的阿拉伯人同阿尔-马门和阿

① 沃尔涅,康斯坦丁·弗朗斯瓦(Volney,Constantin François,1757—1820年),法国资产阶级启蒙运动者,制宪会议和国民公会的成员,曾到中近东考察。——译者注

尔-拉希德时代的阿拉伯人严格区别开来。而且必须承认，人们对他们夸得太过分了。他们的帝国倏然即逝，不可能在科学上作出重大发展。我们今天在欧洲列强见到的情况证明，没有几个世纪的时间，人们是达不到目前的发展的。再说，我们从阿拉伯人的著作中可以看到，人们不是翻译希腊人的东西，就是复述希腊人的东西。他们固有的和仍在从事的唯一科学，就是关于他们的语言的科学；但是研究语言，并不能理解以探索观念的历史而改进描写技术为本义的哲学精神。就穆斯林而言，学习阿拉伯语的目的只与宗教有关，所以他们思想狭隘，只知道《古兰经》是真主亲口传授的。”沃尔涅先生在这里犯了严重的错误。

我奉劝沃尔涅先生研究一下 9、10、11 和 12 世纪阿拉伯人在西西里和西班牙写的科学著作。这样，他就会看到：在这个期间，阿拉伯人是唯一从事科学工作的民族；他们在那时，就开垦了我们现在耕耘的科学大地；他们是物理、数学、化学和生理学的奠基人。我确信，只要查阅一下耶斯科里阿尔修道院[①]的藏书，就能使他改变看法。

十分遗憾，这位作者以错误的观点去考察人类理性的近代史。因此，他在写作方面也落后于时代。他所处的时代最有利于编写历史，但他却没有利用这个条件。他有杰出的天赋，除学识渊博之外，他还有强劲生动的文笔。没有一个人比他更适合于使学者们集中精力，专门去研究有利于解释最近几个世纪欧洲的发展的重大事件。

---

① 在西班牙的新卡斯蒂利亚，建于 1563—1584 年，是欧洲的最瑰丽的建筑物之一。

十二、关于一般观念的发展

物理科学的飞跃发展及其对神学所取占的优势，应归功于涡流体系。

假如笛卡儿知道万有引力定律，他所建立的体系该会多么卓越、多么清晰、多么令人满意！

这位哲学家该会多么精力充沛地去描绘他的见解的独创性！他说："给我物质和运动，我就给你创造出一个世界。"

笛卡儿该会多么高瞻远瞩地去指导他的研究工作！他感到，实证哲学应当分为同样重要的两个部分：无机体物理学和有机体物理学。他断定，只有对这两方面具有丰富知识的人，才能创造出一级的观念。他研究过解剖学、动物学、病理学、卫生学；一句话，他研究过生理学的各个部门。他关于人的论述最为深刻，任何前人的这类著述都无与伦比。

埃及人崇拜日月星辰和山川河流，也崇拜某些植物和动物。他们认为这些东西对世界上的事情有重大影响，所以相信世界是由这些东西支配的。在他们看来，这些东西就是初始原因。

希腊人荷马把各种道德品质都奉为神明。奥林帕斯是负责管理宇宙的最高会议。

后来，苏格拉底想出了一个把奥林帕斯的一切权力都集中于唯一的存在者身上的观念。他声称：有一个上帝，上帝支配着一切事物，不管是事物的总体还是事物的一部分，都受上帝的支配。

最后，笛卡儿说：上帝创造了宇宙，并使宇宙服从一条恒定不变的规律。

笛卡儿排除了一切神启观念和一切盲目信仰。他鼓励人们学习，指责只有懒汉才依靠信仰。

可见，在一般科学方面，人类的理性最初是认为有许多各自独立的原因存在的。

接着，人类的理性便接受了多数原因的观念，认为多数原因是同一整体即睿智(Intelligence)的各个部分。

随后，人类的理性上升到认为只有一个普遍的和单一的睿智即上帝的观念。

最后，人类的理性感到，上帝和宇宙之间的关系是不可理解的和无所谓的(因为上帝虽然预见到将要发生的一切，但丝毫未能改变他所建立的秩序，所以说这种关系是无所谓的)，这才不得不去研究事实，并把本身发现的最一般事实看做所有现象的单一原因。

一般观念每经一次完善，总是先具有哲学的性质，后有科学的性质，最后才带上宗教的性质。在它变成迷信以后，也就毫无价值了。

在西塞罗指出“他无法理解两个占卜者怎么能面面相觑而不笑”之后不久，一神教就取代了多神教。

按发明人[①]的原来规定，神的单一性的观念系哲学观念。后来，柏拉图和亚里士多德开始赋予这个观念以科学的形式，使这一观念逐渐完善而终于获得导致基督教的建立的性质。

我认为，笛卡儿用推理和观察取代了信仰，并由此建立起他的观念体系，但他缺乏用来组织这个体系的事实。因此，我想说他根

① 指苏格拉底。——译者注

本没有找到一般事实。

笛卡儿以后，最著名的两位学者是洛克和牛顿，他们收集了许多宝贵的材料，但不懂得如何应用它们。

人类理性在这一时期出现的一般观念的改进，是从培根开始的。培根在他的著作中赋予一般观念以纯哲学的性质，而笛卡儿则开始赋予它以科学的性质。正如我所说的，洛克和牛顿发现了给一般观念永远打上科学性质的印记的方法。一个新体系的建立，需要有利的环境。

杰出的思想和伟大的科学革命，都是精神发酵的结果。伟大的人物就产生于这种精神发酵。当笛卡儿建立他的体系的时候，人类理性还完全处于路德所掀起的动荡之中。英国的革命风暴刚刚结束，洛克和牛顿就出世了。试想法国革命引起的发酵又要产生多么惊人的科学成果呢？

十三、关于宗教

我所遇到的文人，都持有下述的四种见解之一。下面，我来说说我对这些见解的看法。

第一种见解

有人数相当多而且非常热心的一批人，竭力使基督教恢复其初期的活力。博纳尔[①]和夏多布里安是这一批人的首领，这第一

---

① 博纳尔，路易·加布里埃尔·昂布鲁瓦兹（Bonald，Louis-Gabriel-Ambroise，1754—1840年），法国政治活动家，保皇派，复辟时期的贵族，教权主义反动派的思想家之一。——译者注

种见解就是他们的见解。前者曾以其毕生精力和多方推理来发挥和支持这种见解，后者则曾以其横溢的才华来发挥和支持这一见解。我要驳斥他们的论调，指出他们的所有观点都犯有的重大错误。

西塞罗在其《论神性》的第三卷第一章中说过：

"我要永远保护它(宗教仪式)，我以往也一直保护过它。无论是博学者的演讲还是无知者的议论，都不能使我放弃祖传的有关敬奉永生诸神的信念。在谈到宗教时，我拥护柯伦克尼乌斯、西庇阿、斯采沃拉等大祭司的意见，而反对芝诺、克利齐普或克列安提斯等人的见解。我同意占卜者列里乌斯这位聪明人的说法，在宗教问题上，我更喜欢倾听他在其著名演讲中发表的高见，而不愿去听斯多葛派的任何主要人物的意见。

"既然罗马人的整个宗教分为祭祀和占卜两项，所以我对希维拉解释者和内脏占卜师预言的凶吉，从无蔑视之意。我坚信，罗慕路斯根据内脏占卜和努玛根据宗教祭祀奠基的我们的城市，如果不是由于崇敬永生诸神，绝不会赢得如此崇高的荣誉。"[①]

西塞罗想同文明进步对抗。他丝毫没有阻止了人类理性的发展，而只能向后人征明他的思想未能上升到头等见解的高度。

博胥埃[②]在对英国女王的悼词中也犯了同样的错侯。他盛赞女王竭力使其丈夫和英国人民继续接受教皇奴役的方针；但经验

① 这段引文是按拉丁文译出的，与本书第 1 卷 第 76—77 页所载的译文(按圣西门的法文译文译出的)略有不同。——译者注

② 博胥埃·雅克·伯尼涅(Bossuet，Jacque-Bénigne，1627—1704 年)，法国神学作家和教会活动家，天主教反动势力和专制政体的思想家，大演说家。——译者注

证明，英国人在路德的旗帜下前进是完全正确的，因为他们沿着这个方向前进，终于占据了人类前锋的地位，而且长达一个多世纪。现在，他们虽然把这个地位让给了法国人，但他们毕竟占据过一个多世纪。

夏多布里安先生自觉荣幸地覆蹈了狄摩西尼[①]以后的两大演说家的错误。

从一神教建立到十五世纪，教士在才干和品德方面都大大超过俗人。披荆斩棘、开垦荒地的是教会人士，辨读古代手稿的也是他们。他们教给俗人读书写字。他们努力使一切推理从一个基点出发又回到一个目的地，从而促进了形而上学的发展。十四世纪以前，在物理科学和数学方面，没有一个欧洲人超过了罗吉尔·培根，而罗吉尔·培根正是一个教士。最初建立医院和近代学校的是僧侣阶级，组织欧洲各族人民抗击萨拉森人的也是这个阶级；随后，僧侣阶级又决定到亚洲和非洲出征，而出征是迫使萨拉森人不再企图扰乱欧洲安宁的唯一手段。

才干总要得到应有的报酬。如果说有些人生前没有得到应得的荣誉，那是由于公众还未能对他们的工作作出评价，他们就死去了；但是他们的存在了许多代的团体，总能收获他们的劳动果实。

从七世纪到十四世纪，僧侣阶级一直得到应得的报酬：他们的权势、名望和财富不断增加。如果说从此以后他们的枚势、名望和财富有所减少，那是由于世俗学者在科学方面超过了他们。

---

① 狄摩西尼（Demosthenes，公元前384—前322年），古希腊的大演说家和政治活动家，雅典的反马其顿派的领袖。——译者注

扼要地叙述人类理性在宗教方面的成就，可使我的上述观点大放异彩。

自从人类理性上升到区分因果之后，就有了宗教体系。到史籍中去寻找原始宗教的细节，那是徒劳无益的，因为原始宗教和符号体系是同时产生的，而历史家不可能在符号体系完整地形成之前从事写作。

关于埃及人的起源和他们以前的一些民族的习俗，我们没有任何令人满意的史料；不过历史给我们提供了研究从埃及人到我们现代的宗教观念演变的手段。

埃及人崇拜日月星辰、山川河流和某些动植物。他们认为，其中最为神奇莫测的，具有支配世界的权力。

后来，希腊人中出现了荷马。他改进了宗教体系。他的丰富想象力，把人的每一种能力都人格化了；然后依靠他的才智，又把它们神化了。

接着，苏格拉底把荷马创造的一切汇合到一起，得出唯一存在者的观念。他发明了上帝。这位哲学家教导弟子们说，人必须把所有的一切都看做单一原因的结果。

苏格拉底的观点广为流传，到耶稣出世以前，所有的学者都采纳他的观点。

耶稣生于苏格拉底之后五百年。耶稣为人忠厚，豪迈坚强，热情奔放，倾心于美好高尚的事业，然而没有学识。他在一神论的基础上创立了基督教。他把自己的热心于事业的情操传给了弟子，但没有给他们留下一本教理。

保罗是耶稣的弟子，天赋杰出，受过教育。保罗既精通苏格拉底的哲学，又熟悉苏格拉底死后由学院派和逍遥派创造的一切知识，从而建立了基督教的教理体系。

保罗的弟子走遍四方，到处传播新的宗教。他们特别致力于世界首都[①]的居民改信基督教。他们在罗马建立了一所大学堂。这个一神论倡导者的团体（名为僧侣集团，即学者集团）斗志昂扬，反对罗马人的腐败风尚和蛮族入侵意大利时带来的残暴习俗。

僧侣是建立欧洲联盟的纽带。这条纽带，使欧洲联盟的势力超过了以往存在的任何联盟，因为这个联盟征服了地球其他部分的一切居民。

希尔德布兰德担任教皇时期，僧侣集团的势力达到了顶峰。从此以后，僧侣的权力开始削弱，但削弱的速度是缓慢的。僧侣失去他们对俗人的权势，正像海潮退出所淹没的陆地一样：有时失去的很多，有时又几乎全部恢复。只是从15世纪起，这项权势才迅速地衰落下去。

阿尔-马门哈里发执政时期在巴格达初放曙光的科学新时代，到15世纪也在意大利赫然出现。艺术有了新的发展。拉斐尔、米开朗琪罗、达·芬奇对此作出了贡献，他们三个都是世俗人。不久，马基雅维里[②]揭穿了教廷活动的内幕，说明了它的政治权术的章法。他证明说，僧侣们宣讲的原则，同他们策划维持权力的手段的原则毫无共同之处。他证实说，僧侣们只关心他们自己的利益，

---

① 指罗马。——译者注

② 马基雅维里，尼科洛（Machiavelli，Nicolò 1469—1527年），意大利政治活动家，历史学家和作家，资本主义生产关系发生时期意大利资产阶级的思想家之一。——译者注

已不再为科学的进步从事有益的工作。

随后，哥白尼出世了。他对太阳系各行星的位置和运动作出了新的解释。刻卜勒给几何学家们指出了计算太阳系行星位移的法则；伽利略应用了哥白尼和刻卜勒的观点，他说："地球在转动。"

教廷听到这句话后，便以全副武装反对革新者。这一击打中了教廷的要害。教廷集中全部力量来反驳这句话。教廷说："地球不可能转动，因为约书亚[①]命令停动的是太阳，而不是地球。圣经上多处证明，地球是宇宙的中心，所有的一切都是为了人而创造的，等等。"从这以后，一神论的僧侣便迅速衰落下去，以致最普通的思想家都能解释的事情，僧侣们却困惑不解。显而易见，耶稣和他的追随者们，对宇宙的结构并没有任何清晰的观念。同样明显的是，僧侣们做为神圣戒律的托管人，并没有能够使他们承托的保管物得到改进。

16世纪末叶，科学的天际又出现两颗新星。培根和笛卡儿动摇了旧有的知识大厦的整个基础。他们研究人的智力，把它送进坩埚里冶炼。他们宣布了一条反基督教的真理：人只能相信理智认定的和经验证实的事物。

这两位天才很快又在各个次要领域开辟了新的思维渠道。各种研究院相继建立起来。世俗学者的团体虽然还很不完善，但已战胜了僧侣集团。前者在各个科学领域都超过了后者。

17世纪末叶，博胥埃曾使教廷产生恢复失去的权威的希望。

① 约书亚是摩西的继承人，命令太阳停动的故事，见《约书亚记》第十章第十二节。——译者注

博胥埃大肆攻击不信神的人，但他只是把教廷的武库输得精光。神学家并没有取得持久的胜利，物理学很快就恢复了优势。[①]

培根和笛卡儿说，物理学家必须研究一般事实。

牛顿发现了一般事实。

当牛顿的发现在欧洲相当广泛地传播开来的时候，法国的世俗学者就联合起来，向基督教发起了总进攻。他们编纂了百科全书，并通过编入该书的论述人类知识的各个部门的著作证明：在笛卡儿的推动下完成的研究工作，远远超过了根据耶稣发明的信仰

① 任何天才死后都要留下一大批遗产。尽管这些遗产不能总是产生他们希望的效果，但效果总是很大的。

博胥埃想延长一神论的寿命，使基督教返老还童，把人类理性推向完全相反的方向。他想拖住人类理性进步的后腿，但事与愿违，他的努力反而促进了人类理性的发展。

博胥埃给天主教僧侣挖掘了坟墓。他使教廷还能支配的唯一力量削弱了。他是法国大革命的真正发起人。我所说的似乎自相矛盾，而且我也有这种感觉，但真理有时可能不像真理。我希望我下面的解释，能使没有偏见的人满意。

博胥埃的一切悼词和著作，都是“在上帝面前人人平等”这个观念的发展。

博胥埃以其惊人的才华，使人们普遍注意到平等的观念。这样，他就传播了革命的思想，因为革命不外是下层阶级急切要求建立平等的行动。

革命是可怕的坏事，但又是不可避免的坏事。人类理性的巨大进步，正是严重危机的结果，而理性的进步又在酝酿新的危机。人民总是要起来造反的：一方面，每当统治者的学识与其权力不再相称时，人民就要起来造反；另一方面，每当被统治者不再愚昧无知而反对其所处的从属地位时，人民也要起来造反。现政府是非常强盛的，一则是因为统治者在学识方面远远超过了被统治者，二则是因为有一位精明强干和富有天才的杰出领袖。

革命的目的，就是缩小社会各阶级之间的不平等。

在革命中起过积极作用的人物，如果以后不能使其追求平等观念的狂热冷静下来，那是非常不幸的。

我还认识一些法国的共和主义者，他们对人们至今未能放弃这种革命观点感到非常遗憾。

体系所编写的著作。他们指出,万有引力的观念应当是新科学体系的基础观念,从而也应当是新宗教体系的基础现念。

天主教僧侣的威望和财富在大革命中全部丧失了。他们今天的存在只能是从属的和不稳定的,完全受政府的支配。

我认为,以上对人类理性的进步作用的概述,完全证明博纳尔先生是错误的。尽管他的著作有重大缺点,但我认为在近几年来出版的书籍中,它还是最有价值的。我的意思是说,他的著作富有生命力,值得赞扬,可激发学者和著作家的热情,使科学和文学焕发青春。

读完博纳尔先生的著作,经过周详思考,我确信这位著作家深刻地认识到体系的单一性的效用,因为他曾努力向同胞们证明,在目前的文明阶段,科学著作和文学作品应以单一性为基础。

在这方面,我完全同意博纳尔先生的见解,但反对他对一神论的宣扬。我不认为他的这个见解有很强的单一性。我认为只有万有引力的观念才有这样的单一性。关于这个问题,我将在《关于原因的单一性》一节中发挥我的见解。

第二种见解

我知道,有些人虽然相信宗教对维持社会秩序是必要的,但他们却认为一神论已经衰老,而以一神论为基础的宗教也不可能返老还童了,因此他们努力建立以物理主义为基础的宗教。这种人犯了一个重大错误,即不知道现在还没有成立新宗教的可能。现在,只能按政府的意思行事,即只能在不同派别的一神论者中间实行妥协。

我认为，试图现在成立新宗教，就像一位画家不等画布织成，就想在纺织画布所用的纱线上构思画面一样。

第三种见解

以上所说的两种见解，是我所知道的最有名的见解，但并不是拥护者最多的见解。绝大多数学者很少关心宗教观念。他们对宗教观念的冷淡，证明了拙著所提出的真理。

人类理性一直是把主要的注意力轮流交替地集中于一般科学和个别科学之上的。

目前，学者的注意力主要集中于个别科学。

宗教是一般科学的应用集成，有文化的人用它去统治愚昧无知的人。

每一年龄各有它的特征，每一组织各有它的寿命。

同其他所有的组织一样，宗教也要衰老，到一定的时候必须更新。

任何宗教起初都是造福人类的。只要神职人员不再受反对派的牵制，只要他们不再遵循创建人指出的科学方向去进行发现，神职人员就要滥用职权，而宗教也就变成压迫人的工具。宗教变成压迫人的工具以后，就要受到人们的蔑视，而神职人员已经获得的威望和财富也要丧失殆尽。

以上所述，完全驳斥了学者当中流传相当广泛的一种偏见：许多学者担心神职人员会逐渐恢复他们失去的权势。这种顾虑是没有任何根据的。其实，应在人类理性促使新科学体系作为新宗教的基础而取得相当进展以前，不使天主教的神职人员丧失政府对他们的少量支持才是。

我的见解

我的见解不外是我对皇帝的部署所作的考察的撮要。

我认为，为维持社会秩序，需要有宗教；我认为，一神论已经衰老，而物理主义还建立得不够巩固，不能作为新宗教的基础。

我认为，形势要求有两种不同的学说：对有教养的人讲物理主义，而对愚昧无知的阶级则讲一神论。

在从多神论向一神论过渡的时候，即从苏格拉底到保罗的那个期间，人类理性有五百多年就处于这种状态。在这个期间同时并存两种学说：学者都是一神论者，而愚昧无知的人则信仰多数神。

我的行为符合我的见解。我致力于改进物理主义，但没有公开发表我的观点。我只把自己的观点告诉教养有素的人，让他们用这种观点去研究事物，而对社会暂不作任何宣传。拙著并不出售，也不在报刊上转载。我已将拙著付印，但印数甚少，而且只分给最可靠的人。最后，我对一神论表示敬意，因为无论是现在或将来，它仍将长期作为群众的学说而存在。我说我现在持这种态度，这是实话，但我并不说我过去一直持有这种态度，因为在皇帝的部署使我排除错误认识以前，我一直是持着完全相反的态度的。

十四、关于原因的单一性

当人类理性从多数原因的观念过渡到单一原因的观念的时候，当人类理性突破多神论的界限而进入一神论信仰的时候，人类理性终于迈出了重大的一步，但并没有达到其完善的极限。

不难证明，一神论是大大落后于文明现状的信仰。也不难确信，人类理性最近几个世纪以来在数学和物理学方面取得的巨大进步，应当归功于对上帝信仰的冷淡。

伽利略、培根和笛卡儿所以承认自己是有神论者，那是因为他们不愿意冒犯公众的见解，也是因为这几位巨人办事很有条理，在新体系没有完全建立起来以前，他们不愿意彻底抛弃旧体系。

如果没有神启的观念，上帝的观念又会是什么呢？是一个毫无意义的观念。每一项科学发明，都证明所谓的神启体系是一种错误，因为上帝的观念不过是一般化了的人类智能的观念。肯定有人会反诘我说：牛顿给《启示录》作过注释。我请读者回想一下我在第二节中关于牛顿所谈的一切。我在那一节中曾明确指出牛顿只是一个研究事实的人，他根本没有上升到一般观点，或者更确切地说，他没有研究过一般科学。

让我们来考察一下上帝的观念，让我们来研究一下人们对这个观念所下的定义，让我们论证一下形而上学家对这个理想所作的描绘。

对上帝所下的一切定义和所作的一切描绘，都不外是认为：

上帝是一个精神的存在，上帝是永远的、永恒的、无限的；上帝预见得最高，它能看到一切和支配一切。

一个有神论者可对这个定义作出随心所欲的注释。但是不管他怎么发挥，总不外乎列举已知的各种智能，再把每种智能提高到极限，最后把所有的智能集合在一起，组成绝对的完善，以作为上帝的独一无二的特征。

我认为，上帝这个观念的组成部分是互相对立的，使这个观念成了彼此矛盾的感觉的大杂烩。其证明如下：

如果说上帝是纯精神的存在，则它的存在就是思想。但是，既然上帝预见得最高，那它就只能思考（预见）一次，通过这一次思考预见到将要发生的一切。因此，上帝的存在只能是在一次思考的时间之内，此后它就不再存在了。

即使上帝依然存在下去，它也不再支配世界了，因为世界是由它创造出来的，而它在创造世界时已把一切全都预见到了；因为世界在创造的初期和以后都是完美无缺的，从而不需要受支配。

上帝的观念不具备单一性，因为对不知道上帝的人宣讲这个观念以前，必须先确认有两种现象，即精神现象和物理现象，或称物质现象和非物质现象。我们说，上帝是其中的一种，而且也只能是其中的一种。这样，上帝和与它性质不同的现象之间就不能有任何关系。

上帝的观念既然矛盾百出，则对它的一切应用也就必然矛盾百出。

人类发明了上帝之后，就把自己看作非常重要的存在，认为宇宙是为人类而创造的，以为他们所居住的星球是宇宙的中心，觉得日月星辰都围绕着地球转动并为它照明。在今天看来，这些观念当然都是荒谬的。

物理主义就没有一神论的这些缺陷。

物理主义既有明显的单一性，又易于通过对数列前项的考察而使人信服。

宇宙是一个充满运动着的物质的无边无际的空间。物质以两种形式，即固体形式和流体形式而存在。

被称为物理现象的现象，属于“固体现象”。

被称为精神现象的现象，属于“流体现象”。

我说，而且我认为已经证明，在物理学中绝不应使用上帝这个观念；但我并不说，在政治工作中不应当使用它，至少在很长一段时间内是如此。上帝这个观念是人们用来说明最高立法依据的最好手段。必须从物理主义的观点来观察一切和研究一切；学者们确立的科学见解，今后必须具有不可侵犯的形式，以便能够向所有阶级的儿童和不同年龄的老百姓传授。

十五、关于道德

最常宣讲的道德准则，是《福音书》上的道德准则：

己所不欲，勿施与人。

我认为：

一、这个准则是消极的，从而只有间接的强制性；

二、对个人本身，它并没有强制性。社会上的孤立的个人，能用这个准则干什么？

我建议用下面的准则取代《福音书》上的准则：

人应当劳动。

从事劳动的人是最幸福的人。所有成员都会有效利用时间的家庭是最幸福的家庭。闲散人员最少的国家是最幸福的国家。假如没有游手好闲的人，人类一定能够享受到他们所追求的一切幸福。

我认为必须赋予劳动的观念以它可能有的最广泛的含义。同壮工挖土和脚夫挑担一样，任何一个公务人员，任何一个从事科学、美术、工业和农业的人，也都在积极劳动。但是，一个食利者，一个没有职业又不亲身组织必要的劳动利用其财产进行生产的财主，同布道的教士一样，都是社会的负担。

在科学园地耕耘的人，是道德最高尚的人，而且也是最幸福的人，因为他们的工作对全人类都有益处。

立法者必须保证私有财产的自由使用。

道德家必须推动舆论谴责无所事事的财主，使他们名誉扫地。

天主教徒一定会答复我说：《福音书》就谴责游手好闲的人。

我要对他们说：人们表达自己的观念时所采取的先后次序，决定着他们所研究的每个观念的重要程度。在牛顿以前的任何一个时代写出的物理学著作，没有一部不谈到物体的引力问题的。难道我们可以说牛顿在论述万有引力的时候就没有谈出什么新东西吗？

牛顿在叙述别人已经谈过的事情时提出了什么新东西呢？牛顿使一个次要的观念具有了占据优势的特征。

把万有引力的原理提到第一线的这一行动，使物理学观念更加协调了。新原理一经建立，道德方面也将产生同样的结果。

十六、关于教理课本

数理课本分两个部分：

第一部分告诉人们世界是怎样形成的。

第二部分教给人们以做人的方式。

在所有的书中，教理课本是最重要的书，因为它是联系社会各阶级的知识纽带。

目前使用的教理课本毫无价值。其中关于世界创造的内容，完全违反了人们关于世界体系的既有知识;其中起主要作用的道德准则，只是一些次要的原则;而应当放在第一位的准则却同那些次要的原则混杂在一起。

我说目前所用的教理课本毫无价值，但我并不说，而且也不认为，教理课本在问世的当时就是一部低劣的著作。我认为，文人们不应当去扫除教理课本目前还享有的那一小点威信，而应当在足以取代它的著作出现以前，尽力使它仍然得到的尊重延续下去。

现在和将来我仍要一再重复:我赞成政府的宗教政策。我对这种光明磊落的施政态度所表现出来的英明伟大，钦佩得五体投地。我对皇帝怀有这样的热爱和感激之情，正如一个心地善良的小学生在听懂讲课以后，对卓越的老师表示的感情一样。

最初的教理课本，只能是一部概要性的汇编。而在今天，能使有教养的人民接受的唯一教理课本，将是创立物理主义的百科全书的最简明摘要。有了一部好的百科全书，才会有好的教理课本。

十七、关于僧侣阶级

亚历山大·法尔内泽[①]说的有理，没有比胆小怕死的士兵和不学无术的教士再令人讨厌的了。

僧侣阶级要有作为，就必须有威信。要有威信，就必须有学

① 法尔内泽，亚历山大(Farnése，Alexander，1545—1592 年)，西班牙统帅和政治家，1578—1592 年任尼德兰总督。——译者注

问,就必须成为最有学识的团体。

假如神职工作一旦由研究数学和物理学的世俗学者团体掌管,试想由这些人组成的僧侣团体该会多么有威望,该会多么有好处!

一个农村的本堂神甫,如果懂得几何、物理和生理,无疑会对他的信徒很有好处。帮助农民丈量土地,往往能解决争端;懂得物理,就不会在乌云荷电期间敲钟;有化学知识,在淘井而怀疑井内的空气有问题时,会先点着一支蜡烛系在绳子上放下去,然后再决定是否可以下去人;学会生理学,往往可以把自己的知识成功地应用于保健工作。

僧侣阶级不仅要有学识,而且要品行端正。任何人在观察社会的各阶级时都会发现,研究物理和数学的人是品行最端正的社会阶级。

我清楚地看到,神学家的权力将要转到物理学家手中,而且就在当代可以实现;但我完全不能肯定,这一过渡将在什么时刻和以什么方式实现。

我寄希望于研究人类理性的巨著,期待伟大的拿破仑发表意见,他的意见是引导我的研究工作的灯塔。

十八、关于学者的学说和公众的学说

从苏格拉底到基督教的建立,其间存在两种学说。学者们相信单一原因,所以他们是一神论者;人民大众信奉多神教,所以他们认为有许多各自独立的原因。

从基督教的建立到现在,只有一种学说。在这个期间,学者们和人民大众都是一神论者，所以我说从基督教建立以来，学者们和人民大众都是一神论者。一般说来，这个观点是正确的，然而必须多少作点保留，以便进一步提高它的准确性。

从基督教的建立到阿拉伯科学的引进，其间只存在一种学说。阿拉伯人传入欧洲的代数学、天文学、化学、生理学等科学，是新学说的主要成分。仔细考察人类理性史，可以看到在阿尔-马门哈里发执政时期，人类理性在创立即将出现的科学学说方面已经作出初步的努力。从阿尔-马门哈里发执政时起，进步的学者就已不断为创立科学体系而努力。随着科学体系的创立工作的进展，学者们就不再是热心的一神论者了。他们对上帝的信仰热忱不断减退，但还没有完全消失。有理智的人，在新房子建成以前绝不会离开旧居。一个聪明人，在他想建立的体系完全建成以前不会放弃祖先留给他的体系。

伽利略、培根、笛卡儿、牛顿和洛克的信条，都宣布他们信仰上帝；然而，他们也在为新科学大厦的建造，热情而卓有成效地工作。

要使学者们完全放弃一神论，必须具备下列三个条件：

第一个条件是，找到可以作为物理体系的基础的单一观念。牛顿以发现万有引力的观念，满足了这第一个条件。

第二个条件是，证实所找到的观念、事实或原则(在这里，这三个词是同义语)的准确性。拉格朗日和拉普拉斯两位先生满足了这第二个条件。

第三个条件是，把所找到的一般观念、事实或原则同次要的观念、事实或原则联系起来。

我现在就是为满足这个条件而努力。

我认为,一直存在着两种截然不同的学说:学者的学说,学者将成为物理主义者;人民大众的学说,他们仍将是一神论者。我这样说是有根据的,因为皇帝在其最近的部署中表示过这种见解。

在答复科学院数学物理部的提问时,皇帝说过:

“我希望你们研究一下人类理性的最近发展,以使所有国家都能理解你们将要对我提出的建议,并堵住现代诋毁者的嘴巴。这些诋毁者总是设法使人类理性倒退,好像非消灭它不可。

“我想知道,为了激励你们工作,为了我没有妨碍你们的工作获得成就而自慰,我还应当作些什么?我的人民的幸福和我的王位的荣誉,都与科学的繁荣昌盛息息相关。”

不多几天以后,皇帝就建立了法国教育署,并任命一位杰出的哲学家为署长。这位署长很会评价物理学者的工作,善于把物理主义所能提供的一切引进青年教育当中去,而又未扰乱社会秩序。

这样,经皇帝部署,便为两种学说划清了界限:

法国科学院负责建立和改进第一种学说;

法国教育署负责改进和讲授第二种学说。

十九、关于皇帝的才干

皇帝的才干,只有后世才能评定得恰如其分,但当代人对此仍能多少有所了解。仅次于皇帝的最有才干的人,显然是最崇拜皇帝的人。

在拿破仑的最高部署中,有三项是我比任何人都称赞的。它们是:

意大利王国的建立;

荣誉勋位团的创设；

两种科学机构的配合。

意大利王国的建立

人类在其整个生存期间分为两个阶级：统治阶级和被统治阶级。随着人类知识的纵深发展和广阔发展，统治阶级的人数逐渐增多，而统治阶级对被统治阶级的专横则逐渐减少。在今天，巨大的权力可能操在一个人之手，但这项权力不会是专横的，因为它只能操在杰出的天才之手。

凡是起来革命的民族，都把他们的注意力集中于平等的观念。只有被统治阶级的智力超过统治阶级的智力时，平等的观念才能掀起革命。

结束革命的方法，就是重新划分统治者和被统治者。尽可能推迟下次革命的方法，就是在进行这种划分时尽量使统治者的智力优势远远超过被统治者。为了达到这个目的，目光短浅的人认为最好的办法是：剥夺被统治者享受教育的一切权利。

经验证明这种办法无济于事，其结果是采用这种办法的政府削弱了它所领导的人民的力量，从而使政府的处境每况愈下，最后走向彻底崩溃。然而至今还没有一个学者解决了下述问题：

应当如何划分统治者和被统治者，才能使被统治者有资格进入统治阶级，使统治阶级的文化水平永远超过被统治阶级呢？

皇帝在其建立意大利王国的方案中解决了这个问题。

王国的宪法极其英明地划分了统治者和被统治者。

统治者包括三个集团：不动产所有者集团、商人集团、学者和艺术家集团。

多么英明的创见！学者们为什么不把更多的注意力集中于这一创见呢？研究政治经济学的学者为什么不根据这一博施济众的观念重建自己的理论，从而完善自己的理论呢？为什么？我已经说过，现在我还要说，而且我要不厌其烦地证明：这是因为皇帝的才干远远超过他的同时代人，这是因为几个世纪以后人类的理性才能理解皇帝的观点，才能认识它的全部深刻含义。

我来深入考察一下皇帝对意大利王国的最高立法措施。

皇帝把意大利的臣民分为两个阶级：统治者和被统治者。他又把统治者分为三个集团。

由于统治者包括三个集团，所以保证了王国最有文化的人永远可以成为统治者。

三个集团是由两部分人组成的：一方面是动产和不动产的所有者即财主，另一方面是学者和艺术家。

财主对其子女的教育比较关心，所以他们的儿子一到继承父业的时候，都已有一定程度的教养，而且远远超过非财产所有者的普通孩子，从而可以毫无困难地加入统治集团。

智慧是强大的力量。学者和艺术家在这方面占绝对优势。这实在是畸形发展。许多学者和艺术家并不出身于财主家庭，而且他们本人也不是财主。为了保证社会安宁，必须让学者和艺术家加入统治集团，让他们在威望和享受方面得到令人满意的待遇。皇帝觉察到了这条真理，而发现、宣布和应用这条真理的也正是他。

荣誉勋位团的创设

人类理性只是通过危机而前进的，在人类理性的每次突飞猛进之前必有流血的革命。

平等的观念(从绝对意义来讲，这是个错误观念)是鼓动革命的重要杠杆。学者和艺术家想叫无知的人造反的时候，就是把无知的人联合在这面旗帜之下的。无知的人跟着这面旗帜前进，直至夺取政权。每当动乱达到这种地步的时候，每当动乱进入高峰的时候，只有强大的物质力量，即军事力量才能使无知的群众就范。但军事力量本身就有专横的倾向，所以革命的后果往往是非常令人讨厌的。深重的灾难几乎总是变得令人难以忍受。皇帝的天才改变了事物的这种秩序，使我们可以避免威胁着我们的灾难。荣誉勋位团是由对国家有贡献的各个阶级的出色人士组成的，它的建立压制了黩武精神。这是多么出众、多么深远的创见！

两种科学机构的配合

把学术团体分为两类，使一类负责科学发展，一类负责教育的观点，是出类拔萃的。由皇帝提出的这一观点，由他发现的这一真理，是我将要提出的各种科学的配合之基础。

二十、关于笛卡儿

皇帝需要一位能够理解他的计划并帮助他执行计划的科学助手，他需要第二个笛卡儿。有了这样的科学领导，学者们的工作必然产生惊人的效果。

笛卡儿的才华并没有受到应有的重视。只有盖纳尔[①]一个人比较恰当地谈论过笛卡儿的才能。下面举出他的一般很少有人知道的论述：

“除了极少数例外，每个人的思维活动都受他人的影响，所以他们的一切论据基本上是由从周围收集来的许多他人的判断构成的。因此，人民当中的一些奇怪见解，学者们的往往是荒谬的说教，一些团体的宗旨及其偏见，宗派的派性和狂言，就代代相因下来。所有的这些思想，从老人和老师的头脑中出来之后，立即进入小孩和学生的头脑，而小孩和学生长大以后，再把它们传给盲从的后继人。根据自己的观点进行判断，做自己思想的真正主人，才是表明自己的智力优越的杰出天才。最常见的是相互对立而又各不承认的错误，甚至在哲学家当中也是如此。一般说来，哲学家的全部学识都是从别人借来的见解，他们像老百姓摆脱不开传统一样，也无力摆脱别人的见解。能够独立思考并让别人跟着他思考的名人是屈指可数的。只有这样的人，才能昂首阔步前进；其余的哲学家，只能像一群羊一样跟着他走。人类和科学长期处于幼稚状态，难道不应当归罪于理性的这种颓废吗？盲目崇拜古人的哲学家们，二十多个世纪以来，代代跟着老师原地踏步，停滞不前。于是，理智沉默无言，让权威讲话，但对于宇宙并未作出任何说明，人类理性跟着亚里士多德的足迹蹒跚了两千多年之后，仍然距离真理很远很远。

---

① 盖纳尔，安都昂（Guenard，Antoine，1726—1806 年），法国耶稣会士，文学家。——译者注

“终于在法国出现了一位能干而勇敢的天才，他努力摆脱学者大人们的枷锁。这个新人向他人指出：要做一个哲学家，只是师法还是不够的，而且必须思考。这句话震动了所有的学者，因为 ipse dixit（老师说过）这句古老名言当时还有很大作用。这句提倡奴性的名言激起了全体的思想懒汉去反对**正派的哲学**的这位创始人，认为他是标新立异，大逆不道，而加以迫害。结果，笛卡儿不得不带着他那可惜生来就不是古老的真理的真理，逃亡国外。然而，不管无知之辈怎样诅咒和狂怒，他始终拒绝承认古人是理智的权威；他甚至还证明，迫害他的人什么都不懂，他们应当放弃自以为是的一切。他不向死去的和被奉为神明的学者讨教，而只求援于明确清晰的观念，即要求合乎事理和有凭有据。他通过沉思，把几乎所有的科学从混乱中拯救出来；他还以其杰出的天才，指出各门科学之间应有的相辅相成关系，把各门科学联系在一起，使一些科学建立在另一些科学之上；然后，他站在这个高度，集中人类理性的全部力量，去发现使后来的人沿着他开辟的光明大道更容易深入研究的伟大真理。于是，这个人以其英勇坚强的精神，在科学界引起了一场令人庆幸而永志不忘的革命。但我们今天身受其益的人，却忘恩负义，自以为了不起。科学需要具有这种性格的人，他敢于独立思考，以其天才反对理智世界的旧日暴君，打倒千百年来崇拜的偶像。虽然笛卡儿同其他哲学家一起都被关闭在迷宫之中，但笛卡儿却给自己装上了翅膀，从其中飞了出来，给被囚禁的理智开辟了新的道路。”

这位伟人的另一个特点是：他有能力掌握一般原则，并利用类比的方法把观念相互联系起来。

这个突出特点，首先反映在其所有的纯属哲学方面的著作当中。

“我感到（盖纳尔又说）一位杰出的天才把我的认识大大提高，使我的理智不再徘徊于小事，好像突然处于高超的境界，从那里俯瞰基本真理，而我尚不了解其关系的千千万万的个别真理，就像树枝附着于树干一样，都附着于我所俯瞰的基本真理之上。平庸的哲学家永远是陷在琐碎细节之中，他们没有上升到原则的能力，只在千千万万条的混浊不清的小溪中寻觅，结果迂回迷途，消失于荒原旷野。

“只有那些一直奔向最初原因的锐敏的天才人物，才能敢于摒弃一切愚民的烦琐哲学旧套，而泰然自若和条理清晰地讨论科学、艺术和道德。正是为数不多而内容丰富的一般原则，使我们打开了自然界的锁钥，并以简单的理由解释了这个美妙建筑的奥秘。”

值得如此赞扬的这位伟人，对他的同时代人呼吁说：“我为公众工作，所以公众应当资助我。我需要金钱来进行有益于科学和有利于发挥我的思想的试验。如果我没有必要的资金，我的一切力量都无从发挥。”政府和私人都置之不理。没有一个人替笛卡儿还债。没有一个人去协助这位伟人为充实人类知识的宝库而作的惊人努力。

怎样解释这个如此奇怪的现象呢？应当知道这个现象的原因，但至今仍然毫无所知。

许多著作家为笛卡儿的遭遇叹息。这不仅未能解决问题，反而把公众的注意力转移到有害于科学进步的错误思想上去。

努力使科学进步,感到自己超过了同时代人和前人,并且以自己的行动证明了这一点——这就是笛卡儿可能得到的最大快慰。在同时代人中,笛卡儿当然是最幸运的。要说笛卡儿生不逢时,那是错误的。这样说有害于科学的进步,因为这会使那些有能力获得成功的人放弃科学生涯。

解释同时代人对待笛卡儿的态度

同时代人没有正确对待笛卡儿,那是因为他们没有认识笛卡儿著作的价值。当时政府的领导人都是一些庸碌之辈,没有一个人能够正确评价这位法兰西巨人的才华。

苏格拉底的结局是当作罪犯被处死。

柏拉图虽然没有遭受厄运,但也没有得到赞助和奖励。

培根曾向同代人求援,但也没有得到帮助。

如果第一流天才的同时代人都是一些二流人物,他就只能等待后世人来对他评价。

历史上有过五位第一流的天才科学家和五位第一流的天才英雄。

其中,只有一位科学家是同一位英雄生活在同一个时代的。只有他一个人得到了应得的援助、鼓励和奖赏。

亚里士多德是亚历山大的同代人,他从这位英雄那里得到一笔巨款。按食品价格折算,这笔款相当于现在的二千五百多万图尔[①]。亚历山大把许多渔夫和猎户交给亚里士多德支配,还给了他以研究工作中所需的一切人员。

① 在法国图尔地方铸造的一法郎银币。——译者注

假如笛卡儿死而复生，并不会羡慕亚里士多德的优遇，因为拿破仑会比亚历山大更重视和使用科学家的才华。

目前的情况，对执行一项宏伟的科学计划特别有利。任何伟大、美好和正义的事业，都将得到皇帝的大力支持。

编著一部完美的百科全书，是要有全球第一流学者共同参加、需时二十年和耗费一万万的工程。这项计划应由皇帝提出。这是对皇帝向科学院提出的问题的唯一正确答案。这是他播下的种子结出的果实。

二十一、关于未来

皇帝将征服世界，并向世界发号施令；皇帝的权势、威力和物质力量将支配世界。只有英国人还在反抗，但不久即将失败；而英帝国一覆灭，战争就必然结束，因为再也没有什么力量可以违抗皇帝的意志了。战争结束以后，皇帝的注意力就将全部集中于科学。学术界将在他的领导和指挥下写出一部百科全书。这部著作将创立物理主义，把今后指导人类的一般原则建立在推理和观察的基础之上。

这个世界君主国绝不实行世袭制度，它将与天地共存，而拿破仑就是它的首领。为了对全人类发号施令，皇帝必须掌握一切大权。

要有皇帝这样的天才和远见，才能指出在他以后将要出现的一切，才能提出这位最高立法者的关于人类的社会组织的思想。我们只能肯定这种组织必然是最好的，因为它的立法者是空前的卓越天才。

难道我们不能根据皇帝的最高部署推测政教将要分离吗？即

不能推测教权将要掌握在教皇和物理主义者的教士手中，而政权则由领导人类各部分的君王分掌，每个部分的民族利益由从最大的财主和最著名的学者中选出的代表团来监护吗？

上面提出的两种观点（如果是正确的），应被看做是皇帝的智慧熔炉射出的光芒。

二十二、关于光荣殿

光荣殿建于最高的山顶。这座山一面是悬崖峭壁，一面是平缓斜坡。大殿有两个大门：科学门和英雄门。科学门面向悬崖峭壁，英雄门面对平坦大道。

学者必须克服自然界可能给他们设置的重重障碍，但是没有一个人能够拦阻他们的去路。

大自然并没有给英雄设置任何障碍，但他们必须打倒自己的对手。

直到我们这一代，从科学门进入光荣殿的和从英雄门进入光荣殿的，人数相等。近代史上用金字写着五位第一流的天才英雄和五位第一流的天才科学家的名字：亚历山大、汉尼拔、恺撒、穆罕默德和查理大帝；苏格拉底、柏拉图、亚里士多德、培根和笛卡儿。

在我们这一代人之前，还没有一个人从两个门进入了光荣殿。

皇帝从两个门进入了光荣殿。

为了献给皇帝一座与他相称的纪念品，必须以大地为像座，用整个圣贝尔纳山[①]为他雕像。

① 阿尔卑斯山的高峰，位于瑞士和意大利的交界上。——译者注

我 的 札 记

第 二 部 分

一、关于路德的改革

路德绝不是第一流的天才，他没有上升到最高的观点，他没有直接改进一般观念，他只做过宗教活动，而宗教不外是应用科学。

路德的创见只是改革宗教，所以也只能是宗教观念方面的第二流创见，即正如我要说的，它不是第一流的。

利奥十世对人类理性进步的贡献，就比他的对手路德大得多。他是一个很坏的教皇，但却是一位杰出的哲学家。他曾用各种方法保护文学、艺术和科学。这个教皇教育人们学习文化。他曾大力推动人类理性从事发明活动。他给伽利略、培根和笛卡儿开辟了道路。他为物理主义取代一神论作好了准备。

与此相反，路德从事了使一神教恢复青春的工作。他所创立的学派是文明进步的最大障碍，因为这个学派过去是而且现在仍然是直接反对物理主义的。他给相信天启的神秘教派铺平了道路，他为德国人接受批判哲学的奇谈怪论做好了准备。

路德和他的信徒大声疾呼，反对利奥十世花钱太多。然而他们反对错了，因为这位教皇用钱得当。他所建造的罗马圣彼得大教堂，无疑是近代的最富丽堂皇的建筑。

路德派也破坏利奥十世的声誉，说他爱好享乐。

难道路德不爱好美食和女人吗？那些对于人类理性的进步有过重大贡献的杰出人物，不是大部分都爱好享乐吗？那些作恶多端和杀人盈野的人，不都是道貌岸然的道德家吗？我们能说罗伯斯庇尔和比约—瓦廉[①]是节俭和禁欲的模范吗？

我曾同一个人亲密交往十年之久，使他发财致富，他肯定是当代人中最道貌岸然的道德学家之一。但我可以证明，我就是被这个人剥夺得一贫如洗的。[②]

再回来谈路德。沙尔·维莱尔先生在其因研究这个问题而获得科学院奖金的名著，即《路德的宗教改革对欧洲各国政治局势和文明进步发生了什么影响？》一文中，强调了路德的作用；但我认为，路德的宗教改革对人类理性进步的贡献，并不像他所说的那样大。[③]

我们要根据结果来判断原因。德国人接受了路德的改革运

① 比约—瓦廉，让·尼古拉(Billaud-Varenne，Jean-Nicolas，1756—1819年)，法国法学家，18世纪末法国资产阶级革命活动家，雅各宾党人。——译者注

② 圣西门在这里所说的，是他对列德伦先生的指控。——出版者注(见本选集中译本第一卷第30页。——译者注)

③ 沙尔·维莱尔(Charles Villers，1765—1815年)，先生本人也在证明德国人已经多次证明的一个事实，即学识渊博的人也照样可以论断错误。路德建立了神学，叫人们阅读圣经和教士们的著作。路德派也就遵循他的教导，努力在这方面成为学识渊博的人。

法国人不像德国人那样重视古人的言论。笛卡儿提出了物理主义以后，法国人就从事新事物的研究，而不去学习古代著作家的著作，因为古代著作家对物理学非常无知，而且很少谈到这门科学。关于宇宙体系，他们只谈了一些荒诞不经的东西，说什么地球是中心，太阳围绕地球转动。

我不仅在新教问题上反对沙尔·维莱尔先生，而且反对他的整个思想体系，并要直接或间接地驳斥这个体系。

动，法国则拒绝接受。这两个民族，谁对文明的进步贡献大呢？谁的偏见少呢？哪个民族的不同阶级相互接近呢？谁的对外威力和国内福利达到了最高点呢？谁的有产阶级的人数多呢？谁的下层阶级的衣食住好呢？毋庸置疑，都是法国人。要不是拿破仑砸碎了套在德国人身上的铁链，消灭了他们的封建制度，绝大部分德国人还要处在被奴役的状态。

如果说法国人没有接受宗教改革，那并不是因为法国人参加了教皇反对路德的活动。法国人所以摒弃路德主义，那是因为他们认为路德主义不能改进他们的观点。法国的学者坚持建立物理主义。出世稍晚于路德的笛卡儿，提倡了物理主义，随后法国的学者就成了笛卡儿派。从此以后，法国人开始分奉两种信仰：学者信仰物理主义，人民群众仍然信奉天主教。学者们竭力抵制教皇的势力，所以从笛卡儿出世以后，教皇就不在法国发生任何政治作用了；教廷所能指导的只是居民的私人道德。

由摆脱偏见的人制定和行使的法国政治制度，要比德国人的好得多。由于制度比较好，所以效果就比较令人满意。对比两个民族从宗教改革到现代在各个方面和各个时代的状况，就足以证明这一点。

肯定有人要提出质问说：波-鲁瓦亚尔修道院[①]的修士们既长于神学，又以物理学见称。我的回答是：他们的神学著作，是以反对教皇权势为目的的。巴斯噶在其《致外省人书》中直接抨击了耶

① 波-鲁瓦亚尔(Port-Royal)原是一座女修道院，初为本笃会所建(1204 年)，后由西都会续建。现称 Port-Royal-des-Champs，在巴黎西部。——译者注

稣会士;他从理论上驳倒了他们,使他们声名狼藉,威信扫地;但要知道,耶稣会士曾是反对新教的圣战的勇士。

关于耶稣会士,我准备专写一篇文章。我要为他们出一期专号。耶稣会的历史既有意思又有教益。它比其他修道会更多地从事物理和数学研究,也比其他修道会更受人重视。

为了很好地评价宗教改革以来欧洲大陆发生的一切,应当把欧洲人分为四类。

南方民族

这指的是意大利人和西班牙人,这两个民族由于给教皇卖力,而相继衰落下去。

耶稣会的创立人就出生于西班牙。

这支圣战军的统帅就把它的总部设在罗马。

北方民族

这些接受了宗教改革的民族并没有衰落,甚至还改善了自己的命运,但速度没有法国人那样快。

中部民族

指的是法国人。法国的有教养阶级,只给教皇留下了一些虚有其名的权力。这个阶级遵循阿拉伯人指出的方向,直接走向物理主义。宗教改革以后,法国人在科学、权利和幸福方面蒸蒸日上。

岛 国 民 族

路德，没有政治头脑的路德，割断了使英国人依附于罗马和从属于大陆的纽带。这种宗教纽带一直约束着英国人的野心。这条纽带是第一流的天才即查理大帝缔结的，而查理大帝的政治观点远非还俗的路德可比。

二、关于查理大帝

查理大帝组织了欧洲联盟。路德分裂了这个联盟，并努力使其瓦解。

要不是拿破仑联合起大陆各民族反抗一小撮岛民，查理大帝建立的联盟就将崩溃，大陆各族人民就将失去自由而受英国人的奴役。

在查理大帝以前，欧洲人民没有被组织起来，分成两个在起源、习俗和语言上完全不同的部族。

其中一个部族是从鞑靼高原北部下来的，他们是撒克逊人；另一个部族是从高原西部下来的，他们是最早定居在欧洲的部族。

希腊人、意大利人、高卢人、西班牙人、英国人和一部分德国人，都是迦勒底人、腓尼基人和阿拉伯人的移民。

查理大帝以其强大的武力和英明的政策而成为这两个部族的首领。他取得这种地位（只有这个地位，能使立法者得到实现其创见的手段）以后，便着手建立欧洲社会，把这两个部族的各个部分合并和联合起来。

查理大帝用宗教作为联盟的纽带。他让教皇脱离东罗马皇帝而独立，给予教皇以各种权力，尊教皇为欧洲联盟的首领。

从查理大帝到路德这七百多年，欧洲联盟对外的表现是，繁荣昌盛，蒸蒸日上，对内的表现是安定团结，从未发生任何重大冲突。当然，在联盟内部，各民族之间也发生过战争，但为时不久。联盟各成员的野心，最多也只是争当“群中之首”(Primus interpares)，他们也曾轮流地达到过这一目的。

德国人以从查理大帝的无能继承人手里夺来西方的权杖，意大利人以威尼斯的商业，葡萄牙人以绕过好望角，西班牙人以发现美洲大陆，法国人以路易十四的统治，曾相继成为欧洲社会的首领。

路德在联盟内部挑起叛乱，分裂联盟，而成为欧洲各民族之间进行的残酷战争的罪魁祸首。英国人乘动乱之机，随意扩大他们的野心。他们撕毁了联盟条约，力图奴役自己的盟国。

法国人的坚强毅力，终于迫使英国人放弃了他们的旧式统治及其政策。时势造英雄。法国人同英国人的斗争，造就出重建欧洲联盟的杰出天才。

三、关于英国人

在路德的宗教改革五十年以后，英国人起来革命。18 世纪初叶，当革命结束以后，一位英国人对他的同胞说：

“大陆各民族极其文明，我们不可能征服他们和直接统治他们；然而，只要我们使他们保持现存的平衡体系，只要我们不让他们摆脱封建制度，他们谁也不能同我们在海上和实业方面竞争。夺得了海上优势，我们就可以统治世界各地的未开化民族，向欧洲人出售未开化民族的土特产品，然后再向这些民族推销欧洲人的工业产品。商业利润加上我们的工业利益，将不断增加我们的收益，而减少我们的竞争对手的收益。这样，我们就将逐渐胜过其他欧洲民族，使他们依赖于我们，叫他们破产，受我们奴役。”

这个意见很合英国人的心意，以致全国一致主张采用，被政府当作了政治行动的基础。英国政府忠实地执行了这一计划。如果不发生法国革命，如果没有一位第一流的天才来领导革命所创造出来的力量，一小撮岛民将会通过这一计划来奴役全人类。

苏格拉底说过：“为了简化观念体系，必须认为所有的一切都来自一个单一的原因。”在苏格拉底说过这句话五百年之后，耶稣出生了，他就根据这个观点创立了宗教。苏格拉底的观点在人类的历史上引起了一个巨大的运动。结果，多神教的神职人员失去了他们的大部分威望。

罗马人看到团结希腊人的宗教纽带松弛之后，便野心勃勃起来。他们建立了以爱国主义为基础的特殊体系，用以奴役全人类。

利己主义是罗马人的体系的巨大动力，这个体系的应用就是对其他民族实行专制。罗马人对被其征服的邻国施行的专制，激怒了这些国家，迫使它们起来猛攻罗马，把它洗劫一空。

在路德使团结欧洲各民族的宗教纽带松弛以后，英国人暂时脱离了大陆；同罗马人一样，英国人也是以利己主义作为他们的政治体系的基础的。

英国的专制和罗马人的专制不同，其原因有二。

第一个原因

英国人居住在岛上，罗马人居住在半岛上。

居住在岛上的英国人不可能像罗马人那样实行绝对的专制，因为他们同大陆各民族没有直接接触。

第二个原因

文明已有巨大进步，专制不可能再像昔日那样。我在本节开头说过，英国人也未曾打算直接统治欧洲大陆的各个民族；他们的计划是让大陆各民族互相反对，两败俱伤，然后由他们进行商业上的专制。英国人执行了他们的计划，而且在拿破仑出现以前，他们还作得非常成功。只是在这位伟人登上皇帝的宝座以后，才挫败了英国人的计谋，他们感到风暴即将袭来。在最近一次战役中，英国人的利己主义完全暴露无遗。他们没有努力去援助但泽，而是用本来可以支援但泽的舰队去掠夺丹麦。

反对人类理性进步的人会说：想步罗马人的后尘统治全世界的不是英国人，而是法国人。

这与事实不符，我要用其他事实和论据来证明。

法国人的行动同罗马人和英国人的行动完全不同。罗马人奴役了他们所侵略的一切民族。英国人仿效罗马人，他们奴役了全体印度人民；他们还对大陆各民族施加学术和财政影响，以便尽量阻止欧洲大陆各民族改进他们的社会组织。

法国人则与此相反。他们每到一个民族那里，都要改进那里的社会组织；他们到处消灭封建，他们到处建立国民代表团，用以限制王权。

以上就是我答复的事实。下面来谈论据。

法国人经过大革命而恢复了青春，他们给自己所接触到的一切民族带去新的观念。英国人只能传播陈旧而过时的观念。

法国人的利益同大陆人民的利益息息相关，英国人的利益同大陆人的利益恰恰相反。

（**赵鸣远译**）

19世纪哲学导论[①]

作者题词:“你们要回溯到地球形成的初期,然后再下降到以后的年代观察人类理性的相继进步,并要看清加速人类理性进步的道路。”

柏拉图和亚里士多德是站在一般观点的高度去观察习得知识和寻找完善习得知识的途径的。

柏拉图专志于推理,亚里士多德致力于研究事实,学生的著作比老师的著作更受人欢迎。

在培根和笛卡儿出世的时候,人们还在学习亚里士多德的著作。

笛卡儿的形而上学虽然受到人们的重视,但学者们仍在坚守研究事实的方向,以培根为他们的向导。

我们认为,康德[②]代表了第三个时代,这位唯心主义哲学家的

---

① 圣西门在1810年写了一组关于百科全书的文章,其中概述他关于百科全书的见解。我们选择了两篇:《19世纪哲学导论》和《新百科全书》,前者又名《新百科全书提要》,是这组文章的第一篇。我们翻译所据的原文,载1966年法文版《圣西门全集》第1卷。——译者注

② 康德,伊曼努尔(Kant,Immanuel,1724—1804年),德国古典哲学的创始人,德国资产阶级思想家,也以自然科学方面的著作而闻名。——译者注

著作，在德国引起了极大的轰动。

亚里士多德与柏拉图生活于同一时代，笛卡儿与培根在同一时代著书立说。那么，在亚里士多德和培根指出的前进道路上树起新的里程碑的康德的同时代人，又是怎样的呢？

柏拉图、笛卡儿和康德提出了一些没有太大用处的思辨空谈，而亚里士多德和培根则是实证哲学家，他们是一般科学的奠基人，为人类提供了有恩于人类理智进步的完善的科学方法。亚里士多德发明的三段论法，是确定词的比较价值的公式；培根创造的分析法，是有功于物理和数学科学的飞速发展的珍贵方法，哲学家也应当采用这一方法去研究一般科学。这位卓越的天才拟出了研究人类知识的方案，他的《新工具》对以百科全书为标志的思想作了充分的发挥。

百科全书（Encyclopédie）一词来源于希腊语的 ἐγχύχλος-παιδεια[①]，意思是知识的链子。不应当把百科全书称为综合辞书，因为综合辞书只是编辑百科全书所需的资料的仓库。按系统汇总习得的知识，提出新的方法加速文明的发展，才是以百科全书为题写作的作者应负的职责。编著新百科全书，是利用一般科学方面的新发现的方式。

知识圈一直在向前滚动，而且越滚越大。一般科学是它的总纲：在一般科学向前发展的时期，哲学家提供它以新的观念；而当它的革命过火的时候，哲学家就批判通行的一般观念。

① ἐγ 相当于 en，χύχλος 相当于 cercle，παιδεια 相当于 science。意思是科学圈或科学链，即一系列科学知识。

法国百科全书[①]的作者们已经证明，通行的一般观念[②]不再促进物理和数学科学的进步了，而应当完善一般观念。但是，他们没有提出应当以什么观念取代已经无用的观念。培根的分类法是他的著作的基础，它是经过周密的研究而定出来的。我们认为，研究各科专门科学需要运用全部的智能，所以像培根那样把科学分为记忆的科学、理智的科学和想象的科学，是完全不能满足要求的。

批判容易，建树困难。因此，培根的分类法还是比其缺点被人指出以后出现的分类法优越。

最简单的观念常是最后被人所注意。人类理性的进步史就是一条知识的链子。

简述人类理性的进步史

原始人的智力比其他动物高不了多少。但是，由于智力的不断发展，人类便依次上升到：

约定成俗的符号体系；

手工艺体系；

美术体系；

道德和政治科学体系；

物理和数学科学体系。

我们不知道符号体系是哪个民族创造的，但我们可以肯定，埃

① 法国百科全书的编者们使其中的作品只追求一个目的，即阐述一般科学。因此，这部百科全书只是完成了它所标示的任务。——圣西门注

② 一般观念是一般科学的总结。这个总结在一般科学处于青年时期具有促进科学发展的性质，而在一般科学处于衰老时期，它就失去这个性质了。——圣西门注

及人很早就有了符号体系。

在埃及人以后，没有一个民族建造过可与利用尼罗河水的工程相比的工程。

在军事力量方面，从古罗马以来；在祭司的权力方面，从共和国解体后不久，没有可与罗马伦比的。

在物理和数学科学方面，现代人比以前的人优越。

埃及人认为日月星辰和各种无机物与有机物均有支配宇宙的能力。

希腊人和罗马人（以及与他们同时存在的各民族），尊崇一切精神力量。

中世纪以来，欧洲人崇拜上帝（一切善的化身），而害怕魔鬼（一切恶的化身）。

最后，在现代人中间，一个英国人把天文学建立在一个可能普遍应用的观念之上。可以把这个英国人发明的观念即万有引力看作是支配宇宙的唯一定律。万有引力可以解释最简单的现象，并且与最复杂现象中出现的任何事实没有抵触。

本文的目的就是要证明：把万有引力定律看成是神的定律，看成是神用来支配宇宙的唯一定律，对于科学的进步是有好处的。

这个证明可能已被一个人作出。但是，在不同科学部门获得研究成果的人们的竞赛，对于补充和应用这个证明还是必要的。狄德罗和达兰贝尔号召本国的学者去证明当时的一般观念业已过时，并获得完全成功。百战百胜的拿破仑，我们由您做后盾来号召全球的学者，请他们来共同完善一般观念。

（董果良译）

新百科全书[①]

序言，或概观本书所要发挥的思想

概　述

培根是第一个，而且也只是他提出了最高级的一般科学观念的。这位哲学家给我们留下了两大理论，即他关于百科全书的理论和关于方法论的思想。

完善培根的两大理论，并把它们融合于一个同一的原则，就是本书的目的。

培根的百科全书理论

培根把科学分为三类：记忆的科学、理智的科学和想象的科学。

---

① 《新百科全书》是圣西门于1810年写的有关百科全书的论著的最后一篇。在这篇文章的前面有一封《圣西门给他侄儿维克托的信》，曾收在《圣西门与安凡丹全集》第15卷（我们删去未译）。我们翻译所据的原文，载1966年法文版《圣西门全集》第6卷。——译者注

这种分类法欠妥，这首先是因为它是三分法，而只有二分法才是妥当的。

其次是因为各科专门科学都需要有我们的各种智能参加，把智能分成三类，只适用于细微的划分，而且必然会使最主要的差别混淆不清。

我的百科全书理论

一切科学，即使它们的理论部分，也必须以观察为基础，所以一般科学即分类科学的理论应以历史的分期研究为依据。

概观历史的一般分期

第一个时期

原始人的智力比其他动物高不了多少，他们同其他动物一样，只有直接的感觉。经过长期的艰苦劳动，人们才达到了创造约定俗成的符号的地步；利用这种符号，人们得以无限扩大他们的智力活动范围。

当人类创造的约定俗成的符号多得足以形成语言的时候，人类的智力就大大超过了其他动物。

第二个时期

人类首先利用自己的智力优势去更为广泛和更为稳定地满足自身的物质需求。他们饲养牲畜和耕种土地，以保证生活的来源；他们不再穴居，而是建造了房屋以避风雨；他们不再以兽皮御寒，而是织布穿衣了，等等。总而言之，他们创造了手工艺，并把指导各种手工艺的所有个别观念联结成一般观念，我们把它叫做偶像崇拜。

第 三 个 时 期

手工艺时期以后，紧接着就是我们称之为美术的时期。人类满足了自己的物质需求以后，就努力发展和满足自己的精神需求。美术的最初目的，现在仍然未变。

我们把联结美术的各个部分的一般观念叫做多神论。

第 四 个 时 期

一神论是多神论的改进。人类根据这个一般观点，把自己的所有知识联结在一起，并开始利用这一切知识去达到人类的物质和精神幸福的总目的。我们把人类从一神论的一般观念中得出的结论叫做道德和政治科学。

第 五 个 时 期

物理主义是一神论的改进，它同一神论一样具有单一性，但比一神论更为精确。一神论是一般的发现，而物理主义则是已经变成原则的一般观察。

培根关于科学方法的观点

培根在其《新工具》一书中特别致力于向学者们指出发明创造的步骤。他在这部不朽的著作中发挥的两个观点是：

一、任何科学理论工作都不能以神启观念为依据。

二、学者必须轮流交替地在事实的阶梯上上升而后下降，下降后再上升。

对培根以后的科学著作进行考察以前谈谈我对完善人类知识的方法的见解

考察笛卡儿的著作

笛卡儿开始著书立说是在《新工具》一书问世之后不久。

笛卡儿开始执行培根拟出的工作计划。他在有关方法的怀疑的著述中指出，科学的理论工作不能含有神启观念。他的第二部著作的卷首题词是："给我物质和运动，我就给你创造出一个世界。"被人们称为涡流体系的这部著作，是一般科学上的一次运动。这一运动引起了学者们的注意，使他们抛弃了《创世记》中关于宇宙形成的观念。这样，笛卡儿就达到了他的目的即培根的第一个目的，使学者们摆脱了神启观念的影响。

考察从笛卡儿到牛顿的科学著作

从笛卡儿到牛顿这一期间，最著名的学说都是对笛卡儿著作的注释。

牛 顿 的 出 现

笛卡儿的接班人和继承者牛顿，能够自由发挥自己的天才了，因为他不再需要同神启观念斗争。牛顿看到苹果落到地上，于是通过归纳和类比，从个别事实上升到最高级的一般事实，得出了万有引力的结论。

我对完善人类知识的方法的见解或把百科全书的观念和方法论的观念融合于一个同一原则

一部百科全书就是科学方法在一般科学上的应用。必须轮流交替地在事实的阶梯上上升而后下降，下降后再上升，这是献身于科学研究的人在一切工作中必须遵循的原则。

概 述 的 总 结

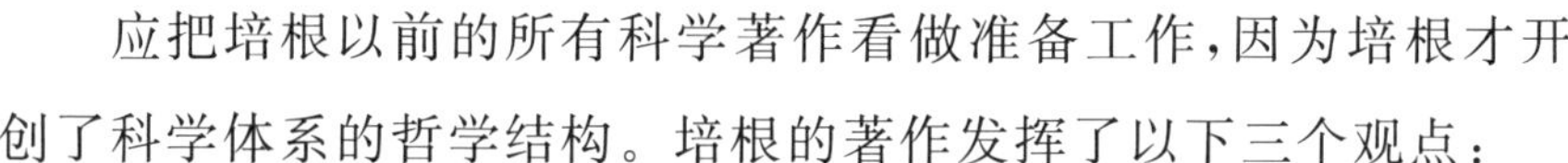

应把培根以前的所有科学著作看做准备工作，因为培根才开创了科学体系的哲学结构。培根的著作发挥了以下三个观点：

一、科学的理论工作不得含有神启观念。

二、要使科学进步，必须轮流交替地在事实的阶梯上上升和下降。

三、必须把科学分为三类：记忆的科学、理智的科学和想象的科学，并以这种分类法为基础，使百科全书的工作把一切习得的知识按重要性的顺序连贯起来。

学者们采取和遵循了培根的观点。

一、培根以后，学者们不再让神启观念在自己的科学理论工作中发生任何作用了。

二、在培根的观点发表以后，学者们立即以笛卡儿为首，开始从一般事实下降到个别事实；然后又以牛顿为首，再从个别事实上升到一般事实。

三、培根设想的百科全书的计划，由达兰贝尔和狄德罗付诸实现，他们得到了法国最著名的学者们的协助。

学者们的哲学研究现况

培根向学者们提出的两项任务，到达兰贝尔和狄德罗的百科全书工作结束的时候就完成了。另一方面，笛卡儿派已从事实的阶梯下降到底，牛顿派则从事实的阶梯上升到顶。这个期间，即从1760年至1780年，科学活动便停顿了。

从这时起，学者们在哲学方面没有取得任何进步，甚至还后退了。

详　述

第一部分

我在着手创立人类知识体系的哲学结构。我不揣冒昧，只把培根当作我的开路人，只把他的观点看做概观，只把他的百科全书方案叫做草样。

培根提出了两个一般观念，并对它们进行了研究。在他以后，学者们一直认为这两个观念属于两个不同的范畴。无论是培根本人，还是他以后的学者，都没有找到办法把这两个观念融会贯通起来。

我的一切观念都是连贯的，它们构成一个统一的整体；整体分成两个相等的部分，以表明经过我改进的培根的两个见解。

我按这种分法把我的著作分为两大部分：第一部分题为《人类的历史》；第二部分题为《百科全书》，或者可以题为《百科全书刍议》。第一部分论述人类理性是怎样上升到它已达到的科学高度的；第二部分指出怎样从最抽象的观念下降到最直接的感觉。在这两部分之前，我再加上一个导言，以清除科学界可能残存的神启观念。

第二部分

一个概念，不管多么抽象，都可以用形象表示出来。我的百科全书系谱树图就是百科全书观念的象形画，而这篇序言则是这幅象形画的初步说明。

在下一个篇幅很长的序言中，我再发挥这个初步说明。

我的著作就是这第二个序言的发挥。

拙著写完以后，我将敦请全世界的学者参加合作，以实现这一共同事业。大家知道，我要对这一工作提出四个规模越来越大的计划。

我请读者集中注意我的系谱树的树干。现在还不到研究树枝的时候。学者们在研究我的小分类之前，必须把精神贯注于大分类。

读者应当看到，我的百科全书系谱树的根干上同主干上标有相同的字样。这表明我的观念在归纳顺序上和在推论顺序上都是连贯的；这也证明我的观察工作和我的推理工作是分量相当的，我的推理工作的整体和部分都是以观察为依据的，因为地下建筑和地面建筑在整体上和部分上是完全相同的。

第三部分

伟大的思想是重大的政治发酵的结果。历史证明，科学革命总是紧跟着政治革命而发生的。比如说，代数学以及化学和生理学的一些基本原理，是在穆罕默德以后的几位哈里发执政时期发现的；《新工具》一书，是在三十年战争的炮声中写成的；牛顿发现万有引力定律时，英国的革命风暴还没有完全结束。因此，我们必定在最近的将来看到一个重大的科学发现公布出来。有什么科学发现能比哲学思想的发明更为伟大呢？我在这篇概观里向大家预告的，正是这一哲学思想。

我享有培根和牛顿没有享受过的幸福，即生活在所有君主中最宽宏大量的人和所有帝王中最聪明的人的统治之下，伟大的拿破仑的政绩使法国赢得了各种荣誉，光照四方。皇帝既是人类的政治领袖，又是人类的科学领袖。他一手掌握着准确的罗盘定向，一手拿着宝剑消灭反对文明进步的人。最杰出的学者应像最英勇的将领那样集结在他的周围。我要预告的科学发明，将在皇帝的幅员辽阔的国家的首都创造出来，这一发明的规模和价值都将超过以前的发明，并使后代为之惊异。

当全世界最著名的学者都云集在巴黎，在伟大的拿破仑的指挥下为建立人类知识体系而工作的时候，巴黎将出现多么庞大的科学机构！

这一伟大的科学活动将会结束法英之间的长期对峙，使法兰西民族得到伟大民族的称号，皇帝在向军队祝捷时曾提过这一光荣的称号。

为了让人类决定授予一个民族以伟大民族的称号，这个民族必须同时拥有科学优势和军事优势。在探索未知领域方面成为人类先锋的民族，永远是第一流的民族、伟大的民族、杰出的民族，因为这些称号只能赠给最文明的民族，赠给通过杰出的努力不断扩大人类的知识领域和改善人类的命运的民族。

同胞们，不要看不到这个美称的意义，而要看到依靠这个美称，皇帝使我们增添了勇气。

不错，我们还戴着英国人的科学枷锁，因为我们的百科全书大厦还是根据培根的方案建筑的，我们的拉普拉斯的天文学著作不过是牛顿思想的注释，孔狄亚克关于方法论的平庸见解只是洛克的发现的发展。其实，我们把洛克的发现捧得太高了，他只是反驳了我们的伟大笛卡儿的一些疏漏。

一个新的创见，会使想出这个创见的人感到荣幸，会使他的朋友、同胞和同时代人感到荣幸，会使整个人类感到荣幸。

我们法国人应当让伟大拿破仑的政绩同路易十四时代一样大放异彩。路易十四在位期间，法国人富有一般情感和作出许多新的创见。18 世纪时，法国人是自私自利的，只在批判方面有点才干。

有些人的浅薄宗教观念同他们的幼稚哲学观点互相冲突，他们竭力用肤浅和迷信的思想去阻止我的科学飞跃，然而这是徒劳的。我要到御前的法庭上去控告他们，我要在御前声明我的信仰：

我信上帝；

我信上帝创造了宇宙；

我信上帝让宇宙服从万有引力定律。

哲学不允许一个钻研科学的人信仰上帝，而在这个人公布他的发现的时候又要他宣布信仰上帝，因为不能上升到最高抽象观念的人，不能不信上帝而又不给自己和整个社会造成极大的麻烦。

我绝不指责达兰贝尔、狄德罗和他们百科全书的任何一位同人，说他们公开抨击了对上帝的信仰，因为在他们写作的时代，对上帝的信仰和对神启观念的信仰是联系和融合在一起的，以致不可能抨击这个而拥护那个。但是今天，人们认为神启观念只是人类在童年时期作出的科学概括，所以在人类成年时代，它就完全不足以指导人类的行为了。今天，人们已经剥夺了僧侣阶级骗取的优势，所以我现在认为，我现在说，我现在宣布，而且要终生宣布：必须信仰上帝。

我也不指责达兰贝尔及其同人，说他们抨击了君主制度，因为君主制度当时已堕落为暴政，国王们滥用立法权和课税权，而不征求国民的同意。因此我认为，他们所以抨击君主制度，是因为在他们的著作中，不可能把对君主制度的尊重和对暴政的憎恨调和在一起。

我说我毫不指责百科全书的编者努力推翻祭坛和王位，但我惋惜他们致力于破坏。我很庆幸在我执笔写作的时代，我可以宣布尊重和敬爱祭坛和王位，又可以不背离哲学方向。

18世纪的百科全书，比任何其他著作在更大的程度上决定了一次必然而不可避免的革命，因为宗教制度和君主制度已经非常落后于民族的文化。

19世纪的百科全书，将激发人们尊重和敬爱新的制度。这样的著作是唯一的能够一般立即见效的和效果持久的著作。这种效果是可以期望的，而且也唯有这样的著作能够更新全部哲学观念，彻底改变18世纪的思想方向，即改变基本上是革命的方向。

（董果良译）

论蜜蜂与胡蜂的不和或生产者与不事生产的消费者的彼此地位①

第　二　篇②

第一节　总结第一篇的论述

我在第一篇已经论证，生产者一方在人数、品德、推理能力和想象能力等方面均超过他们的对方；我也已经证明，他们的政治才干同样超过他们的对方。

但我没有对这些事实进行任何深入的考察，也没有作出任何结论。当时我认为，应当先让读者来研究和思考这些事实，然后再由我作结论。

但是现在，我想先提出我的结论，因为与其等待作结论，不如

① 圣西门在1819年发表了一部题为《政治家或为一个文艺工作者协会而作》的文集，并在当年根据这个文集的材料写成这篇《论蜜蜂与胡蜂的不和或生产者与不事生产的消费者的彼此地位》。我们翻译所据的原文，载1966年法文版《圣西门全集》第1卷。——译者注

② 指《政治家或为一个文艺工作者协会而作》。——译者注

先作结论供读者评价。

我的结论是：生产者一方掌握着几乎全部能对社会发生作用的基本的实证力量，并确实拥有主要的政治工作能力，从而能够主持制定他们所希望的和可以彻底满足他们的要求与愿望的宪法。

在深入研究以前，我认为应当答复一种反对意见。这种反对意见至今所起的作用，就像美杜莎[①]的眼睛对周围的一切人所起的作用一样。

肯定有人要说，议会才有权制定法律，但它的成员绝大多数是贵族，是过着贵族生活的财主，是官僚等人，总之，是一些毫不关心实业的人，他们的利益与实业的利益不同，甚至完全相反，所以他们一定要保持他们至今对生产者施行的政治大权。

试图根据民族的利益，即根据生产者的利益来制定宪法，这就是造反，要受法律的制裁，因为迄今为止，法律一直是以贵族和过着贵族生活的财主压迫生产者为目的的。

对这个反对意见，我的答复是：在任何国家，都有一种力量高于政府的力量，这就是舆论的力量。

凡是深入考察过这个问题的人，终于会相信，议会绝不会试图反对实业界的绝大多数人渴望的政治措施，即使这种措施与议会的希望有些抵触，议会也必然接受和通过。

因此，最大的困难并不在于议会的议员不好，而主要在于生产者没有政治毅力、缺乏团结和思想不明确。

---

① 美杜莎(Méduse)，希腊神话中的蛇发女怪，凡是被她看见的人都要立即变成石头，后为柏修斯所杀。转意为可怕的怪物或人。——译者注

第二节　第二篇的要领

本篇的要领是说明：既然生产者的物质力量和精神力量均远远超过非生产者，那么怎么会在生产者和非生产者之间存在斗争呢？这种斗争又怎么会是持久的呢？

现对这个离奇的现象略作说明如下：

贵族、过着贵族生活的财主、高级僧侣、大官僚、军事将领等人，都非常关心国家大事即政治。

实业经营者、实业领导人、艺术家和学者，则很不关心政治。

第一种人虽然力量微薄，但野心很大；第二种人虽拥有巨大的政治工作能力，但丝毫没有意识到自己的这种力量。

前者目标明确，思想坚定，他们的思想一直同能够维护其统治的措施联系在一起。

后者还没有拟出明确的计划方案来摆脱他人对他们的统治。

因此，贵族及其党徒，正如我方才所说，在政治上是非常积极的，并且形成了一个有组织的党；而实业家在政治方面却是消极的，而且没有自己的组织。这种情况的必然结果是：实业经营者或有用物品的生产者，虽然在物质和精神力量方面都大大超过贵族党，却一直受着贵族党的统治。事实上，也正是如此。

以上，就是我对一方是真正的巨人和另一方实际上不过是侏儒的两派之间存在斗争的这一离奇现象的说明。

第三节　略论 1789 年以后实业家的政治行为

有人不免要向我说：

“绝大部分的教会人士和贵族都已移居国外，几乎所有与旧政府有关系的官吏都已被解职，旧制度的支持者不再管理国家大事，而且二十多年来一直受到追究和压迫。因此，生产者必定掌握了政权，从而能够按照他们的意志来组织社会了。

“然而，这个期间出现的混乱局面，众目所睹的犯罪行为，最初造成的无政府状态和随后而来的专横统治——都在证明实业家是没有执政能力的，而你却认为只有他们才能管理好国家大事。”

我回答说：

从革命初年到外国人最后离去这一期间，法国一直处于战争之中，而且为了维护法国的独立而进行的故争非常艰苦，以致法国不惜牺牲一切，在战争中耗尽了生产者的所有财产。

在这种情况下，政府就必须拥有无限的权力，管理国家的大权也就必然落在军人的手中了。

结果，实业家的劳动产品，被用去向军队供应武器、给养和军装，使将军们和供应商发了大财。一句话，在这样长期的艰苦年代，国家只能有一个军人政府。

然而在所有的政府中，军人政府是最不顾生产者的要求和愿望的政府。因此，认为实业家在革命过程中已经管理了国家事务，那是不公正的，而且也不符合事实。与此相反，军人政府对实业家的专横比历届政府都更为严厉和更为肆意，实业家从未受过这样的统治，实业家的要求从未像军人政府这样不予理睬。

几乎在整个革命过程中统治法国的法令，都是最强硬的法令（据我们所知，军人的法令是最强硬的法令）。政府曾多次宣你，有关公共利益的法令也适用于生产者，但这样做的目的完全是为了剥夺生产者。施行最高限价法案，实行物资征用法案，烧毁英国商品，政府垄断殖民地产品的商业等，都是历届革命政府的天才们发明而由罗伯斯庇尔和波拿巴付诸实施的。

有人要说：军人掌握的只是行政权，而立法权仍在发挥作用，军人从未在下院占过多数。

对此我答复说：在革命过程中，确实有若干农场主、工厂主和商人以及许多乞术家和学者当选为下院代表，但他们始终只能构成微弱的少数，而绝对的多数总是由法学家们构成的。

但是，舞文弄墨的法学家的政治见解必然是反实业家的，因为他们的政治见解绝大部分不可避免地来自罗马法、我们国王的命令和封建惯例，一句话，都来自法学家所研究和想出的革命以前的旧法规。

结果，在革命期间，政权便落在军人和法学家的手里；这个期间制定的法令都出自新旧两种专横的原则，所以这些法令均违反实业家的利益和妨碍生产。

第四节　王朝复辟以后实业家的状况

本节考察王朝复辟以后生产者的政治地位。

国王一回来，就看到革命前实行的国家制度已经荡然无存，所以他颁布了宪法。但是内阁立即向国王提出，在当时的情况下无法实施宪法。内阁要求议会制定若干变通的法案，并且得到这些法案，于是内阁拥有了权宜处理的权力。请看，内阁是怎样实行赋予它的这种独裁权的。

当时，内阁可从四种不同的方案之中任选其一。

内阁可以采取的第一个方案

内阁可以建立最有利于生产者的秩序，即以有利于全民族的方式使用税收，节省公共开支，解雇所有的旧官吏。一句话，从寄生的消费者手中收回政治权力，把它交给生产者。

第二个方案

内阁可以通知贵族、游手好闲的财主、旧官僚的子女，今后不要指望依靠公家的钱来生活了。这一措施可使国家节省一半行政费用，即可以省去全部旧的行政费用。

第三个方案

内阁可以以补贴的名义向已经无用的军人和波拿巴建立的庞大行政机构的所有官员发放一定数量的金钱；对他们实行这一必要的措施以后，就可以宣布这些人已经结束其军人或公务员生涯，必须另找职业，自寻新的谋生手段。这项行政措施可使国家减轻一半负担。

第四个方案

最后，内阁可以采取的第四个方案是：国家继续担负革命期间交战的双方军队的费用，承认双方军人的后裔有权继续担任军官，接受在旧制度下和在波拿巴政府供职的两种行政官员的要求，准许他们官复原职，以满足他们的野心和贪欲。

内阁采用的正是这第四个方案。这就是说，有四个方案：一、内阁可以使国家完全甩掉革命前和波拿巴独裁下背上的两个沉重包袱；二、内阁可以使国家放下旧包袱而背上新包袱；三、内阁可以使国家放下新包袱而留着旧包袱；四、内阁可以让国家把两个包袱都背着。最后，内阁却偏偏选择了第四个方案。

深入考察以上的论述

如果可以耻笑政府以加重赋税的办法来压榨为清除行政管理方面的弊端和挥霍而作出了巨大牺牲的人民，那么更可以讥笑内阁从王朝复辟到巴特尔米[①]先生的动议掀起的最近危机期间的所作所为。

国王一回来，旧贵族、教会人士、旧制度的官宦的后商就提出要求，主张他们有权在政府中占个职位和靠税收生活。内阁接受了他们的要求，而且在不能立即安排的情况下，就赶快把他们登记为有权当官的后补人。内阁甚至还向他们大献殷勤，给予他们以赏赐和救济，唯恐他们在世界上找到不再统治生产者的职位。

新贵族、革命期间服役的军人、波拿巴的庞大行政机构的官员，也主张他们有权继续由国家供养。他们的要求也没有被拒绝。内阁只是向他们提出：他们不能独占依靠法国人民的劳动而生活和享受的权利，所有以前任过公职的人员都人人有份；同国家的其他吸血鬼和睦共处，是他们的利益所在，他们应当兄弟般地分享统治者每年向被统治者勒索的财物。

---

① 巴特尔米，弗朗斯瓦（Barthélemy，François，1747—1830 年），法国的政治活动家，曾是执政内阁的五执政之一。——译者注

这样,内阁就原则上承认了生产者应当担负政府的两个耗费都很巨大的体系的开支。

为了供养这两窝胡蜂,内阁要求上下两院立法,规定足以使实业亏本从而瘫痪的巨额赋税,并且通过对下院施加压力而达到了目的。

内阁的这种政治措施的最突出特点,是通过内阁采取的和我方才叙述的行动计划,使统治国家的艺术在内阁手中变成了世界上最简单和最容易的事情,即变成了用蜜蜂生产的蜜的大部分去供养似乎是最忠诚和最热心为国家服务的两大窝胡蜂。事实上,王朝复辟伊始,内阁就安排了执行这一任务的高级政治职位。内阁所规定的五个高级职位,有时给极端分子三席,给波拿巴分子两席;有时则给极端分子两席,而给波拿巴分子三席。

这两个寄生党派如此互相争占上风,前后轮流了多次。

现在,我们来考察一下王朝复辟以后生产者的行为。

生产者在这个期间的行为是众所周知的,而实业家也无法掩饰自己的行为。除了极少数例外,他们没有表现出一点儿政治积极性。直到最近巴特尔米先生的动议这一事件出现后,他们才公然声明,说他们的社会存在不能再这样一直受人摆布。人们不能不承认,在这以前他们没有采取过任何措施来证明他们已经意识到自己的政治权利。他们缴纳了人家向他们征收的巨额税款,但如方才所述,这些税款几乎全被用去供养无用的统治者了,而他们却丝毫没有利用自己拥有的合法手段筑起堤坝,去防范权宜处置权这股洪水。他们认购了当时发行的全部公债,但丝毫没有向国王陈述国库收入方面的令人气愤的挥霍。他们胆小如鼠,不敢向国王陈述人们的一致想法：国家的行政开支太大，远远超过了国家的需要；应该用于各项公共事业的经费，都被用去支付高级军政官员的薪俸，而这种薪俸的金额完全可以缩减到现在的十分之一。总之，实业家犯了错误：在他们向政府提供资金的时候没有附加任何条件。

最后，从王朝复辟到最近巴特尔米先生的动议提出这一时期，实业家像妇女一样，只会哀叹，埋怨商业萧条，诉苦工厂开工不足；但他们毫未采取自己拥有的合法手段：向议会上书，要求解救他们的苦难。

如果在国王还朝以后，全法国的实业家立即向国王上书说："陛下，我们是蜜蜂，请您甩掉胡蜂吧！"那么，应当采取的政治措施早已付诸实现了，商业将会生意兴隆起来，农产品将会大幅度增产，工厂将会干劲儿冲天，富人也会因为有事可做而不再令人讨厌，国王也会因为看到法国人民生活幸福而兴高采烈。

第五节　巴特尔米先生的动议提出以后实业家的作为

在这第五节里，我要概观一下巴特尔米先生的动议引起的可喜骤变。

选举法当初只是引起了极其一般的轰动。实业家认为它没有多大用处；无论是可以从中大捞一把的人，还是提出这个法案的内阁，都没有认为选举法有重大意义。政府认为选举法是一个应急法，企图由此筹措资金和减轻债务，而没有考虑到为此而采取的措施的后果。政府万万没有想到，这项措施将彻底消灭以强权原则为基础的旧政治体系，开创以公益原则为依据的新组织。政府也没有料到，这项措施引起人们注意以后，将立即揭穿贵族和无所事事的财主的政治无能，使实业界的业主看到自己的前途。

需要这位出身平民的巴特尔米先生，代表备受贵族和过着贵族生活的人歧视的阶级，登台发表我们下面将要引述几段的演说，以便让全国人民认清政治形势，让旧制度的拥护者知道自己的无能和对方的力量，让政府感到它的行为没有道德，让僧侣和贵族不得不承认他们在政治方面始终是违反“你们愿意人怎样待你们，你们也要怎样待人”[①]这一原则的，而实业家却把这条道德箴言写在他们的旗帜上了。

下面引述几段评论家们很少向人民公布的巴特尔米先生的演说：

“在任何时代，在任何国家，房屋和土地的所有者才是民族的真正力量。他们维护社会的道德和秩序；如果他们有政治权利，立法者就不会违背自然的正义，因为文明总要使实业界人士的不懈努力容易得到财产，而且这种财产也是劳动和节约的应得报酬。

“让没有财产（即没有营业执照）的人通过伪造或行贿手段非法进入选民团，这是对财产所有者的不折不扣的不公道，因为这侵犯了他们的权利。”

巴特尔米先生以这种方式提出问题，并对比实业界财主和贵族财主的政治权利之后，便在法国、在欧洲、在所有的文明民族中产生了意想不到的反响。在这以前，实业家在政治方面到处以贵

① 见《新约全书》的《马太福音》第七章第十二节。——译者注

族、法学家或军人马首是瞻。从现在起，他们不再盲目从事，认识到用同自己的利益完全相反的人做向导实在荒谬绝伦。他们开始自己考虑和自己思考问题了。于是，从法国各地发出了要求宣布基本政治原则的请愿书。

“生产者即实业界财主是民族的真正力量，他们维护社会道德和秩序；如果他们有政治权利，立法者就一定不会违背自然的正义；既然社会上的一切都是实业所为，那么一切也就应当为实业而为。”

由一位显然受到自由之神启发的人起草的，并由拉菲特[1]先生递交给议会的波尔多地方请愿书，产生了善良的夏隆[2]先生所说的“可以一下子打死世界的大棒”这样一条真理的效果。

简而言之，波尔多的商业界结束了讨论，并通过对巴特尔米先生的动议的激烈答辩，使大小贵族的要求变成了笑料和受到蔑视。

商业界说：“把国民代表制建立在巨额的土地税的基础之上，间接剥夺商业界和实业界无可争辩的权利，牺牲使整个社会把死物，即工商业使用的土地变活的积极因素，这都等于把政治物质化，等于剥夺公民的权利，等于取消全体法国人民的代表权，而有代表权的只是土地，但这种土地是仍然打上迷信和无政府状态的烙印的封建土地。……”

我将在下一分册中录下这份难忘的请愿书上的全部签名者，

① 拉菲特，雅克（Laffitte，Jacques，1767—1844年），法国大银行家和政治活动家，奥尔良党人，金融资产阶级的代表，1830—1831年曾任政府首脑。——译者注

② 夏隆，比埃尔（Charron，Pièrre，1541 1603年），法国天主教神学家、怀疑论哲学家。——译者注

因为这些深刻领会生产者的政治权利的人,应当让全世界的实业界人士都知道。

我希望他们全体作出初步的努力之后,再继续作出必要的努力,以使生产者彻底摆脱贵族和过着贵族生活的人的枷锁。

第六节　总结

能力、意志和知识是完成任何一项事业必备的三个条件。

无论是一个人的事业或是多数人的事业,无论是小团体的事业或是大团体的事业,无论是私人团体的事业或是政治团体的事业,也无论是一个国家的事业或是全人类的事业,都一概如此,毫无例外。

长期以来,生产者就拥有一切必要的能力去建立最有利于他们的社会秩序,因为实业取得长足进展以后,他们就比不事生产的消费者在物质和精神方面占据了显著的优势。

然而,直到目前为止,他们虽然在能力上占有很大的优势,但却一直充当统治者的工具,充当贵族、军人和法学家的奶牛。

生产者受在物质和精神方面都不如他们的一派人所统治,产生这一反常现象的第一个原因,是他们至今缺乏建立最有利于他们的事物秩序的意志。

其第二个原因,是他们没有知识。我还要指出,就是现在,他们仍然缺乏知识。

如果有人问我,实业界缺少的而为达到他们的目的所必需的政治知识是什么?我将答复说,首先是要明确了解自己所要求的政治体系,其次是懂得如何联合力量去反对贵族党。

我国几乎所有商业城市的商人,特别是波尔多的商人,最近都十分积极主张有权参与制宪工作。这肯定是非常重要的第一步。但是,商人仅仅是生产者阶级的一部分,必须同农场主、艺术家和学者联合起来;联合起来的全体生产者,必须明确提出自己的要求。

我在第三篇将要论述:全体生产者阶级用什么方法才能联合起来,生产者用什么方法才能达到自己提出的政治目的。他们必须全心全意和尽其所能地去达到这一目的,因为这是制定有利于国王和全民族的宪法。

(赵鸣远译)

新基督教[1]

圣保罗说：爱他人的人就遵守了法律。一切都包括在"爱人如己"这句话里了。

——引用《罗马书》

前　言

读者看到的这篇对话，本应收在《论文学、哲学和实业》的第二卷，但由于其中讨论的问题本身特别重要，并鉴于当前的政治形势，而随即决定现在就单独印行。

以后的几次对话的主要目的是：尽管国王们已经颁布了禁止亵渎宗教的命令，英国的新旧教徒正在设法结束他们之间的长期而痛苦的斗争，我们还要唤起各国人民和国王认识基督教的真正

---

① 《新基督教》是圣西门的最后一部著作，写于1825年逝世前不久。全文没有写完，只写了第一次对话。如前言中所述，《新基督教》"本应收在《论文学、哲学和实业》的第二卷，但由于其中讨论的问题本身特别重要，并鉴于当前的政治形势，而随即决定现在就单独印行"。据罗德里格说，圣西门临终时曾就此文对他说过："我的这部最后著作或许不易被人理解。对中世纪宗教制度的攻击，实质上只是证明了一件事情，那就是这个宗教制度不再同实验科学的进步相协调，但由此就说宗教制度应当完全废除，那也是不正确的。只应当使宗教制度与科学的进步协调起来。"我们翻译所据的原文，载1966年法文版《圣西门全集》第3卷。——译者注

精神；因为人人都有宗教情感，或至少认为必须尊重他人的这种情感，而且一些杰出的著作家正在研究这种情感的起源、形式和演变，但神学却力图用迷信来窒息这种情感，所以我们将要阐明这种情感对社会的作用。

基督教各宗派的神职人员，都互相把对方视为异端；其实，从基督教的真正的道德本质来看，他们都是程度不同的异端。我们敢说，各宗派的神职人员绝不放过机会来反对类似的指责，攻击发挥这种指责的著作。但是，我们的这篇对话根本不是讲给他们的，而是讲给以下各种人的：认为宗教的基本目的在于道德的一切人，不管他们是天主教徒，还是路德派的新教教徒即改革派的新教教徒，或是英国国教教徒，甚至是犹太教徒，均包括在内；承认在宗教仪式和教义上有最大自由，而又绝不轻视道德的一切人，他们感到永远需要纯化和改善道德，向保有宗教特点的社会的一切阶级扩大道德的影响；知道初期的基督教是把道德看成真正崇高和神圣的东西的一切人，他们认为道德高于其他一切诫命，即高于宗教仪式和教义，同时把宗教仪式和教义的目的理解为吸引信徒去重视神的道德。根据这个观点来看，批判基督教的旧教和新教，都是绝对必要的，因为这种批判证明，基督教的任何一个宗派都没有履行其创造人的指示。

纯化道德和简化宗教仪式与教义的想法，使许多人认为新教的一个特殊宗派即所谓的路德新教是向新的宗教秩序转化的必然过渡，甚至以为这是最终的抉择。他们的这种观点的基础，是认为这个特殊宗派比其他一切宗教更接近基督教的精神，所以必然反对他们认为是针对新教的一切批判。

我们只用一句话来回答上述的论点：人类的理性绝不只限于模仿，它总是在全面评价前代接受某种观点或制度而产生的好处时，要求这种评定除实事求是以外，还须促使本代建立更加优越的观点和制度。在评定中发生的任何错误虽则是有害的，但为时不会太长。

有一些人认为，偶像崇拜和神启的观念，来自在愚昧野蛮时代可能有过益处的某些规范，而在 19 世纪再照搬这些规范，便是反哲学的。这种人以为用伏尔泰式的嘲笑方法就能驳倒本对话的作者，好像可在他们自称的哲学体系中发现比基督教的规范更一般、更简明和更具有人民性的规范。这种人，如果只想以纯粹的理性或内心深处自悟的自然规律来代替这种规范，那他们当然无须同我们辩论，但他们会立即发觉自己的用语是模棱两可和含混不清的。最后，即使他们可以怀疑基督教原理的超人观点，但至少也要把它尊为比人们至今采用过的任何原理都普遍的一般原理，尊为比 18 世纪以来创立的任何理论都高的理论。

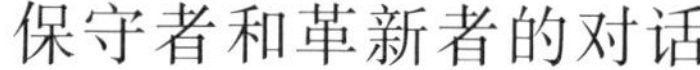

保守者和革新者的对话

第一次对话

保守者：您信上帝吗？

革新者：是的，我信上帝。

保守者：您相信基督教是上帝创造的吗？

革新者：是的，我相信。

保守者：如果基督教是上帝创造的，那它就一点儿也用不着改进了。然而，您却著书鼓励艺术家、实业家和学者去改进这个宗教。可见，您是自相矛盾的，因为您的观点同您的信念彼此对立。

革新者：您所指出的我的观点和我的信念之间的对立，只是似是而非，因为应当把上帝亲口说的话同僧侣阶级用他的名义说的话区别开来。

上帝说的话确实用不着改进，而僧侣阶级用上帝的名义说的话，却是可以加以完善的知识，犹如人类的其他一切知识能够加以完善一样。神学理论也同物理学、化学或生理学的理论一样，在一定时期需要革新。

保守者：您认为宗教的哪一部分是神的？您又把哪一部分看作是人的？

革新者：上帝说过："人人都应当兄弟相待。"这个崇高原则包括着基督教的神的部分中的一切东西。

保守者：怎么！您想把基督教的神的部分中的一切归结为一个单一的原则！……

革新者：上帝必须把一切都归结为一个单一的原则，他也必须从这一原则引导出一切。否则，上帝降于人的旨意就会没有任何系统了。人们也会亵渎神明，认为至高的上帝把他的宗教建立在许多原则之上。

按照上帝赐给人们作为行为规范的原则，人们应当把自己的社会尽量组织得有益于最大多数人，以最迅速和最圆满地改善人数最多阶级的精神和物质生活，作为自己的一切劳动和活动的目的。

我认为基督教的神的部分就在这里，而且也仅仅在这里。

保守者：我姑且承认上帝只给人们规定了一个单一的原则，我也姑且承认上帝告诫人们要把自己的社会组织得可以保证最穷苦阶级的精神和物质生活得到最迅速和最圆满的改善。但是我请您注意，上帝已为人类指定了传播他的旨意的导师。耶稣基督在升天以前，曾委托自己的使徒和使徒的后继人指导人们的行为，指示这些导师应当怎样运用神的基本道德原则，使他们便于从这一原则中引导出最正确的结论。

您承认不承认教会是神的机关呢？

革新者：我相信基督教会是上帝自己建立的，我对这个教会的教父们的行为深为尊敬和无限钦佩。

初期教会的这些首领，衷心地向各国人民宣传团结一致。他们号召各国人民和平相处，他们坚定果断地向有权有势的人们宣布：你们的首要职责就是采取一切办法，最迅速地尽量改善穷人的精神和物质生活。

初期教会的这些首领编著了当时的最好一部出版物：《初期教义问答》。在这部教义问答里，他们把人的行为分为善行和恶行两类，前者符合于神的基本道德原则，后者与这一原则相抵触。

保守者：请您更明确地说明一下您的观念，并告诉我您是否认为基督教会是永无错误的？

革新者：在教会是由最能指导社会的一切力量去追求神的目的的人领导的时候，我认为可以不妨承认教会永无错误，而社会也会在这种教会的领导下组织得合情合理。

我认为在教父们在世的时候，他们是没有错误的；但是目前，在现存的一切团体当中，僧侣阶级所犯的错误最大，而这种错误又给社会带来了极其严重的损害，使社会的行动同神的基本道德原则完全抵触。

保守者：这么说，在您看来，基督教的现状是很不好的了？

革新者：不，恰恰相反！基督教还从来没有像今天这样拥有如此之多的善良教徒，但现在的教徒几乎完全属于世俗等级了。基督教从十五世纪以后就失去了它的行动的统一性。从这个时候起，基督教的僧侣阶级已不复存在。目前，凡是试图把自己的观点、道德、宗教仪式和教理同人们得自上帝的道德原则联系起来的僧侣，都是异端分子，因为他们的观点、道德、教理和宗教仪式，都或多或少地同神的道德抵触。最有势力的僧侣同时也就是最大的异端分子。

保守者：如果像您所说以传教为己任的人都变成异端分子，那么，基督教将会成为什么样子呢？

革新者：基督教将会成为普天之下唯一的宗教。亚洲和欧洲的居民都将信奉基督教；欧洲僧侣阶级的成员将要成为善良的基督徒，并会抛弃他们现在宣传的各种异端邪说。一种真正的基督教学说，即可以从神的基本道德原则引导出来的最普遍学说，就将出现。这个时候一到，宗教观点中存在的一些分歧即将烟消云散。

初期的基督教学说，只使社会建立了局部的和极不完全的组织。恺撒[①]的权限仍然不受教会权限的控制。“恺撒的物当归给恺撒”，就是使这两种权限分立的名言。世俗权限继续把自己的实力建立在弱肉强食的法则之上，而教会则教导人们说：社会只应当

① 恺撒意即专制的帝王，源出罗马皇帝 Caesar 的名字。——译者注

承认那些以改善最穷苦阶级的生活为目的的法制是合理的。

新的基督教组织，无论是世俗机构，还是宗教机构，都要根据“人人都应当兄弟相待”这一原则建立。它要指导自己的一切机构去提高最穷苦阶级的福利，而不管它们是什么性质的。

保守者：您的这一观点是以哪些事实为根据的？谁给您权利认为同一道德原则应当成为整个人类社会的唯一调节者？

革新者：最普遍的道德，即神的道德，应当成为唯一的道德。这是从道德的本性和起源得出的结论。

上帝的人民，在基督诞生以前就得到启示的人民，在地表上分布最广的人民，始终感到教父们奠定的基督教学说不够完善，他们一直宣称：一个伟大的时代即将到来。他们把这个时代叫做救世主降临时代。在这个时代，宗教学说将有一切可能变为普遍的学说，同时指导世俗权力和精神权力。到那时候，整个人类只能有一个单一的宗教，只能属于同一个社会组织。

最后，我要明确地解释新的基督教学说，并要把它复述出来。然后，我准备概观一下英国、法国、北德、南德、意大利、西班牙、俄国、北美和南美现存的一切宗教机构和世俗机构。我拿这些不同机构的学说同直接来自神的基本道德原则的学说比较，将会轻而易举地使一切心地纯洁和善良的人士明白：如果这一切机构的宗旨在于改进最穷苦阶级的精神和物质享受，那么，它们就会以最快的速度促进社会的一切阶级和世界各国走向繁荣。

我是革新者，因为我要从神的基本道德原则中作出迄今应当作出的直接结论。您虽然同我一样，也献身于公益事业，但是您却具有保守主义观念，您只把自己的任务局限在不叫人们忘记我打算发挥的原则。尽管如此，还是把我们的力量联合起来吧！我要发挥自己的观念，可是您却认为我要离开上帝指给人们的道路，因而反对我的观念。

我要信心百倍地着手这一伟大事业。优秀的神学家能够最普遍地应用神的基本道德原则。优秀的神学家才能成为名副其实的教皇，胜任上帝在人间的全权代表。如果我提出的结论是正确的，如果我要阐述的学说是良好的，那就表明我在代神立言。

现在，书归正传。我先从评述目前存在的各种宗教开始，然后拿这些宗教的学说同直接来自神的基本道德原则的学说作一比较。

论　宗　教

新基督教的组成部分，几乎同目前欧洲和美洲存在的各种异教的组成部分类似。

新基督教将同异教一样，也具有自己的道德、宗教仪式和教理。它要有自己的僧侣，而且僧侣也有自己的领袖。但是，尽管在组织上有这些相似的地方，新基督教毕竟比现在的一切异教纯洁。新基督教教徒认为道德学说是最重要的部分，而宗教仪式和教理则是次要部分；这个次要部分的主要目的，是把一切信徒阶层的注意力集中到道德上面。

在新基督教中，一切道德都直接来自“人人都应当兄弟相待”这一原则。要对初期基督教宣布的这个原则加以修改，使它从今以后能够成为整个宗教活动的目的。

这个原则经过修改以后，将具有如下的形式：宗教应当引导社会走向最迅速地改进最穷苦阶级的命运的伟大目的。

负责建立新基督教和领导新教会的人，应当是最能以自己的活动增进最穷苦阶级的福利的人。新教会的僧侣只以宣传新基督教学说为己任，新教会的首领将要不断地致力于改进新基督教的学说。

现在，略述一下真正的基督教在目前条件下应当发展的几个特点。我们先拿这种宗教机构的观点同欧洲和美洲现有的宗教机构的观点比较。比较之后，我们就不难证明：目前传布的强迫人们成为基督徒的宗教不外是异教而已，也就是说，这些宗教不想直接走向基督教的唯一目的——最迅速地增进最穷苦阶级的福利。

论天主教

天主教会，即罗马的使徒教会，是欧美一切宗教团体中人数最多的教会。它还比这两洲居民信奉的其他一切教派拥有更大的优势。

它是基督教宗教社会的直接继承者，这使它具有了正统派的一些外貌。

天主教的僧侣阶级，一千五百年来在反对宗法的贵族政治，拥护天才的贵族政治，要求平民在宗教上高于军人的斗争中获得多次胜利，从而得到大批财产，其中的大部分由天主教的僧侣继承下来。

天主教会的领袖们，对于一个两千多年来一直威震世界的城市，仍然保持着主权。他们最初是依靠武力，后来是依靠神的道德的天上权威来保持这种权力的。现在，耶稣会士正在梵蒂冈玩弄阴谋诡计，设法以故弄玄虚和狡猾欺骗的卑鄙手段来统治整个人类。

罗马的天主教使徒教会虽然从它的奠基人利奥十世教皇以后大大地衰落了，但毫无疑问，它仍然拥有很大的势力。不过，这个教会拥有的力量只是物质力量，仅能依靠狡猾欺骗而存在。精神力量，道德力量，真诚和正直所创造的基督教力量，在它那里是一丝一毫也没有的。一言以蔽之，天主教，即使徒的和罗马的宗教，不外是基督教的异端，或者是变坏了的基督教的一个部分。

我说天主教徒是异教徒，并能证明这一点。我可以证明，基督教一旦新生，将会取消宗教裁判所，而社会也将像摆脱马基雅维里主义的影响一样，不再受耶稣会士的影响。

真正的基督教要求人人兄弟相待，耶稣基督曾经许诺，最热心促进最穷苦阶级的精神和物质生活得到改善的人，将会得到永生。

因此，基督教会的领袖，应当从最能领导旨在提高人数最多阶级的福利的事业的人士当中选出。因此，僧侣阶级主要应当教导信徒安分守己，以增进大多数人民的幸福。

现在，我们首先研究从罗马的天主教使徒教会的奠基人利奥十世以后，神职人员的团体是怎样组织的。其次，再研究这个团体对于被它指定担任圣职的人都要求具备什么知识。再次，考察一下穷苦阶级从应当成为各国政府榜样的教会方面都得到了哪些精神和物质生活的改善。最后，研究一下天主教僧侣向其全体信徒宣讲的教义到底是什么。

我要求自称是基督教徒、自夸永无错误并自封为耶稣基督的全权代表的教皇，不用任何神秘言辞，来明确回答我指责天主教会是异端的以下四点控诉。

第一，我根据下述理由指控教皇和他的教会是异端：

天主教僧侣向其所属的教徒宣传的教义是邪恶的，完全不能引导教徒的行为走上基督教的道路。

基督教认为信徒活在世上的目的，是最迅速地改进穷人的精神和物质生活。耶稣基督曾经许诺，为改进人数最多阶级的福利而最热心工作的人，将会得到永生。

因此，天主教的僧侣，也和其他宗教的僧侣一样，有责任激发一切社会成员的热情去为公益而努力。

由此可见，不论什么僧侣，都要竭尽自己的一切智能手段，拿出自己的全部天才，在自己的传教活动中，在自己同他人的交往中，向自己的教徒证明：随着低等阶级的生活状况的改进，高等阶级的实际的和真正的福利也必然提高，因为上帝把一切人，其中也包括富人，都看作是自己的儿女。

因此，僧侣阶级在向上帝的儿女宣传教义时，在向自己的信徒讲道时，在向上帝祷告时，以及在做各种宗教仪式和讲解教理时，都要把听众的注意力集中到一个重要问题上。这个重要问题就是：绝大多数居民将要享受的精神和物质生活，会比他们至今享受的更能令人满意；富人增进穷人的幸福，同时也会改进自己的生活。

这就是真正的基督教要求于僧侣阶级的作为。现在，我们可以由此轻而易举地揭露天主教僧侣向其教友宣讲的教义的缺陷。

请你们浏览一下在教皇及其神职人员的授意之下写成的阐述天主教信仰的一切著作，研究一下教会的首领们教导一般信徒和神职人员进行的一切祈祷，结果你们在什么地方也看不到关于基督教目的的明确规定。在这些圣书或经文里，只是略微提一下道德观念，其中任何地方都没有把道德观念作为基督教学说的实体。道德观念只是散见于一些著作当中，这些著作虽然卷帙浩繁，但在实际上都是枯燥无味地重复一些莫名其妙的谰言。这些谰言绝不能指导人们的行为，只会使人们忘记基督的崇高道德原则。

如果指责被教皇神圣化了的天主教经文的大部头汇编都是杂乱无章的，那也是不公正的。我们承认，在编选这些经文时，是由一个首尾一贯的思想指导的。我们也承认，神职人员把所有信徒都引到了一个目的上去；但是显而易见，这个目的绝不是基督教的目的，而是异教的目的。这个目的是叫信徒相信：他们绝不能凭自己的理性行事，他们应当听信僧侣的领导，而不必要求僧侣的能力高于信徒。

显而易见，天主教的一切宗教仪式及其全部教理原则，都追求着一个目的，那就是把信徒完全置于僧侣的控制之下。

由此可见，我论证了对教皇及其教会提出的第一个指控：他和他的教会对天主教徒进行了不良的教导。

第二，我根据下述理由指控教皇和红衣主教是异端：

我指控他们完全不具备使他们能够引导教徒走上得救道路的知识。

我指控他们对修士进行了不良的教育，指控他们完全不要求他们任用的神职人员具备成为称职的神甫和能够正确领导本教区信徒的神甫所必具的修养。

神学是宗教学校传授的唯一科学，神学是教皇和红衣主教认为自己应当传布的唯一科学，神学是僧侣首领要求负责指导信徒行为的本堂神甫、主教和大主教等必学的唯一科学。

我现在要问：什么是神学呢？我认为，神学是论证有关教理和宗教仪式问题的科学。

对于一切异教的僧侣来说，这门科学毫无疑问是一切科学当中最重要的科学，因为它可以使僧侣有法把信徒的注意力集中到一些琐碎事情上面，叫基督教徒只追求永生，而看不见世间的伟大目的：尽可能最迅速地改进穷苦阶级的精神和物质生活。

但是，神学对于真正的基督教僧侣并没有重大作用。对于这种基督教僧侣来说，宗教仪式和教理只应是宗教的附属品，只被用作吸引全体基督教徒集中注意于道德的手段，而只有道德才是真正的教义。

在利奥十世就任教皇以前，罗马的僧侣是正统的僧侣，因为到那时为止，他们在一切科学方面都超过信徒，而这些科学的进步又促进了最穷苦阶级的福利的提高；但是从那时以后，他们就成了异教徒，因为他们从此只研究神学了，甘愿让信徒们在艺术、精密科学和实业能力方面超过自己。

由此可见，我论证了对教皇和红衣主教的异端行径提出的第二个指控，因为他们没有很好地利用自己的知识，对修士进行了不良的教育。

第三，我根据下述理由指控教皇的极端行为：

我指控教皇的治理政策，比任何一个世俗君主对他的穷苦臣民实行的政策，还要违反他的信徒中的没有财产的阶级的精神和物质利益。

如果周游全欧，就一定会看到教会管辖地区的居民，在公益事业的享用方面最不公平和最不符基督精神。

圣彼得遗下的大批地产以前连年丰收，后来由于教廷管理不当，而变成了荒芜的沼泽。

没有变成沼泽的大部分土地，也没有被人耕种。这种情况的产生原因不在于土壤贫瘠，而在于教区的农民劳动收益太少。农业劳动既不受尊重，又得不到应有的收入，所以人们无心从事这种职业。精明强干和资力雄厚的人，完全不经营农业。教皇不仅继续垄断一切重要农产品，而且仍然垄断一切生活必需品，并让最受他宠爱的红衣主教大力推行这种垄断。①

最后，在教会管辖的地区内，虽然劳动力的价格非常低廉，可以为经营工厂带来很大的利益，但是没有任何实业活动。这种现象完全是由于管理不当而造成的。

一切实业部门都陷于瘫痪状态。穷人没有工作，如果没有教会机关即政府的救济，他们就必然饿死。依靠救济生活的穷人吃得很坏，所以他们的物质生活十分悲惨。

他们在精神方面的状况还要悲惨，因为他们无事可做，终日闲

① 在社会生活的这一主要方面，教廷的治理甚至比土耳其人的统治还坏。我可以拿不久以前发生的一件事情来作证明：在罗马，有一个面包商人，因为没有按照法定价格出售面包，就被课以大量罚款。治罪的理由绝不是这个面包商人出售的面包分量不足，对买主造成了损失，而是完全相反，受罚的罪名是这个商人违背了卖主的利益，使买主得到了不应得的好处。

要想说明这个不公正的判决，那是十分容易的，因为罗马的所有面包房，差不多都是属于各个红衣主教的，他们自然希望面包的售价尽量高一些，而认为一切可以减少他们收入的行为都是犯罪的。

散，而使这个不幸地区破产的一切罪恶和抢劫的根源，就在于他们终日闲散。

可见，我论证了对教皇的异端提出的第三个指控：教皇对他的教民治理不当和治理不符基督教精神。

第四，我根据下述理由指控现在的教皇和全体红衣主教是异教徒，指控十五世纪以来的所有教皇和红衣主教都是异教徒：

首先，我指控他们同意成立两个与基督教精神完全背道而驰的机构，这就是宗教裁判所和耶稣会；其次，我指控他们从这个时期以后几乎总是庇护这两个机构。

基督教的精神是温存、善良和慈悲，而更重要的是正直；基督教的武器是说服和论证。

宗教裁判所的精神是专横和贪婪；宗教裁判所的武器是暴力和残酷。耶稣会的精神是利己主义，而阴谋诡计则是它企图用来达到目的的手段，也就是它企图用来对宗教界和世俗界进行全面控制的手段。

宗教裁判所的观念，根本上是犯罪的和不符合基督教精神的。即使宗教裁判所的法官只把那些反对在精神和物质上改善穷苦阶级生活的人送上火刑台，甚至把全体神职人员都送上火刑台，那也仍然是异教徒的行为，因为耶稣在严禁教会使用暴力的时候，完全不许有任何的例外。但是，宗教裁判所的法官的这种异端行为，比起他们在执行自己的残忍职务时所犯的异端罪行，还是可以宽恕的。

宗教裁判所作出的判决，经常以莫须有的罪名，指控被告违反了教理或宗教仪式。其实，这不过是轻微的过失，而不是应判死刑的罪行。

宗教裁判所的判决总是抱有下述的目的:牺牲穷苦阶级,为有钱有势的世俗阶层谋利,以使天主教的僧侣阶级掌握大权,但要有一个交换条件,那就是有钱有势的世俗阶层也要在一切方面同意接受教会的管理。

著名的巴斯噶[①]早就十分详细地分析过耶稣会的精神、行为和目的。我应当做的,只是奉劝基督徒读一读他的《致外省人书》。我想补充的,只是想说新恢复的耶稣会[②]比以前的耶稣会更应当受到轻视,因为它力图恢复已被革命摧毁的宗教仪式和教理高于道德的优势,而最初的耶稣会士只力求延续教会内部原来的弊端。

以前的耶稣会士还主张维持现有的秩序,而现在的耶稣会士则煽动叛乱,反对已经建成的比旧秩序更有道德的新秩序。

现在的传教士都是一些真正的反基督教分子,因为他们宣传的道德完全与福音道德相反。使徒们曾经保卫穷人,而现在的传教士则保卫有钱有势的人和反对穷人,穷人只能从世俗的道德家中寻找自己的庇护者。

---

① 巴斯噶,勃列兹(Pascal,Blaise,1623—1662 年),法国的著名科学家和思想家,在数学和物理学方面给后世留下了巨大的遗产,在哲学方面倾向于神秘主义,并有宗教思想。他的《冥想录》和《致外省人书》是哲学方面的著作,其中抨击了耶稣会的道德堕落行径。——译者注

② 耶稣会成立于 1534 年。教皇克雷门特十四于 1773 年下令解散了这个团体,但到 1814 年又被教皇庇护七世恢复。在欧洲,耶稣会是一切反动势力的支柱。耶稣会也是很早传入中国的天主教修道会之一,它在我国犯有很多罪行。“耶稣会士”一词,在西方语言中是“伪君子”、“伪善者”的同义语。——译者注

论 新 教

在欧洲，人类的理性于15世纪获得了巨大的成就。在一切有益的实用部门，都作出了伟大的发明，并获得了飞速的进展。这些发明和进展，几乎全都应当归功于世俗人士的劳动。

美洲大陆的发现，应当归功于克里斯托弗尔·哥伦布的坚韧精神；葡萄牙的一些世俗人士绕过好望角，使人们发现了通往印度的新航路；印刷事业也是由世俗人士发明和改进的；但丁、阿里欧斯托和塔索都是世俗人士；拉斐尔、米开朗琪罗和列奥纳多·达·芬奇[①]也都是世俗人士，后来被牛顿用来计算一切天文现象的三大定律，是由世俗人士开普勒发现的。

美第奇家族扩大和活跃了欧洲的商业，改进了农业和工业，他们也是世俗人士。他们获得的社会地位，使他们的家族上升到统治阶层，并在世俗权力方面起了可以说是非常卓越的作用。

由此可见，世俗人士已对宗教界人士取得了实际的优势。同

---

① 但丁·阿利格埃里(Dante Alighieri，1265—1321年)，伟大的意大利诗人，《神曲》的作者。

阿里欧斯托，洛多维科(Ariosto，Lodovico，1474—1533年)，文艺复兴时期意大利的伟大诗人，长诗《疯狂的罗兰》的作者。

塔索，托尔卡托(Tasso，Torquato，1544—1595年)，意大利的伟大诗人，《耶路撒冷之得救》、《阿米达》等诗的作者。

拉斐尔·桑蒂(Raffaello Santi，1483—1520年)，文艺复兴时期意大利的伟大画家，《基督升天》、《圣母戴冠》等名画的作者。

米开朗琪罗·博纳罗蒂(Michelangelo Bounarroti 1475—1564年)，意大利的伟大画家、雕刻家和诗人，著名壁画《最后之审判》的作者。

列奥纳多·达·芬奇(Leonardo da Vince，1452—1519年)，意大利的伟大画家和科学家，名画《最后的晚餐》的作者。——译者注

时，世俗人士公认的科学已经超出教会从耶稣规定的神的道德原则中得出的结论所限定的范围。教皇和红衣主教不再具有足以领导基督教僧侣的力量，而这些僧侣也不能继续引导信徒群众了。

另一方面，罗马教廷这时也大大失去了外来的支持。在这以前，城市平民阶级曾支持它反对城市贵族，乡村平民阶级曾支持它反对封建贵族和封建权力。

基督教的神圣奠基人曾经嘱咐使徒不断努力，以提高社会的下层阶级的地位，压低拥有统治权和立法权的阶层的作用。

15 世纪以前，教会相当认真地信守了这一基督教方针；差不多所有的红衣主教和教皇，都来自平民阶级，他们往往出身于从事最下贱职业的家庭。

由于这种政策，僧侣阶级曾坚定不移地力图削弱宗法贵族政治的势力和作用，把天才贵族政治置于宗法贵族政治之上。

到 15 世纪末叶，神职人员完全改变了自己的活动方针。他们抛弃了基督教宗旨，实行了迎合时尚的世俗政策，结果精神权力不再同世俗权力斗争。他们不再同社会的下层阶级为伍，也不再想提高这些阶级的地位，更不设法使天才贵族政治压倒宗法贵族政治。他们拟定的行动计划，以维护战斗的教会获得的地位和财产并心安理得地享有它们为目的，而不承担真正有益于社会的任何职能。

为了达到这一目的，神职人员把自己置于世俗权力的保护之下；而在这以前，他们是同世俗权力作斗争的。他们同各国君主签订了这样的不道德协定：我们要利用我们可以施加于信徒的一切影响来帮助你们建立专制政权；我们要宣布你们是神所保佑的君主；我们要宣传唯命是听的教理；我们要建立宗教裁判所，使你们利用这种裁判所可以进行不受任何约束的审判；我们要建立一个名叫“耶稣会”的新宗教团体，这个团体要宣传同基督教教理完全相反的教理，并负责在神的面前支持有钱有势的人的利益而压制穷人的利益。

作为我们对你们服务的交换条件，作为我们同意服从你们的世俗权力（这项权力的来源是不道德的，因为它的权限起初就建立在弱肉强食的法则之上）的交换条件，以及作为对我们出卖最穷苦阶级（而保护这一阶级的利益和保卫他们的权利，则是神的立法者赋予我们的责任）的报酬，我们要求你们为我们保护使徒的劳动果实，即战斗的教会的地产，支持我们享有你们的先驱者奖赏给教会的荣誉特权和经济特权。

神职人员在15世纪末叶想出的这个渎神的协定，在十六世纪初期就已经在各主要条款方面付诸实施了。

就是在这个时期，利奥十世登上了教皇的宝座。这是宗教史上的一个最重大事件。在这以前，这类事件没有引起基督教哲学家的充分注意。

最初，教会的领袖是由全体教徒提名任命的，而提名的唯一依据，则是他们能够最热心地为穷人造福，最能设法改进人数最多阶级的精神生活和物质生活。

最初，当僧侣的首领获得罗马的主权并把这座城市变成基督教世界的首都时，当他们把神职的大权都集中到教皇手里时，教会的最高首领的当选理由，主要在于神职人员同意的候选人拥有使天才贵族政治压倒宗法贵族政治所必要的最大才能。

但是，利奥十世当选的理由完全不是这样。他当选的理由，甚至同以前的或多或少具有基督徒精神的选举者所依据的理由完全相反。在选举他时，红衣主教们是根据他们通过的计划进行的，他们的唯一目的是保护僧侣阶级的财产和增加他们的现时享乐。

利奥十世的当选同国王登极一样，是由他的家庭出身决定的，所以他完全不配担任教皇。实际上，他的所作所为，证明他极为重视家庭出身的权利，而且大大超出他的教皇职权。他像在世俗君主的宫廷里一样，为自己设立了仪仗队。他的妹妹在罗马拥有富丽堂皇的宅邸，俨如一位公主，她不以教皇的直系亲属身份出现，而以意大利的最有权势的世俗君主之女自居。

利奥十世保护诗人、画家、建筑家、雕刻家和学者，他也保护当时流亡在意大利的全部有教养的希腊人。但是，他是以世俗的王公身份来庇护这些人的，而他的唯一目的是为了保证自己享乐，使他的宝座放射世俗的光彩。真正的教皇本应该利用当时欧洲思想界在一切重要方面的成就，以便把学者、艺术家和大实业领导者的努力同僧侣和穷人的利益结合起来，去反对世俗权力世袭的无理要求。我在前面已经指出，世俗权力的起源是不道德的，因为它的最初权限是建立在侵略权上的，即建立在弱肉强食的法则之上的。

最初，只是对热心公益的人，比如对修桥铺路的人等发放免罪符。后来，在一个时期，即在教廷积累了大量财产，获得了世俗特权，已开始腐化堕落的时候，也准许对一般信徒发放免罪符了。教皇任意改动关于赎罪款额的最初规定，并把这项收入用于实现自己的幻想或满足僧侣阶级的虚荣心。但是，他们也经常想方设法使自己的行动具有热心公益的外表。到了利奥十世又完全改变做法:他丢开了假面具,并公开宣布把多米尼克会募来的修建教廷的捐款作为他妹妹的梳妆费。

利奥十世开始把教皇的宝座当成真正的世俗王位。如果他能有世俗王公那种随便征税的权利,他便会向全体教徒征收他所能征到的一切苛捐杂税。

在同查理五世进行外交往来时,他很少以教皇的身份出现,而是多半以美第奇家族出身的王公身份出现。因此,教皇权力不再引起皇帝的不安,而查理五世在为自己拟定建立世界王国的计划时,也没有受到教会力量的阻挠。当时,教会力量本应是唯一能够防止世俗王公实现这种野心的力量。后来,路易十四和波拿巴也打算实现这样的计划,然而欧洲的任何一个世俗王公,从查理大帝开始,直到十六世纪的历代王公,都没有能够实现它。

在路德起来反对罗马教廷的时候,欧洲存在的唯一宗教就是这种状况。

这位宗教改革家的活动自然要分成两个部分:一部分是批判教皇的宗教;另一部分是建立不同于罗马教廷所控制的宗教的新宗教。

路德的第一部分活动是能够完成的,而且也已经完成了。路德批判了罗马教廷,因而对文明作出了重大的贡献。如果没有路德,教皇的统治就会使人类的理性完全屈服于迷信观点,把道德观念从人类的理性中完全排除出去。摧毁已经不再符合社会现状的精神权力的功劳,正应当归于路德。但是,路德未能同教皇权力至上论进行斗争,也不曾打算亲自改组基督教。因此,他的宗教改革活动的第二部分,即其活动的重要部分,还有许多工作留待他的后继者去做;而路德所设想的新教,仍然是一个基督教异端。当然,路德有权断言罗马教廷背弃了耶稣给使徒们指出的方向;当然,路德也有权宣称教皇规定的宗教仪式和教理完全不能使信徒的注意力集中于基督教道德上面,而必然促进信徒把这种道德看成是宗教的次要东西。但是,路德没有权利根据这两个不可否认的真理断言:也应当按照教父们向他们的同时代人宣讲道德的方式,来向他那个时代的信徒宣讲道德。因此,他也没有权利由此得出结论说,宗教仪式应当摆脱艺术所能给予它的一切魅力。

路德改革的教理部分是有缺陷的。这个改革还不全面,它本身也需要改革。

第一,我根据下述理由指控路德派是异端:

我指控他们采用了比起在文明的现状下基督徒可以达到的道德水平低得多的道德。

由于欧洲的舆论拥护新教而反对天主教,所以我在论证新教是异端时必须十分严密,这就要求我采用最通用的方式来解释这个问题。

耶稣责成他的使徒和使徒的继承者以最有利于改善穷人命运的方式组织人类社会。同时,他还命令自己的教会在实现这一伟大目的时,只能采用温和的手段,即采用说服和证明的办法。

为了完成这一任务,要求付出很多的时间和进行大量的工作,所以至今还没有解决这一任务,则是不足为奇的。

这一工作的哪一部分是由路德担当起来的呢?他是怎样完成这一部分任务的呢?这就是我要说明的两点。

为了说明这两点,我准备依次探讨以下四个重要问题:

一、当耶稣责成他的使徒改组人类社会的时候，社会组织的状况是怎样的？

二、当路德进行他的宗教改革的时候，社会组织的状况是怎样的？

三、在路德起义反对罗马教廷时，教皇的宗教为了恢复耶稣向使徒指出的方针，都需要进行什么样的全面改革？

四、路德的宗教改革的内容是什么？

分析这四个主要问题，自然会得出路德派也是异教徒的结论。

一、在耶稣赋予他的使徒以把人类社会组织得有利于最贫穷阶级的崇高使命的时期，文明还处于幼稚阶段。

社会当时分成两大阶级：主人阶级和奴隶阶级。主人阶级又分成两个等级：一个是贵族，他们制定法律，担任一切主要官职；另一个是平民，尽管他们没有参与法律的制定工作，可是要服从法律，而且一般只能担任低级官职。当时，一些最著名的哲学家，也不认为社会组织可以在与此不同的基础上建立。

那时还完全没有道德体系，因为任何人也没有找到一种手段把这一知识部门的一切原则归纳成一个单一的原则。

那时也还没有宗教体系，因为一切信仰都承认有许多神的存在，这种多神信仰向人们灌输各种不同的和甚至彼此对立的情感。

人的心灵还没有具备博爱的感情。最高尚的人具有的最普遍情感，是爱国主义情感；但由于古代国家的领土不大，居民稀少，所以这种情感也是极其有限的。

只有一个民族，即罗马人，统治过其他一些民族，对他们进行过专横的治理。

当时，人类还完全不知道我们居住的这个星球的大小，所以不能制定出一个开发人类社会的地产的总计划。

一言以蔽之，基督教，它的道德，它的宗教仪式，它的教理，它的信徒和首领，最初，对于社会组织来说，以及对于社会的风俗习惯来说，都好像是完全不必要的东西。

二、在路德进行他的改革时期，文明已经大大前进了。从基督教成立以来，社会的面貌发生了根本变化，社会组织已经建立在新的基础之上。

奴隶制度几乎完全消灭；贵族已经没有制定法律的特权，不再霸占一切重要的官职；本质上就不道德的世俗权力，已经不再控制精神权力，而精神权力也不再受贵族的支配了。罗马教廷成了欧洲的第一教廷。从教皇政治建立以后，历代教皇和几乎所有的红衣主教，都出身于平民阶级；才干的贵族政治压倒了财产的贵族政治和宗法的贵族政治。

社会具有了宗教和道德合一的体系，因为对于神和他人的爱，使信徒的最一般情感具有了统一性。

这表明基督教成了社会组织的基础。基督教取代了弱肉强食的法则，而侵略的权利不再被认为是一切权利中最合法的权利了。

发现了美洲大陆，人类知道了自己居住的地域的全部空间，从而能够订出一项从我们的星球上取得最大利益的共同工作计划了。

爱好和平的能力发展起来，同时具备了明确的目的；各种艺术复兴起来；实验科学和实业开始飞速发展。

作为基督教的真正基础的博爱感，在一切善良人的心目中代替了爱国主义情感；即使人们之间还不能亲如兄弟，但至少承认必须把自己和他人都看成是大地的子女。

三、如果路德的改革作得很全面，那么，他便会创造和宣布下述的学说，并向教皇和红衣主教发出呼吁：

“你们的先驱者充分地改进了基督教理论，充分地传播了这种理论，欧洲人也充分地理解了这一理论。现在，是全面应用你们应当掌握的这种理论的时候了。真正的基督教不仅应当使人在天堂上得到幸福，而且也应当使人在世间得到幸福。

“你们不应当把信徒的注意力吸引到抽象观念上去，而应当适当地运用具体观念，即把这些观念同抽象观念结合起来，使人类获得他们在世间能够达到的最大幸福，从而建立起真正的基督教，即建立起普遍的单一的世界宗教。

“你们不只应当向一切阶级的教徒宣传穷人是神的爱子，你们也应当公开地和坚定地利用战斗的教会拥有的一切权力和手段去迅速改进人数最多阶级的精神和物质生活。建立基督教的事先准备工作已经完成，你们即将进行的工作要比你们的先驱者已经完成的工作给人类带来更大的满足。这项工作就是建立普遍的和最终的基督教，就是根据神的基本道德原则把人类组织起来。

“为了完成这项工作，你们应当把这一原则作为一切社会机构的基础和宗旨。

“从前，使徒们不得不承认恺撒的权力；他们不得不说‘恺撒的物当归给恺撒’，因为他们没有足够的力量反对恺撒，他们必须避开成为恺撒的敌人的风险。

“但是在目前，由于战斗的教会的努力，精神权力和世俗权力的力量对比已经完全改变了。在这种条件下，你们应当向恺撒的后继人宣布：基督教不再承认他们统治世人的权限，因为这项权限是建立在征服的基础上的，即建立在弱肉强食的法则上的。

“你们应当向一切君主宣布：使他们的统治变为合法统治的唯一手段，就是要把这种统治看成是目的在于阻止有钱有势的人压制穷人的制度。你们应当向他们宣布:他们的唯一职责就是改进人数最多的阶级的精神和物质生活;他们由国库支出各种费用时,只要不是急需,就等于犯了使自己变成上帝的敌人的罪行。

“你们拥有一切必要的手段去迫使世俗权力这样来应用基督教,因为列强都承认你们的最高权力,你们也能够支配遍布欧洲的僧侣阶级。而如果僧侣阶级确实能为改进普天下人数最多的穷人阶级的福利而工作,则总是会对各国的世俗机关发生主要的影响。

“我现在来研究另一个问题,并就这个问题向您这位至高的圣父提出我的指责。

“不管在什么时候,只要两个信奉基督教的民族互相交战,双方就都有过错,因为基督教的神圣奠基人教导一切人都要彼此兄弟相待,除了说服和证明以外,禁止人们使用任何其他手段来解决彼此的争端。

“您应当利用自己的全部教皇权力和各国僧侣阶级的一切影响去防止战争;但是您一点也没有这样做,您准许交战国的僧侣阶级号召本国人民向战神求助,而战神无非是邪神;然后,您又允许交战双方在战斗时高唱赞美上帝的歌,所以您的行为和僧侣的行为一样,也完全是不道德的。

“团结产生力量;成员之间互相斗争的社会必然趋于解体;您应当马上号召僧侣阶级行动起来,团结一致。

“还有一种团结一致,而建立这种团结一致更为重要。我所说的这种团结一致,指的是基督教徒的劳动目的的一致,即整个人类的劳动目的的一致。这个目的具有非常明确的、普遍的、实际的和具体的性质。您应当向人们指出如何使基督教压倒伊斯兰教、佛教和婆罗门教。一句话,就像压倒一切世俗机关一样,压倒其余一切宗教。

“您应当为人的活动规定出共同目的,就是改进人数最多的阶级的精神和物质生活;您应设法建立的良好的社会组织,就是要能更好地指导这一活动,保证这种活动压倒其余一切活动,而不管其余的活动看来如何重要。

“为了尽快改进最穷苦阶级的生活,需要有最良好的社会条件。这种条件是:要使人们有大量的工作可做,而这些工作又要求极大地发挥人们的智力。您是能够创造这种条件的。现在,大家已经知道我们所居住的这个星球的大小,请您命令学者、艺术家和实业家拟出一个行动计划,以便把人类的地产利用得最有生产效率,使生活的一切方面得到最大的舒适。

“您应当立刻决定进行的大量工作,将比最慷慨的施舍还能大大有助于改进穷人阶级的命运。富人不仅不会由此牺牲分文,反而能与穷人同时富裕起来。

“至今,僧侣阶级只是把一个形而上学的目的——将来升入天堂,作为人生的宗旨而向信徒宣讲。结果,神职人员得到了为所欲为的权力,并把这种权力滥用到不可置信的地步。比如,有一些神职人员硬叫自己的信徒们相信:为了升入天堂,应当苦身修行;另一些神职人员对信徒们说:应当穿破衣烂衫修道;第三类神职人员对信徒们说:应当吃斋祷告;第四类神职人员对信徒们说:只能吃鱼,不得吃肉;第五类神职人员对信徒们说:每天要念完无数的经文(但这些经文几乎没有任何意义,而文字又是绝大多数信徒不能理解的);第六类神职人员向信徒们说:每天的大部分时间应跪在教堂里向上帝祷告。所有这一切事情,丝毫无助于改进穷人阶级的命运。

“僧侣阶级的这种做法,在宗教还处于幼稚阶段,是可以而且应当存在的。但是在目前,当我们对宗教的观念已经清晰明了的时候,再继续这样故弄玄虚,搞神秘主义,对于罗马教廷就是一种耻辱。当然,一切基督教徒都希望永生,而达到永生的唯一手段,全在于终生为增进人类的幸福而奋斗。

“至高的圣父!人类正处于一个伟大的智能转变时期,在智能方面出现了三种新现象:各种艺术复兴起来;科学开始统治我们的一切知识部门;伟大的实业创举正在改进穷人阶级的命运,其效果远胜于世俗权力和精神权力迄今实行的任何措施。

“这三种现象都具有和平性质。因此,为了您的利益,为了整个僧侣阶级的利益,都要求您把自己同这三种现象联系起来。通过这种联系,您就有可能在短时期内,毫无障碍地把人类组织得最有利于提高人数最多阶级的精神和物质生活。这样一来,就起源和宗旨而论都是不道德的恺撒权力，将会完全消灭。

“反之，如果您把艺术、科学和伟大的实业创举看成是不道德的事业，或者哪怕是认为它们对于神没有太大的用处；如果您仍想沿用您的先驱者在中世纪取得的那些统治手段来统治人们；如果您仍然认为神秘玄虚的观念对人类的幸福最为重要，那么，艺术家、学者和实业界首领，就要同恺撒联合起来反对您了。他们将使人民群众睁开眼睛，看清您的教义的荒诞无稽，看清您到处滥用权力，而您也就没有任何手段来维持社会的生存，只能成为世俗权力的工具。恺撒将会利用您去反对文明的进步，叫您继续把人民的注意力引向玄虚迷信的观念，并用尽一切办法使人民得不到艺术、实验科学和实业活动方面的知识。教导人们尊重您至今所反对的世俗权力，将是您的主要职责。宣传对君主服从，证明君主的行为只对神负责，而臣民无论如何必须服从君主，否则获罪——这就是您将要用来维持自己荣誉和保护自己财富的方法。

“至高的圣父！我还要对您说明一个非常重要的问题。

“至今，教廷组织的统一，不过是行政管理的统一。只要把迄今存在的各级僧侣联合起来，就足以达到这种统一，因为僧侣阶级本身和大多数信徒，那时都还处在愚昧无知的状态。目前，这种统一已经不能建立充分可靠的联系了；您应当为僧侣阶级的活动明确规定实际目的的统一，使教廷公开报告自己的每一行动，明确证明自己的行动在哪些地方能促使人数最多阶级的精神和物质生活得到改善。

“教皇们不应当再念念不忘他们脑子里的经文了。”

四、路德是一位精力充沛和非常具有批判才能的人，但他也只是在这一方面显示出了非凡的才能。比如，他慷慨激昂地和全面无遗地证明了罗马教廷背离基督教的宗旨；他指出了罗马教廷一方面追求专制，另一方面又极力勾结显贵反对穷人；他指明了教徒应当迫使教廷进行改革。

但是，路德的关于改革基督教的那一部分活动，远远没有达到其所应有的规模：他没有采取必要的手段去提高基督教的社会作用，而是使基督教又回到原来的出发点，仍把基督教置于社会组织之外。因此，他承认恺撒的权力是产生其他一切权力的权力；他为自己的僧侣阶级只保留向世俗权力祈求的权利。由于这种情况，他必然使爱好和平而有才能的人经常依附于残暴好战的人。

因此，他把基督教道德限制在初期的基督教教徒根据当时的文明状况所规定的狭窄范围之内。

由此可见，我根据新教教徒的道德远远落后于我们的文明现状这一点，论证了我认为他们是异教徒的指控。

第二，我根据以下理由指控新教教徒是异教徒：

我指控他们采用了邪恶的宗教仪式。

社会在精神和物质方面越进步，脑力劳动和体力劳动的分工就越细。因此，人们对于日常生活的注意，便随着艺术、科学和实业的发展而日益转向更有社会意义的对象。

于是，社会越向前发展，就越需要改进宗教仪式，因为举行宗教仪式的目的，是把在礼拜天经常集合在一起的人的注意力，引到对全体社会成员和整个人类有共同利益的活动上去。

宗教改革家路德本人，以及他死后领导经过改革的教会的人士，本应当设法使宗教仪式尽可能把信徒的注意力集中到对他们有共同利益的问题上去。

他们本应当寻找最有利的方法和条件，以对信徒充分发挥基督教的下述基本原则：人人都应当兄弟相待。他们本应当向信徒们灌输这个原则，让教徒学会把这一原则应用在一切社会关系方面，以防他们在日常生活中忘掉这一原则，而不管他们日常从事哪种专门工作。

要想引起人注意一种思想，要想使人朝一个方向奋力前进，只有两个妥善的手段：或者用可怕的灾难恫吓人，使人在做出他不应当作的行为时感到恐惧；或者用享乐引诱他，使他在努力完成指定他做的工作时感到愉快。

为了使这两种方法产生最强烈和最有益的作用，必须把艺术可能提供的一切手段和条件结合起来。

理应利用一种最重要的艺术，即演讲术的传教士，应该让听众对于一生受到鄙视的人所处的可怕境遇感到战栗；他也应向没有博爱感的人指出：神一定会惩罚他们。

同样，他更应当激发听众的心灵产生最为高尚、最为刚毅的情感，叫他们明白受社会尊重的快乐要高于其他一切快乐。

诗人应当支持传教士的活动。他们应当为宗教仪式配上适于合唱的诗篇，以使一切信徒变成彼此互教的传教士。

音乐家也应当用自己的旋律去丰富宗教的诗歌，使诗歌具有激动信徒心弦的音乐性。

画家和雕刻家应当把基督教徒在教堂做礼拜时的注意力吸引到最杰出的基督教徒的丰功伟绩上面。

建筑家应当把教堂修建得使传教士、诗人、音乐家、画家和雕刻家可以按照自己的意愿在信徒的心灵中激起恐怖的感情或欢乐和希望的感情。

现在可以明白，宗教仪式应当以什么为基础，应当利用什么手段使宗教仪式有益于社会。

路德在这方面做了一些什么呢？他把改革后的教会的宗教仪

式变成了枯燥无味的传道形式，他尽一切可能使基督教徒的整个情感沾染上平庸的习气，他把教堂里的一切雕刻和绘画装饰都拆除了，他废止了礼拜时的配乐，他偏爱那种外表单调、从而最不能使信徒产生热心于公益的情感的教堂建筑物。

新教的教徒一定向我反驳：天主教徒大唱圣歌，他们的教堂装饰着著名画家和雕刻家的杰作，而我们新教的牧师向听众传教时产生的公益效果，却比天主教神甫的冗长训诫大得多；天主教神甫的主要目的，总是使领圣体的教皇信徒尽可能拿出大量的金钱，以支付宗教仪式和僧侣阶级的费用，所以不能否认新教的宗教仪式要比天主教的宗教仪式可取。

我对此回答如下：拙著的目的完全不在于探讨哪一个教派（新教或天主教）的异端性质较小，我要证明它们两者都是异端，只是程度有所不同而已，也就是说，我要证明这两个教派都不是真正的基督教。我曾指出，从15世纪以来，人们就遗弃了基督教；我要重建基督教，使它重返青春；我给自己规定的目的，是纯洁这种宗教，使它具有博爱精神，摆脱一切迷信的和没有益处的信仰与实践。

新基督教的使命，是在一般的道德原则同人们的损公肥私的企图发生冲突的时候，让一般的道德原则获得胜利。这种复兴后的宗教的使命，在于为各国人民建立持久和平，使他们联合起来去打倒企图损害全人类的公益而自利的民族，把他们团结起来去反对一切违反基督教精神以致牺牲整个民族的利益而为统治者私人谋利的政府。这种宗教要在学者、艺术家和实业家之间建立起联系，使他们成为全人类的共同领导者，成为各个民族的特殊利益的保护者。这种宗教要使艺术、实验科学和实业名列一切高尚知识的前茅，而天主教徒却把它们放在平庸知识之列。最后，这种宗教要把神学排除于宗教之外，并且宣布：除了为改进自己同胞的命运而努力劳动之外，凡是企图用其他办法来引导人们走向永生的教义，都是亵渎神明的。

我已经明确指出，应当实行的宗教仪式，是要建立最良好的宗教活动条件，使它能在礼拜时吸引信徒们注意基督教道德。

我已经清楚地证明，新教的宗教仪式不具备最有效的辅助手段来激发信徒热心于公益。因此，我也就证明了我认为新教是异端的第二个指控是有根据的。

第三，我根据下述论点对新教的教徒是异教徒进行第三个指控：

我指控他们采用了邪恶的教理。

当宗教还处于幼稚状态的时候，当人民还愚昧无知的时候，人们的好奇心只能略微推动他们去研究自然现象，人们的进取心还没有发展到打算控制我们的整个行星和把它变成最有益于自己的世界的程度，人们当时还只有模糊不清的需求。但是，一些以模糊愿望和意向为基础的强烈欲念，而首先是以对他们要在自然界实现的巨大事业的预感为基础的这种强烈欲念，又在鼓舞着他们。后来使世界文明起来的商业，当时还只处于萌芽状态。任何一个小小的民族，都敌视除自己以外的其余人类；而有公民权的城邦人民，也没有同非本城邦成员的一切人建立任何道德联系。由于这种情况，博爱感在这个时代还只能作为一种纯理论的感情而存在。

当时，全体人民分成两大阶级：一个是主人阶级，另一个是奴隶阶级。宗教只能对主人阶级发生强烈的影响，因为只有他们能

够按照自己的意志自由行动。在这个时代，道德只能是宗教中的一个非常不发达的部分，因为在社会的两大阶级之间，还缺少相互的义务关系；宗教仪式和教理的作用，当然要比道德的作用大得多；宗教方面的实践，以及人们对这种实践的好处的认识和对这种实践所依据的信仰的认识，是宗教中的最吸引神职人员和全体信徒注意的东西。

简而言之，宗教越是接近于初创时期，它的物质方面越是发生重大的作用；而它的精神方面，则总是随着人类理智的发展，而越来越具有重大的意义。

现在，宗教仪式只应被视为在礼拜时吸引人们注意博爱思想和博爱情感的手段，而教理则应被视为解释博爱思想和博爱情感的总则。这种手段和总则的目的，在于把这种思想和情感普遍应用于可能发生的伟大政治事件上，或帮助教徒们把道德应用于他们之间存在的日常关系上。

我现在来分析一下路德是怎样看待和解释教理的，他在这方面对新教的教徒都讲了些什么。

路德认为，基督教在产生时本是一种完美的宗教，但从它正式确立以后就越来越蜕化了。这位宗教改革家把注意力全都集中到僧侣阶级在整个中世纪所犯的错误上，而完全没有看到神职人员曾使文明发生巨大的进步，没有看到神职人员贬低世俗权力的权威和作用以后而赋予从事和平劳动的人以伟大的社会作用。世俗权力是没有道德的，它的本性竭力想使人们屈服于实力的统治，并为了自己的利益来管理人民。路德要求新教的教徒根据基督教成立之初写成的著作，特别是根据《圣经》来研究基督教。他宣布说，除了圣经上所载的以外，他不承认其他任何教理。

路德的这种说法也是十分荒谬的，这如同数学家、物理学家、化学家和其他一切学者主张他们必须根据本专业的初期著作来研究本门科学一样。

我方才所述的一切，同人们相信基督教奠基人是英明神圣的思想毫不抵触。耶稣在他传道的时候，只能用当时人所能理解的语言向人们说教；他把基督教的幼芽亲手传给使徒，嘱咐他的教会培育这个珍贵的幼芽；他责成教会设法消灭一切以弱肉强食的法则为基础的政治权限，消灭一切有碍于改进最穷苦阶级的精神和物质生活的制度。

研究事实的结果，并对它们进行十分仔细的分析，就可以得到充分的资料，对原因作出明确而肯定的判断。我就要遵循这条道路前进，分别考察指引新教教徒特别注意《圣经》的路德的错误所造成的每个十分严重的不良后果。从这个考察当中，自然可以得出如下的结论：我指责新教是异端的第三个指控，是有根据的。

新教的教徒由于在《圣经》上钻牛角尖，而产生了四个严重的错误。

一、对《圣经》进行的这种研究，使他们忘掉了具有积极作用和现实意义的观念，养成了崇尚毫无目的的探索的嗜好，产生了喜爱形而上学的偏向。结果，在新教的摇篮——德意志北部，一些最出名的哲学家和最有声望的拉丁语系语言学家的全部著作，都充满了模糊不清的观念和情感。

二、对《圣经》进行的这种研究，由于历数已被文明的进步所消灭的大量丑行，比如兽奸和人们所能想象出来的各种乱伦行为，而玷污了人的形象。

三、对《圣经》进行的这种研究，使人们把注意力放到违反公益的政治企图上，指使被统治者要在社会上建立完全无法实现的平等，妨碍新教教徒致力于建立一个使一切公益事业都由实验科学、艺术和实业活动方面的最有才能人士管理的政治体系。这个体系是人类所能达到的最好的社会体系，因为它能够最直接和最有效地促使穷人的精神和物质生活得到改善。

四、对《圣经》进行的这种研究，使一切从事这项研究的人喜欢把这项研究看成是最重要的工作，结果成立了一些“圣经公会”，每年向群众散发数百万册《圣经》。这些自封的基督教团体不去努力研究和宣传与文明的现状相符的教义，而是把博爱感引入与公益相抵触的歧途；这些团体自认为在对人类理性的进步效劳，其实是在使人类理性后退。而只要情况允许，它们就会使人类理性后退。

从以上这四个重要事实，我可以断言：我从新教教徒所掌握的教理方面来指责他们是异教徒的第三个指控，也是有确凿根据的。

为了能使新教教徒感到路德的宗教改革有多么不完善，感到这一改革还多么不如新基督教，我必须对新教进行极为严厉的批判。但是，正如我在分析路德活动之初所声明的，尽管路德犯了很多错误，我仍然不能不深信他有很大的功劳。此外，我的批判只涉及被新教教徒看成是基督教的最后改革的新教主义，而绝没有对路德的坚强不屈精神进行攻击的意思。如果你亲身经历过路德的生活时代，体验过路德与之斗争的现实情况，你就会理解路德为了进行宗教改革和使人们接受这种改革，已经做到他在当时所能做到的一切。路德认为道德吸引教徒的注意力要比宗教仪式和教理有力得多，所以他对基督教进行了新的改革，但由此产生的新教的道德已不符合文明的现状。完全不应当把新基督教看成是对新教的改良。我用来表述基督教的最初原则的新说法，完全不属于基督教迄今发生的一切改革的范围。

我就谈到这里。保守者先生，我认为我已把我对新基督教教义的观点发挥到足以使您现在就能对它作出判断的地步。请您说一说：您是否认为我已十分理解基督教的精神，您是否承认我为复兴这一崇高的宗教所作的努力绝对没有歪曲它的最初的纯洁性。

保守者：我仔细地倾听了您的讲述。随着您的讲述的逐步深入，我的思想也慢慢地明朗起来，我的疑惑开始消散，所以我感到我对基督教更加热爱和更加钦佩了。我皈依使欧洲开化起来的这个宗教体系，绝不妨碍我认为可以改进它，而且您已经使我彻底相信了这一点。

十分显然，神给他的教会指定的道德原则——人人都应当兄弟相待，包括着您借这句名言表述的一切思想：每个社会都应当为改进最穷苦阶级的精神和物质生活而工作；应当把社会组织得最容易走向这一伟大目标。

也同样明显，在基督教建立之初，这一原则是应当用第一个说法来表述的；但在目前，就应当用第二个说法来表述它了。

您曾经说过，在基督教最初成立的时候，社会分成两个在政治性质上完全不同的阶级：一个是主人阶级，另一个是奴隶阶级。虽然这两个阶级彼此杂居在一起，但毕竟是两类不同的人。因此，毫无可能在这两类人的道德方面建立起完善的相互关系。正因为这样，基督教的神圣奠基人才只好把自己的道德原则，用一种使每类人的全体成员都必须采纳它的形式表述出来，他在当时不能宣布自己的原则是联合主人和奴隶的纽带。

我们正生活在奴隶制度已经完全消灭的时代。现在，只存在政治属性相同的人，各阶级不再被差别所分离。根据这种情况，您会得出结论说：基督教的基本原则，应当用一个最适于促使群众在他们的相互关系上遵守这个原则同时又不使每个人在他们的个性方面失去自己的特性的说法表述出来。我认为您的这个结论是正确的和十分重要的。从此以后，我将作为一个新基督教的教徒，同您协力去传播新基督教。

但是，我打算在这里对您的论述的次序提出一些意见。您用来表述基督教原则的新说法，包括着您的社会组织体系的全部内容。现在，您的这个体系一方面依据于对科学、艺术和实业所作的哲学考察，另一方面又依据于文明世界普遍流行的宗教感情，也就是依据于基督教的感情。

太奇怪了！为什么不一开始就从宗教观点，即从最高尚和最受欢迎的观点来表述作为您的整个思想内容的这一体系呢？您为什么不直接向人民传播宗教，而向实业家、学者和艺术家呼吁呢？甚至在目前这样条件下，您为什么不立即去创立您的宗教学说，而浪费宝贵的时间去批判天主教徒和新教徒呢？您是不是也希望人们像您批判路德，说他只长于批评而短于说理那样来议论您呢？

人的智力是非常有限的，只有把智力集中于一个目的，只有把智力指向一点，才能获得显著的效果，收到最重大的成效。您为什么不从说理开始，而先把自己的力量用于批判呢？您为什么不开门见山，直接讨论新基督教的问题呢？

您找到了可以消除人数最多阶级对于宗教的漠不关心态度的手段，因为穷人不能再对自称以尽快改进他们的精神和物质生活为目的的宗教无动于衷了。

既然您已经以崭新的形式恢复了基督教的基本原则，所以您的首要任务是不是应对最愿意接受这一原则的阶级宣传已经恢复的原则呢？因为只是这一个阶级的人数就比其他一切阶级合在一起还多得无可比拟，所以您的创举必然成功。

应当一开始就争取人数众多的拥护者，以支持您对天主教徒和新教教徒的进攻。

总之，您既然已清楚地认识到自己的观念是有力量的，可以收到成效的，人们无法反驳的，那您就应当立刻把这个观念体现在您的教义里，而不必有任何顾虑，也不必担心在传播这一教义时会遇到什么政治性障碍或什么严厉反驳。

> 您说过："社会应当按照基督教的道德原则组织起来；一切阶级都应当全力促进人数最多阶级的成员的精神和物质生活的改善；一切社会机构都应当尽一切可能坚定不移地奔向这一伟大的宗教目的。
>
> 在开化和文明的现状下，任何一种政治权限都不应当来自对个人采取弱肉强食的法则，不应当来自对群众实行的压服权力；只有在君主利用他们的权力促使富人改进穷人的精神和物质生活时，王权才是合法的。"

这种教义可能遇到什么障碍呢？一心支持这个教义的人难道不比蓄意妨碍这个教义的人多得不可计算吗？拥护这一教义的人依靠神的道德原则，而反对这一教义的人，除了依靠在蒙昧和野蛮时代养成的并得到耶稣会的利己主义原则支持的习惯以外，不可能有其他武器来反对这一教义。

总而言之，我认为您应当开门见山，直接宣传您的新教义，并做好向一切文明民族宣教的准备，说服他们接受。

革新者：新基督教教徒应当发展的特点和应当前进的道路，同初期基督教会教徒的完全相同；新基督教教徒只应依靠自己的智力，去使他人接受他们的教义。这就是说，他们只应依靠说服和证明的方法，努力使天主教教徒和新教教徒改宗；他们只有利用说服和证明的方法，才能使这些误入歧途的基督教徒摆脱教皇的宗教和路德的宗教所沾染的异端，从而虔诚地信奉新基督教。

新基督教也像初期基督教一样，要依靠道德的力量和万能的舆论来维持、推广和保卫自己；如果不幸在加入新基督教时引起了暴力行为和不公正的评论，那么，新基督教的教徒也应当忍受这种暴力和评论，而绝不能对自己的反对者动武；在任何场合下，他们都不能充当法官和刑吏的角色。

在找到复兴基督教的手段和改革它的基本原则以后，我应当完成的首要任务，就是采取一切必要的预防措施，使新教义的传播不致引起穷人阶级使用暴力来反对富人和政府。

我要先向有钱有势的人呼吁，请他们对新教义表示友好，使他们感到新教义完全不会违反他们的利益，因为除了使用能够提高富人阶级的享乐的手段以外，其他任何手段都显然不能改进穷人阶级的精神和物质生活。

我要使艺术家、学者和实业工作领导者明白：他们的利益实质上是同人民群众的利益一致的；他们属于劳动者阶级，同时也是这个阶级的天然领袖；人民群众表扬他们为人民服务，这是他们的光荣劳动应得的唯一奖励。鉴于向艺术家、学者和实业家进行宣传十分重要，所以我必须特别坚持这样做，何况这是使人民得到确实值得信任的领袖的唯一手段，而这些领袖能够指导人民的观点去正确地判断各项政治措施是否符合大多数人的利益。最后，我还要向天主教徒和新教教徒指出他们误入歧途的确切时刻，以帮助他们回到正路上来。我所以要坚持这样做，是因为天主教和新教的僧侣阶级如果改宗，可以使新基督教得到强有力的支持。

做完这项说明以后，我才能回来叙述我的观点。我不想详细讨论从新教分化出来的一切宗派。在这些小宗派当中，最重要的是英国国教，因为它同英国的国家制度联系得极为密切，以致只有联系英国的整个国家制度，才能对它进行恰当的研究。按照我已经宣布的次序，在我分析欧美的一切精神权力和世俗权力的时候，再来研究英国国教。希腊教会的分裂[①]使希腊教会至今仍在欧洲的宗教体系之外，所以我也不准备详谈这个教会。其实，应对这些形形色色的异端进行的批判的各项内容，都已包括在对新教的批判之内了。

但是，我的目的不仅在于证明天主教徒和新教教徒是异教徒。为了全面恢复基督教，我只使它战胜以前的一切宗教哲学还是不够的，我也应当证明它在科学上高于非宗教界哲学家的一切学说。我要在下一次谈话中发挥这一思想，现在我只想对您略述一下拙著的梗概。

人类绝不会停止前进，而且他们的活动既不总是千篇一律，又

① 希腊教会的分裂，指希腊教会（东正教会）在教会分裂时期从基督教中分化出去，并在1054年成为独立的基督教会。——译者注

不总是使用雷同的方法去增加自己的知识和发展自己的文明；恰恰相反，由观察当中可以证明，人类从15世纪直到今天所走过的道路，同他们从基督教建立直到15世纪所走过的道路，是迥然不同的。

从基督教建立直到15世纪，人类的主要活动是协调人们的共同情感，建立普遍的单一原则，创立一个旨在使才干的贵族政治压倒宗法的贵族政治并使一切个体利益服从全体利益的共同制度。在这个期间，人们忽视了对于个人利益、个别事实和次要原则的直接研究，有学识的人把这种研究摆在末位，因而对此产生了一个权威性观点，即认为次要原则应当来自一般事实和普遍原则。这种观点具有纯思辨的性质，因为人类的理智还完全无法概括出相当精确的共性，从而不能从共性中直接引导出一切个性。

我在这篇对话中分析天主教和新教时所述的观察结果，也同这一重要情况有关。

在路德的起义使欧洲的精神权力衰落以后，即在十五世纪以后，人类的理性放弃了对最一般的共性的研究，而专心研究个别的个性，忙于分析个别的事实，分析社会各个阶级的特殊利益，并开始制定用以作为人类知识的各个部门基础的次要原则。在这第二个时期，人们形成一种观点，认为讨论一般事实、一般原则和全人类的共同利益，只具有空洞的和形而上学的性质，不能确实促进教化和文明的进步。

由此可见，在15世纪以后，人类理性所经历的道路，同它在此以前所经历的道路是迥然不同的。当然，由于这一转变而在我们的一切知识部门出现的重大的和良好的成就，颠扑不破地证明了我们的中世纪祖先认为研究个别事实、研究次要原则和分析局部利益没有用处的想法,是错误的。

但是,在15世纪以后,由于不重视一般事实、一般原则和全体利益的研究,而给社会带来了非常有害的后果,这也是实际情况。不重视这方面的研究,就产生了后来控制着一切阶级和每一个人的利己主义情感。控制了一切阶级和每一个人的这种情感,又使恺撒轻而易举地恢复了他在15世纪以前丧失的大部分政治权限。我们这个时代的政治病,也应当归因于这种利己主义。这种政治病折磨着有益于社会的一切劳动者,使君主们吞噬了穷人的绝大部分劳动收入,供他们私人挥霍,养活他们的宠臣和士兵。这种政治病为王权和世袭贵族建立的特权,大大超过了学者、艺术家和实业劳动领袖由于对社会做出的直接有益和实际有用的贡献而应当享有的尊敬。

因此,最好是尽快恢复以完善我们在一般事实、一般原则和全体利益方面的知识为目的的活动的原有主动性,使它从今以后也像以研究个别事实、次要原则和局部利益为目的的活动一样受到社会的保护。

这就是我准备在第二次对话中发挥的思想的概要。从理论和科学的观点叙述基督教,证明基督教理论高于一切哲学专著中所述的宗教理论和科学理论,将是第二次对话的内容。

最后,我在第三次对话中准备直接阐述新基督教,即直接说明最终的基督教。我要叙述新基督教的道德、宗教仪式和教理,宣布新基督教的教徒的信仰。

我要说明,这个教义是在教化和文明的现状下能使欧洲人满意的唯一社会学说。我要证明，接受这个教义将使人们得到一个最好和最和平的手段，以摆脱因15世纪初期开始用武力侵犯精神权力而产生的巨大灾难，并通过以新原则改组精神权力的方法，即通过使精神权力具有足够的力量来限制世俗权力的无限专横的方法，来结束这种侵犯精神权力的现象。

我还要证明，信奉新基督教可以使总结人类知识的工作和改进各专门知识的工作同时并进，并比其他任何一般措施所能达到的速度快得多地加快文明的进步。

在结束这第一次对话的时候，我坦率地向您叙述一下我对基督教的启示的看法。

当然，我们在实证科学和各专门科学方面的知识，已经大大超过我们的前人；只是从15世纪开始，特别是最近一百年来，我们在数学、化学、物理学和生理学方面就获得了巨大的发展。但是，还有一门道德科学，它对于社会的影响要比物理学和数学知识重大得多，它是建立社会和为社会奠基的科学。道德科学所走的道路，同物理学和数学科学走过的道路完全相反。从道德的基本原则建立以来，至今已经有一千八百多年了；但在这个期间，若干圣贤所作的任何探讨，都没有发现一个原则能在普遍性和明确性方面超过基督教奠基人当时指出的原则。我还要说明，在社会放弃这项原则的时候，在社会不再认为这项原则是指导自己行为的一般原则的时候，社会立刻又受到了恺撒的压迫，即受到了这项原则要求智力去制服的武力的压迫。

我现在要问，难道在一千八百年前建立了指导人类行为原则的理智，即在我们于物理学和数学科学方面取得重大成就的十五个世纪以前就建立了这个原则的理智，不是显然具有非凡的能力吗？难道还有比基督教的启示的验证更好的验证吗？

不错，我相信基督教是神规定的制度，我也深信上帝特别庇护那些设法使人类的一切制度服从于这一崇高教义的基本原则的人。我相信自己在号召各国人民和君主接受基督教的真谛时，是在执行神的使命。我完全相信神在保佑我，特别是保佑我的活动，所以我不揣冒昧，敢于谏正几位结盟的并把这个联盟定名为“神圣同盟”的欧洲君主的行为。我现在直接向他们呼吁，犯颜向他们坦率进言：

君主们！

从神和基督徒的角度来看，你们拥有的权力的性质和特点是什么？

你们致力建立的社会组织体系的基础是什么？你们采取了什么措施来改进穷人阶级的精神和物质生活？

你们自称是基督教徒，可是你们仍把自己的权力建立在武力之上，你们仍然不外是恺撒的后代，你们忘记了真正的基督教徒为自己的活动规定的最终目的是彻底消灭宝剑的权力，即彻底消灭本来是暂时性权力的恺撒权力。

你们还想把这种权力当作社会组织的基础吗！在你们看来，在文明的进步所要求的一切普遍改进当中，只有这种权力才起着主动作用。为了维持这个庞大的体系，你们把二百多万人武装起来，叫全体法官采用你们的原则，让天主教、新教和希腊教的僧侣大讲异端：胡说恺撒的权力就是治理基督教社会的权力。

你们虽然以你们同盟的名义号召各族人民信奉基督教，叫他

们享受作为人民的最高幸福的和平，可是你们并没有换得他们的谢意。你们认为你们拟定的计划是为全体利益着想，可是你们的私人利益却在其中占有主导的地位。你们手操的欧洲最高权力，绝不是基督教应有的权力。从你们一开始当权，就暴露出武力统治的特点和特性，即暴露出反基督教的权力的特点和特征。

你们从“神圣同盟”成立以来实行的任何一项重要措施，本身就企图使穷人阶级的命运更加恶化，而且不仅使目前一代人的命运恶化，同时还要使以后各代人的命运恶化。你们增加了赋税，而且年年增加，以弥补因为你们大量雇佣士兵和使廷臣奢侈无度而日益增加的开支。在你们的臣民当中，你们特别庇护的阶级是贵族阶级，而这个阶级也同你们一样，是依靠宝剑来建立自己的一切权力的。

但是，你们的这种值得谴责的行为，从某些方面来看，也是可以原谅的。有一个原因迫使你们走入了歧途，那就是你们为了推翻当代的恺撒权力所作的联合努力得到了人们的支持。你们在反对这个当代恺撒时，是完全以基督教的精神行事的，但是这完全是因为拿破仑掌有的恺撒权力，比你们只是依靠继承而得来的权力强大得多。你们的行为还有一点值得宽恕，这就是因为在你们处于悬崖边缘的时候本应当使你们勒马的僧侣阶级，也同你们一起滚进了深渊。

君主们！

你们要听一听神的声音，神通过我的嘴向你们说：你们要重新作善良的基督教徒，不要再认为雇佣军、贵族、异教僧侣和心术不端的法官是你们的主要支柱。你们既然以基督教的名义联合起来，就要履行基督教赋予显贵人士的一切责任。你们要记住，基督教吩咐显贵人士要用全力以最快的速度提高穷人的社会福利。

（董果良译）

附　录

圣西门的社会学说

一

圣西门(1760—1825 年)在四十岁以后才从事著述,当时他已经具备复杂而多方面的生活经历。他的传记不仅仅是一部他个人发展的历史;在这部风格独特的传记里还反映了 18 世纪末法国社会发展和思想发展的种种变化,有时这种变化是以意想不到的形式反映出来的。圣西门出身于一个古老的封建家庭(他终生未忘自己是查理大帝的后裔),在百科全书派的一位大学者达兰贝尔的指导下受过良好的教育。后来,他同当时的贵族青年一样,到军队里去服役,但是他的军人生活是在美国革命这样一个崭新的不平凡的环境中度过的。因此,在圣西门的一生中,旧的封建传统同新的资产阶级世界的影响十分离奇地交织在一起。在 18 世纪启蒙运动者的著作中,这个新世界的轮廓还没有鲜明地勾画出来,后来这位年轻的法国军官,在美国才首次清楚地看到了它。当时,美国是革命的,它完全不同于封建君主制的法国。根据这一时期浮现在他头脑中的各种计划,可以看出他如何敏感地接受了这些影响,以及如何把它们结合起来。这些计划把具有重大经济意义的技术改革方案与旧时代的征战冒险的勇敢精神结合在一起。他向墨西哥总督提出开凿一条沟通大西洋和太平洋的运河的方案,就属于这种计划。这个方案只有在资本主义世界达到十分繁荣的时期才能实现。

1789 年的革命,只是在初期从政治方面引起过圣西门的注意。后来,他很快便脱离政治斗争,而以他固有的热情投入一项新的、当时最有利可图的事业,即投入国有财产的投机买卖活动。他热衷于投机倒把,究竟是仅仅为了维持豪华的显贵生活，还是被投机倒把的潮流所吸引或被新的资本主义舞台上的冒险狂热所驱使，这一点是很难确定的。不管怎样，在他的生活经历中出现了一个新的阶段，这个阶段符合于当时社会发展的一定阶段。但是，他所过的显贵生活，并不是一个缺乏高尚精神趣味的人的生活。他利用自己的金钱与当时的最杰出的学者直接交往，以吸收最高的科学思想成就，从而补充自己所受教育的不足。

圣西门生活中的这个急剧转折的第二个时期，是以他的破产而结束的。一部分由于许多外来的原因，一部分由于他完全没有储蓄和敛财的本领，而这种本领又是同他这样一个出身于贵族的阔少的豪爽性格格格不入的，所以到 19 世纪初期，圣西门便一贫如洗了。在他生平的最后二十多年中，他有时依靠临时工作生活，有时依靠偶然的赠予度日，有时依靠朋友的援助糊口，而他却正是在这个饥寒交迫的时期从事创作活动的。圣西门喜欢把他在 1802 年以前的生活说成是有意进行的一系列实验，认为这种实验对他来说是必要的，因为他要充分了解周围的现实，以便建立自己的思想体系。这种说法当然是不对的。然而这些实验确实为圣西门体系的产生提供了必要条件，也是毋庸置辩的，因为没有这些实验，圣西门就不可能深刻地理解社会现实和社会科学的主要课题。圣西门的著作所提供的使他有别于革命前和革命当时的社会思想家的新东西，是从新的社会力量的观点来评价 18 世纪末和 19 世纪初的两大变革的结果。这两大变革是法国革命和产业革命，结果资产阶级在政治和经济上获得胜利。要正确地评价这两大变革的意义，只凭个人的才华是不够的，还必须亲身接触革命的政治和经济演变过程，必须具有渊博的学识和丰富的经历。在这一点上，圣西门同近代社会主义思想的第一个代表人物托马斯·莫尔很相似。

圣西门的生活时代正赶上法国历史上内容独特的时期：由封建专制制度的末年到革命，由革命到帝制，再由帝制到复辟。圣西门的著述活动从 1802 年开始(《一个日内瓦居民给当代人的信》)，到 1825 年结束(《新基督教》)。我们现在回顾一下当时法国社会发展的主要特点。

法国革命摧毁了封建专制制度，为资本主义关系在法国的自由发展扫清了道路。阻碍资本主义关系发展的社会条件和政治条件都被革命铲除了。当然，变革给一部分旧时的资产阶级带来了一定损失，这部分人的集团利益同旧制度下的统治阶级、旧的国家机构和宫廷是有联系的。在雅各宾党人专政时期,强制推销的公债、财产的征用、破坏私有制的个别法令、战争状态造成的生意萧条等等,曾使资产阶级的许多代表人物受到严重的损害。但是在革命时期,也有许多人依靠买卖国有财产,供应军队物资和进行各种非法的金融投机倒把活动而大发横财。除了原有的资本家以外,又出现一批新的资本家,就资本的数额来说,他们远远超过原有的资本家。毫无疑问,甚至在国民公会时期,资本的积累仍在继续。在热月 9 日以后,资本家推翻了已经妨碍他们的罗伯斯比尔专政,公然登上政治舞台,俨如法兰西的真正“主人”。到拿破仑掌握政权的时候,摆脱了封建专制制度的羁绊并把贵族排挤到次要地位的资产阶级,比较平安地度过了“恐怖”时期,以所得的物质财富补偿了自己曾受到的惊恐,最后成了真正的统治阶级。

从对法国未来命运的重要性来说,法国资产阶级的一个最大成就是土地的重新分配,这是出售所谓国有财产,即出售教会和逃亡国外的贵族的土地的结果。这一直接由财政需要引起的行动,对于整个革命的利益来说是完全必要的。如果不把土地由特权者手里转移到资产阶级和农民手里,以巩固第三等级的胜利,这个胜利就不能彻底和持久。这项措施打击了特权者的土地占有制,摧毁了原有统治阶级的经济阵地。另一方面,把土地交给没有特权的人,使土地摆脱封建制度的束缚,就造成了一个小土地所有者的广大阶层,他们最关心保卫革命的胜利果实。

昔日的占有者绝不愿意忘记自己的“神圣”权利。他们的联络中心是一些流亡组织,他们的主要活动手段是利用外国的武装干涉。这种特殊的局面,对于新的拿破仑王朝的建立,起了不小的促进作用。获得土地的人已经满足于革命的成就,不希望革命继续深入,而希望国内平静,希望建立能够保证他们顺利使用新产业的“秩序”。资产阶级慑于对革命的结果感到失望的贫民的不满情绪,也希望建立“秩序”。旧的王朝不能建立这种秩序,恢复旧的王朝就会威胁革命的全部果实;毫无疑问,逃亡国外的贵族、昔日的统治阶级和土地所有者(土地的购买者已对这种土地所有者付清了全部地价),将会随着恢复旧的王朝而卷土重来。因此,必须建立一个新的政权。因为政权必须依靠武力,所以指挥当时唯一的一支纪律严明的军队(常胜军)的人,自然就成了权位的觊觎者。

拿破仑执政时期是法国资本主义工业相对迅速发展的时期。法国继英国之后，走上了产业革命的道路。在许多生产部门，首先是在棉纺织生产方面，机器排挤了手工劳动，工厂排挤了小作坊，从前分散的工人被集中到工厂里来。资本主义工业的工人数目不断增加。工人工资的低微，工人生活状况的恶劣，女工和童工使用的增加，工人的不满情绪的流露，这一切日益引起社会的注意。

执政内阁时期和帝制时期的经济政策，必然要为统治阶级的利益服务，实际上也确是这样。拿破仑政府千方百计地鼓励了资本主义工业的发展。为了保证政府的措施符合资本主义发展的利益，成立了由工商业的代表组成的工商会系统，让它与政府的工商总局发生联系。工商总局负责收集和讨论资产阶级上层分子的这种特殊代表机关提出的一切建议和要求。政府促进在生产中采用新机器，尽量保护本国工业家免受英国竞争的影响，为他们寻找销售市场。大陆封锁就是这种政策的最高表现。

拿破仑依靠资产阶级和农民取得并掌握了政权。但是，在拿破仑统治的最后几年，已经看得出资产阶级和农民对他的态度有点开始变坏，这对拿破仑王朝的巩固很有危险。拿破仑的政策并没有产生预期的效果。与英国的连年战争，使法国的海外贸易几乎完全停顿，并在实际上使它丧失了殖民地。拿破仑的军队耗尽了法国的国库。大陆封锁未能增加法国的出口；相反地，由于大陆国家的经济普遍萧条，对法国工业品的需求却日益减少了。1811年爆发危机。根据官方报告，这次危机是由于海上交通中断、市场缩小，特别是国外市场缩小而造成的原材料不足所引起的。这种悲惨的后果，使资产阶级对帝制的态度大为冷淡。资产阶级需要和平，需要恢复贸易关系。如果拿破仑妨碍这一要求的实现，资产阶级就准备把拿破仑解职，就像他们辞退一个不称职的小雇员一样。在帝制时期的最后几年，农民的情绪也有类似的变化，这主要是由于皇帝的对外政策给他们带来了无法忍受的沉重负担。每年的征兵和官兵的大量伤亡，在农村中引起了隐藏的，但已为当时人察觉到的不满情绪。当军事上的失利使帝国遭到致命的打击，并且引起波旁王朝在法国复辟的时候，帝国的基础早已动摇了。

复辟使贵族重新掌握了政权。只是由于政府不能忽视资本主义所取得的巨大成就，贵族才被迫对资产阶级作了若干让步：在政治上，允许资产阶级上层分子享有选举权;在经济上,保证资产阶级的经济利益。虽然被迫作了这种妥协,但是复辟的政府仍然是封建反动的政府,而资产阶级也正是这样来看待它的。然而在复辟时期,法国的资本主义发展日益加快,资产阶级的经济地位也巩固起来了。正是在这个时期,法国开始广泛使用蒸汽发动机,从而使煤炭的消费量增加,冶金业取得巨大的成就。随着资产阶级的经济实力的增强,它的政治野心也更大了。但是,1789—1794 年革命的教训,使资产阶级不再留恋共和政体。资产阶级现在只满足于资产阶级君主政体的平庸理想,因为这种政体既可防止封建反动势力的阴谋,又可制止随着资本主义工业的发展而日益壮大的无产阶级的革命尝试,从而维护资产阶级的"秩序"。

机器设备的采用,把一批一批的小手工业者和在分散的手工工场做工的农民挤进无产阶级的队伍。工业还容纳不了他们,于是失业在这个时期就已经成为经常的现象。但是,无产阶级还没有表现出独立的政治积极性,只是偶尔自发地起来破坏机器,或要求增加不敷温饱的菲薄工资。在工人中间只有一个很小的阶层,而且主要是巴黎的工人,似乎还保持着不太明显的革命传统。但是在复辟时期,除了温和的自由资产阶级的反对派以外,还有一些秘密的革命团体。它们的成员主要来自小资产阶级的队伍,它们的纲领都没有超出资产阶级民主的范围。

在知识分子中间,一些在政治上比较活跃的人士,有的参加自由主义的反对派,有的参加革命的共和派。随着资本主义工业的发展,知识分子的成分发生了一定的变化。在知识分子当中,工业企业和信用机构的工作者的比重增加了。上层知识分子,即大走时运的工程师和银行的高级职员,都与他们所服务的企业有密切的利害关系,因而在思想意识上必然倾向于大资产阶级。他们的地位及其集团观点的特点,使他们的思想意识具有某些独特的色彩。但是他们的思想意识基本上是资产阶级的。在相反的一极,是一些找不到职业或没有职业的知识分子。这一类人的物质生活没有保障,他们不满现状,对未来没有信心,从而使他们产生革命情绪。大学生和民主知识分子,在复辟时期的秘密团体中起着领导作用。这些团体大多数都站在资产阶级民主的立场上。但是,在这些下层知识分子中间,也存在着产生社会主义思想的某些前提。生活条件与无产阶级相似,在日常生活和政治斗争中与工人阶级的代表直接接触，都不能不推动他们的思想朝着社会主义方面发展。

产生圣西门体系和形成圣西门学派的那个时代的社会关系，就是如此。

二

虽然我们不能相信圣西门说他一生的奔波是为了完成一项预定的、重大的总任务，但是当他四十二岁开始写作活动的时候就把他的全部精力贡献于这一总任务，却是无可置疑的。这项任务就是创立新的哲学，创造新的百科全书。这部新的百科全书要根据各门精密科学的全部成就，对人类理性的进步进行具有积极意义的广泛总结。它与十八世纪的百科全书不同，后者的目的实质上是消极的，即不是建立新的体系，而是破坏旧的体系。按照圣西门的意见，人类科学，即社会科学应当在新的哲学中占据中心地位。社会科学应当同物理学、化学和天文学一样，成为一门以观察和事实为基础的“实证”科学。但是，在圣西门看来，哲学不单单是高度的理论总结，同时也是实践的指南，哲学的组织体系就是生活的组织体系。实际上，圣西门所以对哲学感到兴趣，正是由于哲学的这个第二特性，而他则是把新的哲学体系当作新的社会关系体系的基础来建立的。圣西门的学说充满着高度的积极性，它完全没有消极观察的成分。

圣西门对哲学与生活的联系的理解，绝不同于18世纪法国的唯理论者对这一问题的理解。唯理论者的特点，是把现存的制度同理性的、自然的制度对立起来。他们认为社会哲学的任务是发现这种自然制度的永恒不变的规律。随着这种规律的发现，理性就要在社会生活中占据统治地位，取代愚昧无知和非理性的统治。这一切观念，在圣西门的学说里是根本没有的。在圣西门看来，一切社会制度，如所有制、政治机构，甚至宗教，都仅仅具有相对的、暂时的作用。圣西门的学说不谈论那种超出时间和空间条件的、对全体人类说来是自然的社会制度。圣西门的学说也不谈论现在和过去的非理性与未来的理性之间的不可逾越的鸿沟。然而，圣西门的学说却提出了18世纪的彻底唯理论所没有的关于社会发展的规律性的思想，这一思想是由几十年的革命经验所产生，并由自然科学的伟大成就所阐明的。

规律性的思想是圣西门体系的基本核心。决定论是科学方法论的指导原则，这一原则在物理科学领域中是没有争议的。圣西门主张，如果历史学打算成为科学，就应当也把这个原则应用到历史领域。人类的生活存在着规律，这个规律可以科学地探求出来，而认识了这一规律，便可以在社会现象方面有所预见，犹如在物理学领域有所预见一样。这个最高规律吸引着一切，而且应当统治一切。对于它来说，人只是工具。虽然它是通过人来发生作用的，但是人们无力摆脱它的影响，无法掌握它的作用。因此，圣西门所宣布的新的社会关系体系，不同于唯理论者的那种符合于理性的永恒要求的体系，它是过去的全部历史的必然结果和自然延续。① 它一定随着事件进程的本身而实现。② “数列的前项是过去，末项是未来”。③ 作为科学的历史学的任务，就是使人类能够根据过去推断未来。如果不根据确定历史事实的连贯次序的理论把这些事实贯串起来，历史学就只能是事实的杂乱无章的堆积。④

在有规律的历史过程中，哲学体系占有极其重要和确定不移的地位。每个历史时代的哲学，都决定着当时的社会体系和政治体系。“哲学家的主要任务，就是认识最适于当时的社会组织体系，以促使被统治者和统治者采纳，使这种体系完善到它所能完善的地步，而当它已经达到完善的最高阶段的时候，就把它推翻，并利用各方面的专门学者所收集的材料由此建立新的体系。”⑤上述的这段引文扼要地说明了圣西门的历史理论中的一系列最典型的思想。这种历史理论显然是唯心主义的。在这种理论中，以各种科学的成就，也就是以人类理性的成就为基础的哲学思想统治着世界。哲学不是什么单一的、自我均衡的东西。哲学在不断发展，而生活则在哲学的范围内发展。每一种哲学体系都不是在某个偶然出现的天才思想家的头脑中偶然产生的。它是根据科学的成就和社会的需要有规律地产生的。哲学家不能臆造哲学体系，而只能去探索它。一个哲学体系被探索到以后，就被社会当作当时的最好体系来掌握，并且一直存在到社会不能在它的范围内继续发展的时候为止，然后再被破坏，以便让位于适应新知识水平和新时代的新体系。

为了证明圣西门的哲学历史体系属于唯心主义体系，可以从他从事著述

① 《圣西门全集》第 3 卷，法文版第 191 页。

② 同上书，第 2 卷，第 379 页。

③ 同上书，第 2 卷，第 132 页。

④ 同上书，第 3 卷，法文版第 217—218 页；第 2 卷，法文版第 196 页。

⑤ 同上书，第 217—218 页。

的各个时期的作品中引出一些摘要。据圣西门说，政治体系的产生并不是偶然的，而是出于人类理性发展的规律的作用。[①] 因此，只有符合当时的文明状况的制度，才是稳定的制度。[②] 文明状况决定着政权的存续期限及其可能达到的成就的界限。[③] 中世纪的神学和封建体系，是由当时的哲学家建立和推行的，他们预先摧毁了旧的体系，而旧的体系则是古希腊和古罗马的哲学家所创造的。[④] 任何一种新社会体系的建立，均由知识的进步提供必要的条件。[⑤] 由此可见，军人的统治在当时所以必要，是因为欧洲人的智力发展水平低下，而后来随着知识的发达，军人的统治又变为不必要了。[⑥] 在圣西门的著作中，可以到处发现这类见解，它们合起来就构成一个首尾一贯的、经过周密考虑的唯心主义体系。圣西门对精神权力的历史作用给予的高度评价，是与这一系列论点有联系的。

不错，除此以外，我们有时还看到一些词句，被某些研究家作为根据，把圣西门列为最早的唯物史观宣传者。比如，圣西门在说明旧军人贵族的作用下降和实业家的威望上升的原因时，就把这种现象与所有权的转移和生产领导职能由前者向后者的过渡联系起来。他也用纯粹的经济原因来解释过所有权的转移。[⑦] 他认为所有制是社会大厦的基础，而政府组织只是它的形式。他认为，由于智力进步和经济进步所引起的社会力量对比的变化，是法国资产阶级革命的根本原因。[⑧] 但是，这一切论点不能成为论证圣西门的观点是唯物主义观点的根据。圣西门总把经济的发展看成实质上是智力的发展，认为它是理智进步的现象之一。他认为工业的发展、人类支配自然力量

① 《圣西门全集》第 2 卷，法文版第 379 页。

② 同上书，第 12 页。

③ 同上书，第 105 页。

④ 同上书，第 218 页。

⑤ 同上书，第 3 卷，第 252 页。

⑥ 同上书，第 3 卷，第 277—278 页。

⑦ 《论实业体系》，巴黎 1822 年版，第 47 页。

⑧ 圣西门曾多次发表过这种思想，如在《论实业体系》第 50—51 页。

的增强，都是运用整个知识体系的结果。① 虽然圣西门对于具体历史过程的个别事实的描述有助于说明历史的真正动力（如我们以后将要叙述的），但是他的总的哲学历史观点在他的整个活动时期都没有脱离唯心主义的性质。

每个新的社会体系在代替旧的社会体系时，都表明社会的发展前进了一步。圣西门把这种发展看成同人类肌体的发育相似。人类社会跟人一样，从产生时起就不断进步，最后达到成熟。② 在童年初期，一切都集中在吃食上，全部力量都用于寻找食物，寻找食物是处在文明的第一阶段的各族人民的主要工作。在童年后期，儿童开始热衷于手工，高兴地砌石块、挖水渠等等。古代埃及和它的金字塔所处的文明阶段，就相当于这个时期。在少年时代，人开始喜爱优美的艺术，每个青年人不是在诗歌方面，就是在音乐和绘画方面一试身手。古希腊人就是以这种爱好著称的。人进入身体的成熟时期，便想同大自然较量较量，看看自己的力量究竟有多大。罗马的文明与这一时期类似。从此以后，人的活动变得比较缓慢，但是更加正确了，想象力衰退，而判断力却增加了。人类也依次经历过同样的阶段。③

圣西门的历史理论也有一些辩证法的特征。他说，缓慢而均衡的社会改进过程，在一定时刻要被猛烈的危机所打断，而在个人的发育过程中也有这样的危机（转变期）。我们已经知道这种危机是由什么引起的。当社会体系还在一定程度上符合人类的知识水平和文明状况的时候，人类就能在它的范围内发展。只有这样，这个社会体系才能存在和逐步完善。但是，后来人类的发展超过了这个体系，这个体系的基础和文明状况之间形成了脱节现象，于是就到了批判和摧毁这个体系的时期，接着便是建立符合于文明所达到的更高水平的新的大厦的时期。圣西门说，在政治机体中永远有两种因素并存：一种是逐渐消失的过去的残余，另一种是正在发展的未来的萌芽。由于这两种因素交织在一起，所以孤立地分析现在，只能得出十分肤浅的甚至完全错误的结论。

圣西门把人类的发展描写得与个人的发育类似，这一点跟卢梭相同。但

---

① 这一观点在《论文学、哲学和实业》（1825 年）中表现得最为明显。参看《圣西门全集》第 3 卷，法文版第 232—240 页。

② 《圣西门全集》第 3 卷，法文版第 261 页以后，并散见《人类科学概论》各处。

③ 《圣西门全集》第 2 卷，法文版第 105—107 页。

是圣西门又与卢梭不同，他持有乐观主义精神。卢梭所希望的黄金时代，是已经过去的古代，而认为他那时代的人类正处在衰老时期。圣西门十分激烈地反对这种思想。他说："直到目前，人们都盲目地传说黄金时代是属于过去的事，其实它还在将来。"①社会制度的完善，将为我们人类带来黄金时代。我们这一代虽然看不到黄金时代，但是我们的后代会在某个时候进入这个时代，所以我们应当为它铺平道路。由此可见，人类不是在后退，而是在前进。人类现在正进入成年时期。② 然而，圣西门又与机体类比相反，不同意卢梭的学说，认为即使到遥远的未来，人类也不会衰老和后退。

进步的标志是什么呢？进步表现在什么地方呢？为了判断人类是在进步还是在退步，必须有一些标准来衡量不断交替的社会体系。圣西门为此规定了四条标准。"优良的社会制度是这样的制度：首先，它要尽可能使社会上的大多数人过着幸福的生活，拥有最多的资料和可能来满足他们的最切身的需要；其次，在这个社会制度中，要使内心修养高尚的最有德行的人，拥有最多的机会获得较高的地位，而不管他们出身于什么样的家庭；再次，这种社会制度要把人数最多的人团结在一个社会里，使他们拥有最多的手段来抵御外敌；最后，这种社会制度要鼓励劳动，因而促进重大的发明，导致文明和科学的最大进步。"③圣西门也利用这些标准来证明每一个后来的社会体系都胜过以前的社会体系，从而确立了他的关于人类不断进步的观点。

三

我们了解圣西门的哲学历史观点的主要论点之后，再来谈谈他是怎样利用这些论点来解释具体的历史过程的。

不言而喻，把黄金时代由过去移到未来，就使关于 17 和 18 世纪的人类的自然状态是最初的完美状态的理论宣告破产。圣西门的"人类摇篮"的观念，是与愚昧和粗野的观念联系在一起的，因为他说人类的生活不是开始于

① 《论文学、哲学和实业》的题词，《圣西门全集》第 3 卷，法文版第 215 页。

② 更正确地说，法国人民的社会成年时期相当于个人的二十一岁。参看《圣西门全集》第 3 卷，法文版第 187 页。

③ 《圣西门全集》第 3 卷，法文版第 221 页。

黄金时代，而是开始于铁器时代。圣西门不单单反对自然状态的理论，他第一个指出这个理论与关于天堂和罪孽的宗教学说相似，大胆地把卢梭的学说比作“神学家”的学说。① 人类发展的第一时期，即全部精力都用于寻找食物的时期，很少引起圣西门的注意。他在《人类科学概论》一书中，只用了寥寥几行文字来谈论这个问题。② 他认为作为历史过程研究起点的时期，对于认识未来（历史学的目的就在于此）有重要意义，这个时期就是奴隶制度的确立时期。③ 按照圣西门的学说，奴隶制度本身就是一个巨大的进步，因为它结束了杀绝战败者的风习。但是更重要的，是它所产生的后果。它使统治阶级有可能从社会整体中分离出来，有了空闲时间，能够从事智力的发展。这样，奴隶制度就为人类理性的进步，从而也为一般的进步创造了条件。

奴隶制度的确立，是与一个具有宗教哲学性质的巨大体系，即与多神教有联系的。在这个体系建立以前，流行偶像崇拜。圣西门对于偶像崇拜，也像对于原始人类的一般历史一样，谈得很少。多神教不是转瞬之间就完全代替了偶像崇拜的。新的体系最初只为一些组成为特殊祭司团体的学者所了解。他们仍然叫全体人民信奉拜物教，而在他们的内部则发展着新的体系。这种两重性在古代埃及表现得最为明显，那里的思想家和信徒之间的界线特别清楚。④ 只是到了后来，即在古希腊时期，多神教体系才在人民群众中普及。在古希腊，多神教开始成为一种普遍的宗教，圣西门认为这种多神教的组织者是荷马。⑤ 一种政治体系便在这种宗教体系的基础上成长起来，而且前者以后者为蓝本。圣西门认为，甚至希腊各城邦的共和政体都是模仿奥林匹斯山会议的，奥林匹斯山会议也就是共和国会议。

多神教体系是向前迈进了一大步。但是，多神教体系本身还是非常不完善的。古代的大部分人民都处于完全被奴役的状态，统治者对他们握有生杀予夺的大权。除了世俗权力或军人权力以外，还产生了精神权力或学者权力。但是，世俗权力继续占有绝对的统治地位，精神权力也完全从属于它。

① 《圣西门全集》第3卷，法文版，第100页。

② 同上书第2卷，法文版第97—99页。

③ 同上书第3卷，法文版第188页。

④ 同上书第2卷，法文版第104页。

⑤ 同上书，第107—108页。

权力(不论是世俗的还是精神的)在贵族军人阶级内部世代相传,平民根本没有出头露面的可能。在实行多神教体系的国家,政权很受限制,所以十分不巩固。最后,在科学方面,古代人民的成就很小。诚然,他们已经开始研究政治这门科学,但是他们还没有认识到这样一条真理,即应当用道德来指导社会生活,所以精神权力应当高于世俗权力。①

代替多神教的当然是一神教,一神教就是关于只有一个本原支配世界的学说。一神教的创始人是苏格拉底,他是自古以来最伟大的人物。② 但是,一神教也未能立即代替多神教。在一神教确立之前,曾发生一次长期的危机。这次危机是有史以来最严重的危机,它是由于思想的大转变,即从多神的思想向一神的思想过渡所引起的。一神教最后以基督教的形式确立下来。对于创立基督教出过力的,不仅有犹太人,而且还有柏拉图学派,而最后确立基督教的则是罗马人。从圣西门的观点看来,使罗马人在历史上伟大的民族之中占一席地位的,不是共和国时代,而是帝国时代。

圣西门说,基督教的主要思想是博爱。在实现这一道德原则的时候应当灵活,使它适合当时群众的智力水平和道德水平。③ 但是,以灵活和顺从的基督教为基础的中世纪封建神学体系,在人类的发展中仍然是前进了一大步。圣西门在指出中世纪制度的优点时,同18世纪的唯理论传统断然决裂,而接近反动分子为中世纪恢复名誉的主张。但是,这种近似只是表面现象。正如我们看到的,在圣西门看来,中世纪制度远远不是理想的制度,它只胜于它所代替的古代制度。古代制度确立了完全的奴隶制度,而中世纪制度把奴隶变成农奴,为他们的解放准备了条件。在古代国家里,精神权力占据次要地位;而在中世纪国家里,精神权力则占据了统治的地位。在古代国家,政权是贵族的特权;而在中世纪国家,平民看来也能得到一部分政权,因为平民可以加入僧侣——掌握最高权力的人的行列。古代制度只能建立非常小的和比较弱的社会组织,所以它最后亡于蛮族之手。相反地,中世纪制度却把蛮族同化。④ 即使这时仍然是由少数军人(贵族)统治着大多数人(平民),还保

① 《圣西门全集》第2卷,法文版第232页。

② 同上书,第110—111页。

③ 《圣西门全集》第3卷,法文版第232—233页。

④ 同上书,第221—232页。

存着奴隶制度的残余，但这是不可避免的。否则，在大多数人愚昧无知的条件下彻底实行博爱的原则，就会产生无政府状态和使社会解体。[①] 此外，军人（封建主）还在当时的主要和平劳动部门——农业中，是群众的实际领导者，就像神学家是学术界的领导者一样。[②]

到 13 世纪最终形成的巩固的社会组织（在 9 世纪以前，古代制度逐渐解体，蛮族对此发生了很大作用；从 9 世纪到 13 世纪，是封建神学体系的形成时期）[③]，解放了以前负有保卫社会的职能的精神力量，而使人类的知识能够飞速发展。这一进步包括着理论和实际两个方面。一方面是关于支配各种现象的规律的知识不断积累和加深起来；另一方面是在有益于人类的实业活动中运用这些规律的能力不断增进。到 15 世纪，人类活动的这两个方面都达到了空前的繁荣地步。从 15 世纪起，文明的成就超出了旧的封建神学体系的范围，而为了继续进步，就必须摧毁这个旧体系。这个体系已经完成了自己的使命，它的领导力量——僧侣和贵族已经做出了他们所能做到的一切，即前者在理智发展方面，后者在军事活动方面都贡献了他们所有的一切。随着文明的进步，不断出现新的集团：代表世俗科学的是学者，代表和平劳动的是实业家。这些集团的作用不断增大，而僧侣和贵族的作用则日益缩小。[④]

他在《实业家问答》一书中论述新旧社会阶层时，还结合了法国的民族因素。他认为，旧的贵族是征服者法兰克人，而实业家则是被征服的高卢人。在这个问题上，圣西门可能受到了他的学生，即著名的历史学家梯叶里的影响。梯叶里就是这样描述社会阶级的起源的。圣西门影响梯叶里则不太可能，因为在圣西门的早期著作（比如 1813 年的《人类科学概论》）和晚期著作（比如 1825 年的《论文学、哲学和实业》）中，我们看到他只用“贵族”和“平民”这两个术语来代表中世纪社会的对立阶级，来确定封建神学体系和古代体系之间的渊源关系。在平民中间出现实业家和学者，贵族的衰落和分化，都被他说成是普遍现象，而不只是法国历史所特有的现象。这样的解释，就使各

---

① 《圣西门全集》第 3 卷，法文版，第 277—278 页。

② 同上书，第 237、303 页，以及第 77 页以后。

③ 同上书，第 232 页。

④ 同上书，第 75 页以后，第 235 页以后，第 302 页以后。

个集团的民族起源问题失去意义，而民族色彩也不过是这些集团的偶然现象了。

在15世纪以前，神学思想在社会上占有统治地位，它的代表是僧侣阶级。当然，僧侣支配着人们的思想和道德。到15世纪末期，尤其是从15世纪开始，由于研究阿拉伯人传入欧洲的实验科学，而使人类理性作出一系列发现，从而为建立新的体系提供了材料。① 社会逐渐摆脱神学的统治，发展世俗科学的世俗学者的力量越来越大。但是，正式的权力仍然操纵在旧神学家手里。社会上出现内部矛盾，这表现在新的科学因素与旧的神学因素的斗争上。于是开始了对封建神学体系，首先是对它的宗教神学部分的批判。路德、哥白尼和18世纪的一些哲学家，标志着批判和破坏工作的几个阶段。这项工作是必要的，因为没有它就不能建立适应人类理性的新成就的新体系。

继批判封建神学体系的宗教部分之后，便批判它的世俗部分，即批判封建制度本身。在贵族领导当时最重要的工作——农业工作的时候，他们自然掌握着大权。但是从15世纪开始，平民不仅在理论知识方面取得了巨大成就，而且还学会实际应用这些知识去造福于社会，于是由此上升到实业企业领导者的前列。贵族对平民的保护制度从此失去一切意义。这种体系已经变成没有用处的东西，因为它把世界颠倒过来：最有才干的人处于被统治阶级，而统治阶级却由一些平庸的人物组成。但是，为了建立正常的秩序，即建立适应于因文明的进步而改变了的社会集团的力量对比关系的新体系，欧洲社会还必须经历破坏旧的封建世界的漫长过程，而哥白尼和若干哲学家所作的批判仅仅是这一过程的开始。②

因此，在圣西门看来，破坏封建神学制度是包括两个方面的过程，虽然这个过程也有一个统一的基础，即人类理性的进步。这两个方面，第一个是纯粹的思想体系批判，第二个是这种批判所引起的并得到它鼓励的实际社会力量的斗争。在前一个方面，学者起着积极作用；在后一个方面，实业家起着积极作用。圣西门指出，法国实业家影响的增长是从十字军东征时期开始的。十字军东征使贵族破产，而实业家却得以从他们的统治下解放出来。十字军

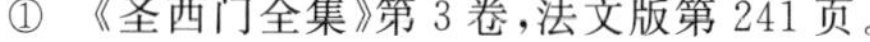

① 《圣西门全集》第3卷，法文版第241页。

② 同上书，法文版第302—305页。

东征引起对工业品的需求的增加，促进实业家可以积累必要的资金来解放自己。到路易十一当政的时候，就已经出现了一个相当强大的实业家阶级，他们与其他社会阶层截然不同。属于这个阶级的，有非军人出身的自耕的土地占有者，有获得解放而进入城市的手工业者，最后还有商人。从路易十一当政时起，这个阶级就开始同封建主进行斗争，并且立即找到以王权为代表的同盟者。路易十一是法国国王同实业界的反贵族联盟的奠基人。他所代表的王权和实业家都希望消除五花八门的封建管理制度，希望建立统一和巩固的政权，而这种政权只能是王权。王权与实业界的这种自然联盟，从这时起一直继续了几个世纪，其间没有中断。甚至声誉不好的路易十四，也继续执行历代法国国王所奉行的这一基本政治方针。比如，正是在路易十四当政时期，柯尔培尔帮助实业家建立了一些大型工厂，并用国家资金修建了完备的手工工场；也正是在路易十四当政时期，设立了专门为促进实业劳动而服务的科学院。①

实业家阶级一帆风顺，日益在封建制度中占据新的地盘，但是它的完备组织，只是在 18 世纪随着一种新的实业的形成才建立起来。这个新的实业就是银行业，它的局部利益同整个实业界的全体利益一致。在银行出现以前，农民和工商户曾各自成立分散的信贷组织。银行把它们联合在统一的信贷体系中，结果整个实业家阶级掌握了雄厚的财力，其余的一切阶级合在一起，甚至于国家，都没有这样大的财力。② 圣西门提出的关于银行的组织作用的见解，由他的弟子们继续加以发展。在圣西门主义者的体系中，银行不仅是组织实业的力量，银行还是现存制度用来反抗腐蚀它的无政府状态的唯一解毒剂，并且是未来的有机制度的萌芽。在这个未来的制度中，银行仍要作为管理生产的主要机构保留下来，但要相应地改变它的性质，不让它刺激个人发财致富，而要它成为公共的机关。③

实业家阶级终于形成，有了夺取政权的充分力量，而旧的统治阶级终于土崩瓦解。法国革命开始给予旧的统治阶级以致命的打击，这个革命的基本原因也是从 15 世纪开始到 18 世纪结束的社会力量对比的变化。真正的力量对

① 《圣西门全集》第 3 卷，法文版第 78 页以后，并散见《论实业体系》各处。

② 同上书，第 85—87、246 页。

③ 《圣西门学说释义》，苏联科学院 1947 年俄文版，第 264 页以后。

比当时是这样的:实际的世俗权力掌握在实业家手里,实际的精神权力掌握在学者手里。政治制度已经不符合于这种实际状况,而仍符合于若干世纪以前的状况,即仍符合于贵族和僧侣还在其中占有最大比重的状况。几百年来,不断进行的市民革命和宗教革命,终于使政治革命成为不可避免。政治革命的任务,就是使在社会上真正占有优势的力量直接掌握政权。必须从贵族和僧侣手里夺取政权,把它转交给实业家和学者。我们已经说过,王权一直是实业家的同盟者,它这次也当然要站在实业家方面。按照圣西门的意见,王权也确实这样作了,无怪乎路易十六给予第三等级以两倍的代表席位。革命就这样顺利地开始了。但是到后来,革命离开了真正的道路,所以得到不能令人满意的结果。它以废除封建特权和宣布信仰自由等措施,完成了摧毁旧的封建神学体系的事业,但没有建立起新的、实业的、科学的体系。①

圣西门在自己的著作里屡次谈到法国革命的历史意义、起因和结果问题,时而阐明问题的这一方面,时而叙述问题的另一方面。我们在《给一个美国人的信》中,可以看到他对革命动力所持的奇妙见解。圣西门在这里强调了18世纪的法国哲学对于酝酿革命的作用。据圣西门说,正是在那时出现了一批他所说的"自由思想者"。自由思想者在自己的著作中揭露旧统治的缺陷,提出社会制度的新原则,后来制宪会议把这些原则固定下来。自由思想者绝不喜欢实行流血革命。如果法国没有还处在封建势力和迷信羁绊下的强大邻国,革命本来是可以不流血的,也不必通过暴力来使新制度代替旧制度。对革命心怀不满的贵族和僧侣向这些邻国求援,而邻国又担心革命会蔓延到本国,于是出兵进攻法国。自由思想者为了反击入侵的外国军队,才被迫唤起人民群众,并且把他们武装起来。在人民群众的支持下,自由思想者战胜了全欧洲的贵族和僧侣。但是,武装起来反抗特权阶层的无产者抛开自由思想者而自行掌握了政权,所以给革命带来了破坏性。

自由思想者成功地推翻了封建机构,战胜了企图恢复旧制度的势力。但是,他们在建立新制度方面还没有取得这样的成就。②

显而易见,圣西门认为法国革命未完成的原因,一方面是自由思想者不

① 《论实业体系》,法文版第51页以后。

② 《圣西门与安凡丹全集》第8卷第一分册,法文版第170—179页。

够成熟，对于新的政治体系缺乏共同的观念，另一方面是“愚昧无知的阶级”暂时夺取了政权，以致掀起了反动的潮流。圣西门在他的比较晚期的著作里，对于这个事实作了另一种解释。

圣西门在他的后期作品中说，革命的主要缺点是政权没有完全落到在这方面已经相当成熟的实业家和学者手里，而把两个中间阶层，即形而上学者和法学家拥上了国家的领导地位。这两个中间阶层是在旧社会解体过程中形成的，也曾经起过积极的作用。当时所以需要他们，是因为必须使旧制度适应于那时的社会发展的需要，而在这个时期，实业家和学者还没有壮大到可以夺取政权的地步。法学家曾使封建的司法制度稍微放宽，使之有利于实业界，并且屡次在旧的议会里反对封建势力而保护实业。形而上学者虽然保留了一些宗教观点，但是也曾排斥这些观点而为自由判断开辟道路，从而削弱了旧的神学。如果不这样来削弱封建神学制度的准则，实业和科学就不能在它的内部发展起来。到法国革命的时候，法学家和形而上学者已经完成了他们的使命，这就是说，实业家和学者已在他们的帮助下成长为统治力量，应当变为直接统治社会的阶级。但是，从一个体系骤然而坚决地转向另一个完全相反的体系是很困难的。实业家已经习惯于把中间阶层的法学家和形而上学者看成社会发展利益的保卫者，所以在紧要关头决定把政权交给他们。其实，这些人物没有能力建立新的体系。善于在敌对的制度下设法保护实业的法学家，曾致力于建立保障和支持实业的体系，但是这个体系只是保证实业家得到利益，而没有为整个实业界直接服务。形而上学者致力于寻找符合实业原则或一般原则的最好政权。其实，法学家和形而上学者也只能起这种作用，所以不能因此责难他们。但是不管怎样，只要革命被不适当的人物所掌握，它就不能建立实业和科学体系，以代替封建和神学体系。革命使国家陷于无组织的紊乱状态。必须再向前迈进一步，而这已是具有建设性质的一步，是应当完成革命的一步。①

① 《论实业体系》，法文版第Ⅴ页和第 51 页以后。在《实业家问答》一书中，圣西门把中间阶级称为资产阶级。它的成分除法学家以外，还包括平民出身的军人和土地占有者。这个阶级破坏了旧的封建制度以后，又为自己的利益去恢复封建制度，让一个资产者当上国王，对本阶级的成员授以公爵、伯爵、男爵等封号。参看《圣西门全集》第 3 卷，法文版第 93 页。

最近几百年间，英国的发展也经历了类似的，但不完全相同的道路。英国的工业发展，并在17世纪的革命后建立起妥协制度。英国的统治是尽量迁就实业界需要的封建统治。政权仍然掌握在封建阶级即贵族手里，贵族同实业家联合起来反对王权；而在法国，则实业家同王权联合起来反对贵族。在英国的体系中两种原则混在一起，这种混合造成一系列具体的缺点。这些缺点说明英国民族处于病态。为了证明这一点，圣西门举出许多事实来说明英国国会的舞弊受贿和英国人普遍爱财如命的病态心理。正因为英国的封建体系对实业界作了种种让步，所以封建体系在英国比法国存在得长久。法国的实业家比英国的实业家更关心改变体系，而法国的封建主则比英国的封建主更缺少反抗的能力，因为英国的封建主在反对国王的斗争中把一切政权都集中到自己手里了。法国第一个进入实业制度，英国则是步法国之后尘。①

我们看到，圣西门认为15世纪以后的历史过程的主要内容是社会各阶级的斗争。对近代欧洲历史的这种解释，并不与对较早的历史发展阶段的描述发生矛盾。实业家和封建主之间的这种对抗，是贵族和平民之间发生过的对抗的新形式。在圣西门的学说中，认为阶级斗争是人类历史上一切社会的共同特征。在理论上，可以设想在历史的黎明时期曾经有过无阶级的社会，但是很难对它作出任何肯定的说明。圣西门对15世纪到18世纪的历史谈得较多，并对这一时期的各阶级作了比较具体的社会经济分析。因此，圣西门理论体系的这一部分，对于发展阶级斗争理论具有非常重大的意义，它对历史科学和社会主义理论的进一步发展起了极大的影响。

我们承认圣西门理论的全部价值，但是也要指出两点，他在这两点上对于近代欧洲的社会关系所作的解释是含含糊糊、模棱两可的。第一点是关于社会阶级的起源问题，圣西门对这个问题没有作出十分明确的回答。即使把他关于法国近代社会的各阶级与征服者法兰克人和被征服者高卢人联系起来的思想当作偶然的想法撇开不谈，即使我们考虑到圣西门的一些著作是以

① 《圣西门全集》第2卷，法文版第142—149页。我们在《实业家问答》中也看到圣西门对英国的发展作过这样的描述。圣西门在他的早期著作中，对英国的政体评价较高。例如，在《人类科学概论》(1813年)中，他发表一种看法，认为欧洲各国都要采用英国的社会制度来代替封建制度。参看《圣西门选集》第2卷，法文版第116页。

一般地叙述历史进程为主旨的,我们也应当肯定圣西门的解释是极其混乱的。他在说明各阶级及其兴衰原因的时候,提到经济的因素,比如他说,封建主不仅是社会的武装保卫者,而且是农业的组织者,随着他们的经济职能的丧失,他们的作用也逐渐丧失,而实业家的比重,却随着他们在经济上的胜利而提高,等等。他断言,如果所有制的形式不发生一定的变化,社会制度也不会变化。如果圣西门是首尾一贯的,他也就应当从经济活动和所有制的变化中寻找社会阶级的根源本身。如果他迈出了这一步,他就必然对历史作出唯物主义的解释。但是他没有这样做,他的全部观念仍然是唯心主义的。因此,问题实际上仍然没有得到解答,因为用多神教来解释古代社会的阶级构成,用基督教来解释封建神学制度,当然不能算作解答。对于实业发展所持的唯物主义见解,以及关于法兰克人征服的理论,仍然是圣西门体系的旁支,它们虽然非常有意义,但是同他的历史理论的基本原理缺乏逻辑联系。

圣西门的阶级理论中的第二点,由于不符合当时的实际阶级关系而使人感到惊讶,这就是他把实业家阶级看作是一个统一的阶级。圣西门把社会主要划分成两个集团:一个是已在经济和政治上丧失作用,从而变为寄生虫的封建社会统治集团;另一个是实业家集团。实业家中包括工农业方面的一切劳动者,既有从事体力劳动的工人,又有企业主。实际上,他也把知识分子——学者和艺术家列为实业家。圣西门把社会分成两大集团,是为了适应他关于两个体系——封建体系和实业体系的斗争观念。不错,在两个主要的阶级之间还有中间阶级,但我们上面已经说过,圣西门有时把他们统称为资产阶级。[①] 但是,这个阶级在社会经济中不起主要作用。圣西门把行将代替封建体系的实业体系设想为最终的、没有内部矛盾的体系。因此,在创立这一新体系的阶级的内部也不应有矛盾。

圣西门是一个非常精细的观察家,他不会看不到甚至18世纪的思想家都能看到的现象,何况在行将代替旧的封建社会的新社会中,两个集团之间的差别是一目了然的。一个集团拥有财产,另一个集团没有财产。圣西门在

① 考虑到圣西门的用语有它的特点,所以不能按照原来的词义来理解“实业家”和“资产阶级”这两个术语的对立性质。实业家中包括我们现在所说的全部资产阶级,只有食利者(不领导实业生产的有产者)除外。

他的第一篇著作中就已经证实了这两个集团的存在。[1] 他甚至意识到有产者和非有产者之间必然进行斗争。他在早期的著作中，把非有产者参加革命说成是法国革命产生破坏作用的原因。他指出非有产者集团的主要政治倾向是渴望平等。我们在他的晚期著作《给一个美国人的信》(1817 年)中也看到了这一系列思想。我们已经说过，在这部作品中甚至对非有产者采用了“无产者”这一术语。同时他指出，渴望平等的无产者夺取政权之后，情况可能比旧制度时还坏。[2]

圣西门在他后来的著作中，对于无产阶级的评价有了重大的改变。他详细地证明了法国无产阶级的成熟，说他们在法国革命时期表现了管理财产的极大才能，而且在工农业方面都表现出这种才能。在农业方面，有数千名无产者立即成了有产者，但这丝毫也没有影响土地的耕作，反而使土地得到比以前更大的丰收。在工业方面，法国工业在革命后所以能够增长，只是因为大量普通工人出身的新人代替了被革命镇压下去的旧企业主。因此，无产者不再危害社会的安宁，也不需要他人的监护。[3]

由此可见，圣西门对于无产阶级的看法，在他的整个写作活动时期内不是没有变化的。但是，圣西门从不否认在实业家阶级的内部，存在着一个与有产者集团不同的无产者集团。然而，他没有把无产阶级划为独立的阶级。他认为，无产者和企业主之间的差别看来很大，但只是表面现象，他们之间的对立主要是出于互相不了解。实际上，实业企业领导人的利益是同人民群众的利益一致的。按照他的说法，改变贫苦阶级的精神生活状况和物质生活状况，只会增加而绝不会减少富有阶级的生活享受。[4] “事物的本性决定着实业工作的经营者是领导者，是多数人意见的代表者。”[5]在圣西门的学说中，就是用这种毫无根据的论断来解决非常现实的社会矛盾，保持实业家阶级的统一，从而自圆其和平建立新社会体系之说的。当然，企业主和工人的利益

① 《一个日内瓦居民给当代人的信》(1802 年)；《圣西门与安凡丹全集》第 15 卷，法文版第 26 页。

② 《圣西门与安凡丹全集》第 13 卷第一分册，法文版第 178 页。

③ 《圣西门全集》第 3 卷，法文版第 267 页以下。

④ 同上书，第 373 页。

⑤ 同上书，第 239—240 页。

一致的思想的产生,在一定程度上可能是由于十九世纪初期法国的产业资本不够发达,当时无产者和独立的商品生产者(小手工业者和小农)的分界线不够明显。当然,在当时的条件下,要比在19世纪下半期容易维护两者利益一致的观点。但是,更重要的还是内部的动机使一向善于观察的圣西门忽视了他所熟知的事实。圣西门作为新社会体系的创始人,切实感到需要从实际上加以证明:第一,这个新社会体系没有内部矛盾;第二,有可能而且必须依靠社会的全体成员(寄生的封建阶级残余分子除外)的共同努力,毫无痛苦地、和平地建立新的社会体系。如果承认在“劳动者”群众内部存有真正的矛盾,那就要破坏他的全部实践纲领。

四

圣西门的实践纲领究竟是什么样的呢?他对未来的实业体系是怎样设想的呢?我们已经知道,圣西门把封建制度解体后出现的现存的无组织状态从社会上、政治上过渡到实业体系,设想为政权从封建的和中间的社会集团手中转到实业家和学者手里。他认为这等于把国家管理大事从懒汉和寄生分子手里转到劳动者手里。他在不同的著作中所描写的实业家和学者的政权组织形式虽然颇不一致,但是政权组织的实质始终是没有多大差别的,即把精神权力集中于科学院,把世俗权力集中于实业家委员会。① 现有的政权机关不必因此撤销。国王、内阁和议会也可以完全保留下来。但是,立法权、国家预算编制权和预算执行检查权都要交给新的机关;这样一来,新的机关也就会掌握实权了。

新的社会力量取得政权以后,必然要提出与旧政权时期有原则区别的新目标。圣西门说:“直到如今,统治者都把人民看做是自己的领地;他们的一切政治计划不是为了经营领地,就是为了扩大领地。”②在同旧政权作斗争的时候,人们对旧政权的这一原则针锋相对地提出了自由原则。当自由受到百般压制和专横必须加以制止的时候,提出自由原则是必要的。但是,在建立实业和科学体系的时候,自由就不能是目的了。人们联合起来成为社会,绝

① 《圣西门全集》第3卷,法文版第205、308—309页等。

② 《圣西门全集》第2卷,法文版第365页。

不是为了保证取得自由，因为他们处于各自为政的分散状态是最为自由的。自由思想作为社会组织的宗旨，是空洞的和形而上学的思想。这种思想适应于封建神学体系解体的过渡时期的需要。同样地，把秩序当作社会目的的形式主义的思想也是荒谬的。对于社会来说，维持秩序只是手段，而不是目的。这是社会赖以进行任何一种活动的基本条件，而绝不是活动的内容。[①] 宣称民族的幸福是新社会的基本原则的人，最能接近真理。但是，这个说法也是含混的，因为对民族的幸福可能作出极不相同的解释，任何一个统治者都可以按照自己的需要来解释它。如果统治者好大喜功，他就要把征服他人看作是民族的幸福；如果他奢侈无度，他就会把建造宫殿和举行盛典看作是民族的幸福，诸如此类。因此，必须对社会组织的目的下一个比较确切的定义。这个定义如下："社会组织的目的，应当是尽善尽美地运用科学、艺术和手工业所取得的知识来满足人们的需要，推广、发展和尽可能大量积累这些知识；换句话说，就是把科学、艺术和手工业方面的所有一切工作尽可能有效地结合起来。"[②]尽可能广泛地满足人们的需要的意向，是圣西门的社会哲学的特点。圣西门完全没有禁欲主义的倾向，而早期的大多数空想主义者，包括巴贝夫主义者在内，则都具有这种倾向。

圣西门在任何地方也没有比较具体说明社会把各种工作联合起来的这种活动。关于这个问题，只在他的著作里有一些零星的暗示。但是无论如何，关于社会生产组织和社会生产计划的思想，不是在圣西门的学说中偶然出现的。实业体系的基本任务，就是对社会应当完成的各种工作制订明确的和合理的联合计划。制订总的经济计划，是使圣西门宣传的体系显然有别于资本主义制度特有的经济无政府状态的一个特点。也正是根据这一点，使他把未来的社会制度称为协作制。[③] 但是，我们不应当对这个词产生误解。圣西门所提倡的协作制，不是以生产资料的公有制为前提的。他没有说过废除私有制，也没有谈过剥夺。国家只是在一定程度上使各个实业家的活动服从于总的计划，并把他们的活动纳入一定的轨道。因此，社会中仍然保留着阶

① 《论实业体系》法文版第 12 页，第 375 页。

② 《圣西门全集》第 2 卷，法文版第 370 页。

③ 同上书，法文版第 375 页。

级结构，而企业主也仍然有利可图。圣西门直接呼吁：只要实业家的工作有利于国家，就不能过于指责他们的牟利行为。[①] 他说，必须鼓励人们尽量从事农业、工业和商业活动……应当用个人利益来吸引人们参加开凿运河、修建道路和桥梁、排水、开荒和灌溉等工作。按照圣西门的意见，社会在将来也会保持金字塔式的结构。

我们已经知道，圣西门并不认为所有制是永恒不变的。这个制度将随着历史条件的变化而改善。圣西门说："非常明显，在任何一个国家里，规定所有制和尊重私有财产的条款的法律都是根本法，但不能因为它是根本法就说它是不能改变的。"圣西门认为必须寻找一种能够产生最大福利和自由的所有制形式。

圣西门认为实业体系将是最大限度的平等体系。完全平等是不可能的，我们已经看到圣西门怎样指责人们在资产阶级革命时期"对平等的渴望"。实际上可能存在的平等首先在于：在实业体系下，一切人都是劳动者，旧统治集团的寄生剥削行为将被消灭。社会是从事有益工作的人们的联盟。圣西门早在《一个日内瓦居民给当代人的信》(1802 年)中就宣布了普遍劳动的原则："一切人都要劳动，都要把自己看成属于某一工厂的工作者……每个人都有义务经常用自己的力量去为人类造福。"工厂里不应当存有对工厂没有用处的工作者。[②] 劳动者之间的差别，只在于一部分人用手工作，另一部分用脑工作。穷人所以要养活富人，只是因为后者用脑工作。但是，每个人在社会上所占的地位不决定于偶然的家庭出身，而决定于他的才能，因为一切特权都要被取消。大家知道，圣西门的弟子根据这一原理，作出了如下的结论：取消继承权，在社会的一切生活方面，包括经济生活在内，按才能划分等级("按能力计报酬，按工效定能力")。圣西门没有把这个问题考察得很周全。有时，他把财富也看成特权，认为不能用脑工作的富人将被迫用手工作。有时，他只把特权理解为政治特权，说才能是使政治地位上升的条件。[③] 在另一个地方他又说，每个人的地位和收入应当同他的才能和贡献(mise)成正

① 《圣西门全集》第 2 卷，法文版第 443 页。

② 《圣西门与安凡丹全集》第 15 卷第一分册，法文版第 55 页。

③ 《圣西门全集》第 2 卷，法文版第 444 页。

比。[①] 不管怎样，在他这里，按才擢升原则（在实业中）同生产资料私有权的不可动摇性仍然不能协调起来。

在实业体系中，平等就是在这样的范围内实现的。然而圣西门却宣称，按上述方法组织起来的活动将给绝大多数人带来最大的福利。在他活动后期的所有著作中，反复谈到这个问题。有时，圣西门谈到组织一个能为所有成员带来最大幸福的政治团体；有时，他又说应成立一些机构，以增进社会上最下层和人数最多的阶级，即最贫困的社会阶级的福利。最后，我们还看到圣西门有过这样一个十分明确的说法：建立一种社会组织，使它的一切主要机构都去促进无产者福利的增加。[②] 圣西门锲而不舍地反复说明这一思想，越来越把这一思想表述得更加精确，并且怀着满腔的热情，这一切都说明他在生平的最后几年对无产者的命运是十分关心的。他在一生的最后几年改变了对无产者的活动和成就的看法，当然是和这一点有关的。可惜他对无产者的关怀只表现在上述的提法中；这既未影响圣西门的阶级理论，又未影响他对未来的社会体系的看法。关于应当用什么方法来提高人数众多的阶级的福利问题，圣西门实际上没有具体的见解。我们在他对于未来制度的说明中，只能找到一个直接符合于无产阶级需要的比较重要的论点。我们知道，圣西门认为一切人都必须劳动。当然，每个人也都应当有获得工作的机会。显然，圣西门是在看到 19 世纪初期的工业危机及其所造成的失业现象后，才特别注意到这个问题的。他不止一次地谈到，社会体系应当保证无产阶级经常有工作可做。可见，圣西门已具有**劳动权**的思想。但是，他对这种思想并没有做出任何详尽的发挥。[③]

圣西门根据实业体系对政权职能的关系的观念所作的结论是很重要的。

在旧的社会体系中，民族中的大多数人的利益服从于少数人的利益。这样做在当时是必要的，因为大多数人还愚昧无知，必须有人监护，以免社会解体。因此，旧社会的政权的主要职能，是在被统治的大多数人中间维持秩序。保证社会安宁和使各种劳动安全，是政权活动的有益的一面。但是，这种安

① 《组织者》（第九封信），法文版。

② 《圣西门全集》第 3 卷，法文版第 39、313—314 页；《新基督教》，法文版第 317 页以后，以及散见其他各处。

③ 《圣西门全集》第 3 卷，法文版第 244、288 页。

宁是用很大的力量换来的，即社会上的少数人为使大多数人驯服，耗费了自己的全部力量和多数人的大部分力量，而这大多数人的力量则是用于跟少数人作斗争。但是，人用自己的力量去对付人，当然是有害的；只有用人的力量去对付物，才是最有益的劳动。

在大多数人已经成熟，不再需要监护的时候（参看上述法国无产阶级的成熟），就可能向新的体系过渡，而这一过渡就可以使维持秩序的职能缩小到最低限度。实业体系最不需要对人进行管理，因为在这种体系下，直接的目的是为大多数人谋幸福，多数人不再敌视现存的制度，所以不必花费精力去维持对这些多数人的统治。“由此可见，在实业体系下，一般所说的统治权力将受到最大程度的限制”。维持秩序的职能将退居次要地位，甚至不必为此设立专职人员。“维持秩序的责任可以轻而易举地变成几乎全体公民的共同责任，不论在逮捕秩序的破坏者方面，还是在调解争议方面，都是如此”。管理体系，即对物的管理体系，将代替对人的管理体系，即代替统治体系。管理权将代替统治权。管理权将由学者、艺术家和实业家行使，它的主要任务将是组织开发地球的工作，以对全人类造福。目前用于维持军警的费用，将来都用于实业活动、普及知识和开展文娱。圣西门把未来的社会想象为一座巨大的、复杂的工厂。这个社会上的政治，将首先是关于生产的科学。不难想象，当人类不再把精力耗费在人统治人方面，而把它用于共同改造大自然的时候，特别是当各国之间在相互关系方面也采用这一原则的时候，人类将会取得如何巨大的成就。①

五

根据圣西门的唯心主义观点，只有在知识的水平能够使人创立作为新社会体系基础的新哲学体系的时候，才能建立起新的社会体系。比如，曾在多神教的基础上建立了古代体系，在基督教的基础上建立了封建神学体系。欧洲社会目前所经历的危机，是一般观念失去联系作用的结果。一旦出现符合于当前知识水平的理论，就能恢复正常的秩序。应当代替基督教而成为实业

① 《圣西门全集》第 2 卷，法文版第 370—371、373—377 页；第 3 卷，第 277—296 页。

体系的基础的新哲学是什么样的呢？圣西门在他的不同活动时期，对于这个问题的回答并不都是一致的。

在圣西门的早期著作中，把作为18世纪启蒙哲学和孔德的实证哲学之间的中间环节的“物理主义”，看成是15世纪以来知识的发展所形成的新哲学学说。圣西门说人类知识的发展经过三个阶段，即经过神学阶段、臆测阶段或形而上学阶段和实证阶段。神学阶段相当于封建体系所特有的低下的知识水平。但是从15世纪开始，理性力求根据观察到的事实进行判断。所有的科学都相继具备了实证的性质。显然，科学所依据的哲学也应当成为实证哲学。然而，哲学没有能够立即成为实证哲学，于是作为中间性体系，而出现了各种形而上学体系。这些体系与封建神学体系解体的过渡时期相适应。然而19世纪至今仍然受着18世纪的批判精神的影响，还没有采取有机的方针，也没有建立起符合于这种方针的实证哲学。现在，该是建立这种哲学的时候了。同编写18世纪的批判性百科全书一样，也要创造一套新的百科全书——实证百科全书。新的政治体系是这种新哲学的必然后果。①

宇宙中的一切现象均受**单一规律**支配的思想，将是新哲学的中心思想。人类理性从万物有灵的思想过渡到了万物出于一灵的思想，即从多神教过渡到了一神教。以后，人们又从这一思想提高到了理解支配一切现象的各种规律。再下一步，就是相信存在着单一规律。② 单一规律一定要代替单一的神，这是圣西门表述得十分清楚的思想。他甚至知道这个单一规律是什么，比如他说：“万有引力的观念应当发生绝对的一般观念的作用，并代替关于神的观念。”③因此，他崇拜牛顿，认为牛顿是第一个确立单一的一般规律的伟大思想家。关于神的观念已经陈腐了，这种观念只适应于人类知识和人类理性比较原始的状态。小孩子撞上石头，会认为石头有灵，因而骂道：“可恶的石头！”在这生命力旺盛的年龄，是会把一切东西都想象成有生命的。人到了成年，就不再在大自然中到处寻找生命了。同样地，人类发展到成年，得出单一原因的思想的时候，就会使这一原因有灵化，给它加上想象的色彩。现在，

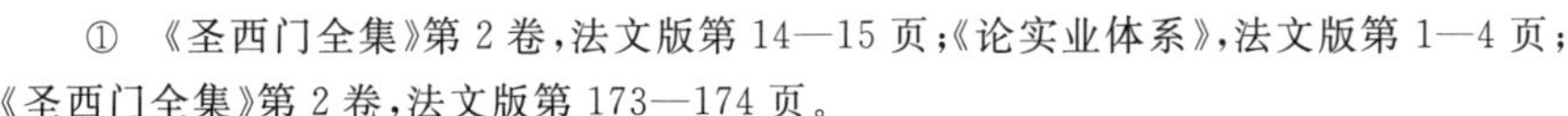

① 《圣西门全集》第2卷，法文版第14—15页；《论实业体系》，法文版第1—4页；《圣西门全集》第2卷，法文版第173—174页。

② 同上书，法文版第33—34、192页。

③ 同上书，第219页。

人们所以不再需要信神，是因为这种信仰丝毫也无助于解释自然规律。此外，这种信仰也与一般常识不能相容。承认神的全知、万能和至善，就会产生完全不能容忍的矛盾。“一想到神学体系，就不能不为它与现代文明状况的相距之远而吃惊”。一神教已经过时，正如多神教在西塞罗的时代过了时一样。[①] 现在，不能再把哲学置于有灵的原因的观念上了。不要像神学家和形而上学者那样把抽象概念具体化，而要从神这个实体中抽象出关于规律的观念。不应当以神的观念，而应当以万有引力的观念来作为哲学思想的基础。[②]

这样，圣西门便从根本上摒弃了“神学”体系的实质，但是就在这个时候，他也仍然保留了这个体系的许多形式。显而易见，他认为“普通人”还不能理解纯粹的实证哲学，虽然从15世纪以来已经进行了批判工作。因此，应当像在古埃及那样，要建立哲学家的真理观和普通人的信仰观之间的关系。“从事科学研究的人，应当相信宇宙受单一规律的支配……而普通人则应当相信宇宙受万能的神的支配”。当然，科学家要向人民传播自己的知识。但是，他们在做这项工作的时候要用天启的语言，要把自己工作中的优秀科学成果用神的口气表述出来。[③] 圣西门自己就在很大程度上遵照着这个意见。他的著作就是普通的逻辑论证形式与天启形式的奇特混合物。他毫不在乎地“用神的口气”赞美牛顿和提出建立最高科学委员会的计划，毫不在乎地以神的名义宣称自己是新宗教的创始者。他说：“神对我这样说的。”[④]因此，他把自己的实证哲学称为宗教，把学者团体称为僧侣团体，不过这个团体是随着宗教的改造而被改造过的，[⑤]并同从前的宗教一样，具有自己的教阶，甚至还设有自己的教皇。[⑥]

因此，好像存有两套学说，一套是纯理论的、实证的、供内部使用的，另一套是实践的、天启的、供宣传使用的。在圣西门的晚期著作中，对于实践和社

---

① 《圣西门全集》第2卷，法文版第125—128页。

② 同上书，法文版第238页。

③ 同上书，第41页。

④ 《圣西门与安凡丹全集》第15卷第一分册，法文版第57页。

⑤ 《圣西门全集》第2卷，法文版第24—25页。

⑥ 同上书，第249页。

会改造十分关心，而在他的前期著作中，这种关心也超过了对于理论的关心。同时，以前作为独特的工具使用的宗教形式，后来就变成某种独立的东西，而实证科学及其成就则仅仅成为改造宗教的手段和材料。看来，好像只是他的体系的两个组成部分的地位发生了轻微的变化。结果，我们看到新基督教，即一种虽带有很重的唯理论色彩，但已经是真正的劝善宗教或宣扬来世报应的道德学说，代替了实证哲学。他的实证哲学虽然出于实用的目的而披上宗教的外衣，但却是十足的唯理论的思想产物。实证哲学无疑是孔德的实证主义的来源，而新基督教则是后来的圣西门主义者的宗教学说的起点。孔德曾亲眼看到圣西门思想的这种演变，他认为圣西门是在1818年转入“人文神秘主义”的。

按照圣西门的整个理论体系，历史上的基督教属于有神论体系，一神教就是以这种体系战胜了欧洲各族人民的多神教的。这样的基督教已经过时了。但是我们知道，基督教同时也是道德原则。圣西门把这个原则表述如下：人人都应当兄弟相待。在基督教产生的时代，由于人们愚昧无知，博爱的原则未能获得彻底的胜利。据圣西门说，宣扬基督教原则的具体结果，只是废除了奴隶制度。基督教必须作些让步，以适应于人类智力的发展水平。特别是，基督教必须放弃使世俗权力服从它的道德原则的要求，因为“该撒的物当归给该撒”。世俗权力仍然把自己的实力建筑在强权的基础上。由此产生了封建制度。现在圣西门断言，文明的进步可以使社会更向前发展。信奉基督教的人民已经做好充分的准备来彻底实现基督教道德。应当由新基督教来代替旧基督教。新基督教与旧基督教相反，它将使世俗权力服从于自己，并努力按照基督教道德建立社会关系的整个体系。①

基督教的主要原则应用于社会关系的可能性，也影响着基督教的表述方式；可以把它表述得比原来的基督教更加具体。人类博爱的新公式为：宗教应当使社会朝着尽快改善最穷苦阶级的命运的伟大目标迈进。② 与旧基督教不同，新基督教的学说把这种道德要求和社会要求看作是自己的最重要组

---

① 《圣西门全集》第3卷，法文版第321—325页；《论实业体系》，法文版第269页。

② 同上书，法文版第328页。

成部分。新基督将彻底清除由于人们的愚昧无知而沾染的旧基督教迷信。这种情况将恢复不受神学束缚的纯粹宗教的本来面目。[①] 越是接近宗教的创立时期,宗教仪式和教义的作用就越大;随着人类理性的发展,宗教的精神方面将获得越来越大的作用。路德批判旧基督教,对于进步有很大贡献,但是他的主要错误在于:"认为改革后的宗教必须恢复和保持《圣经》里规定的教义。"这同数学家、物理学家和其他科学家认为自己所专攻的科学应当根据这方面的最早著作进行研究一样,都是毫无意义的。[②] 但是,不要认为圣西门在把新基督教变为纯粹的道德学说时,就从其中清除了一切教义。应当根据科学的成果降低教义的作用,使其退居次要地位,但是新基督教仍然要有教义。[③] 圣西门在他的最后一部著作中,还恢复了人格化的神和个人不灭的思想,认为个人不灭是对服务于最伟大的世间目的的人的一种奖励。[④] 他甚至反对人们对待基督教的创始人是神的化身这一问题存在任何怀疑。[⑤] 他把这些话说得十分严肃,使人不得不把圣西门得到的新"天启"看做多少有别于他以前的人得到的"天启"。即使这是为了诱惑信徒所作的一种伪装,那也伪装得很巧妙,跟真的一模一样。

继教义之后,他也恢复了宗教仪式。新基督教有自己的宗教仪式和僧侣。圣西门认为路德的第二个错误,就是对宗教仪式注意不够。基督教领导人的任务,在于向所有的人灌输基督教道德的主要准则,使他们学会在日常生活的一切方面应用这些准则。基督教的道德当然要作为教育的基础。但是这还不够,还必须利用一切办法把人们的思想引到应走的方向。必须对人们描述违背道德戒律时将会遭殃,遵守道德戒律时将会得福,借以引起他们的敬畏心。"为了在这两方面引起最强烈和最有益的作用,必须把艺术所能提供的一切手段和条件结合起来"。圣西门幻想依靠传道者、诗人、音乐家、雕刻家和建筑师的通力合作来发展宗教仪式。他要把一切艺术都联合起来,

① 《论实业体系》,法文版第 275、310 页。

② 《圣西门全集》第 3 卷,法文版第 364—365 页。

③ 同上书,第 328 页。

④ 同上书,第 331 页。

⑤ 同上书,第 365 页。

使宗教仪式有益于社会，并通过宗教仪式以基督教的道德改造人类。①

信奉新基督教，并根据新基督教建立新的社会体系，这就是欧洲社会摆脱它从封建神学体系解体以来所陷入的危机的唯一出路。近代欧洲的情况，同基督教传播以前的罗马帝国的情况相似。人类曾经依靠旧基督教免于腐化，并上升到新的阶段。同这种情况一样，现在要依靠新基督教来拯救人类。古代基督徒的行为应当成为新基督教的传道者的范例。传教的唯一手段就是说服。圣西门说："尽管有人会像迫害早期的基督徒那样迫害我们，我们也绝不动手还击。"②

新基督教将像古代基督教一样，要依靠道德和舆论的力量来维持、传播和自卫。即使本来可以指望贫苦阶级起义和采用暴力，但是暴力的手段只对破坏有用，而无益于建设。必须采取一切办法来使新学说的传播"不致引起穷人阶级使用暴力来反对富人和政府"。③ 因此，圣西门也认为，传教的对象不应是最关心新基督教获胜的贫苦阶级，而应是有钱有势的阶级。按照圣西门的意见，向穷人传教是危险的。于是，圣西门创造出一种极不正确的理论。按照这种理论，最热心于建立新社会体系的人，并不一定是那些能够由新制度中获得好处的人。"在政治改革事业中，为社会造福的热情比可以从改革中获得最大好处的那些阶级的自私心具有更大的作用"。圣西门又举基督教的一些创始人为例来证明这一思想，好像这些人都不属于在基督教确立后能够得到好处的阶层似的。社会的改造应当依靠道德感的力量、热情的力量来进行。④

同时，有钱有势的人所以都要信奉新基督教，不仅出于道德冲动，而且基于个人的利益。圣西门确信，只有用提高富有阶级的享乐的办法才能实现新基督教的基本原则——改善贫苦阶级的精神生活状况和物质生活状况。我们在叙述其他问题的时候，已经谈到他用来证明这一思想的论据，即艺术家、学者和实业企业领导人都属于劳动者阶级，他们的利益实质上是同人民大众

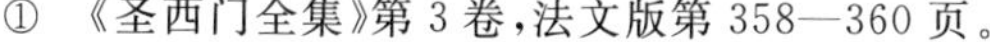

① 《圣西门全集》第3卷，法文版第358—360页。

② 《论实业体系》，法文版第284—286页。

③ 《圣西门全集》第3卷，法文版第372—373页。

④ 《论实业体系》，法文版第299—310页。

的利益一致的，他们是工人的天然领袖，是唯一值得信赖的领袖。①

圣西门的弟子们极力强调圣西门体系的宗教方面，把社会改革的整个事业都归结于宗教热情。他们都不关心政治斗争，只有极少数的偶然例外。圣西门本人虽然在最后几部著作中表现出宗教的唯心主义，但是总还有一些东西说明他始终是一个十分清醒的现实主义政治家，毕竟是根据对过去和现在的分析来论断未来的。不信奉新基督教，没有宗教的热情，就不可能实现改革；但是另一方面，改革又要在现实的政治斗争中进行，而且改革本身就得具有政治斗争的形式。改革应当利用某种政治力量来完成。按照圣西门的学说，因为历史过程使实业家变成了最大的政治力量，因为实业家以及学者和艺术家本身就关心社会的进一步发展所需要的改革，因为实业家在未来的社会中要起最主要的作用，所以圣西门十分自然地作出必须建立实业家政党的结论。这个政党的基本核心应当是巴黎的实业家组织，“因为欧洲的政治动向取决于法国，而法国的社会动向则取决于巴黎”。巴黎的实业家自行组织起来并不困难，因为他们是巴黎的人数最多和影响最大的阶级。法国其他各地的实业家，然后还有整个欧洲的实业家，都必然跟着他们组织起来。实业党同保守党和自由党根本不同，因为后两者同封建阶级和中间阶级有联系，它们的目的不是保持封建制度，就是利用封建制度来为自己谋利；而实业党的目的则是建立新的制度。成立全欧洲的实业党，就必然导致在欧洲建立实业体系和消灭封建体系。②

实业家政党将用和平方法来建立。在这方面完全不必使用暴力手段，因为现存的政府没有任何理由反对成立这样的政党。这将是和平的和有道德的政党。它将竭力通过舆论来发挥作用，而任何一个政府都不能阻止制造舆论。其次，当代社会的主要政治力量，即国王政权不仅不会拼命反对实业家，反而愿意实业家的创举得到胜利。圣西门断言，国王政权绝对同封建社会没有有机联系。我们已经看到，在实业家反对封建主的斗争中，国王政权是站在实业家方面的。法国的国王在那个时期促进了事态的自然进程。现在，法国的国王也没有任何理由不起这种作用。国王的威信不会由于国王宣布实业家是臣

① 《圣西门全集》第3卷，法文版第373页。

② 同上书，第103—105页。

民中的第一等级，或由于吸收实业家参与管理公共财产而下降。因为改革会使全民的福利和康乐普遍提高，所以人民对于站在改革运动最前列的国王的爱戴，只会比以前增强。实业体系与王权没有矛盾。在这一体系中，国王将是第一个大实业家，如同他过去是最大的贵族一样。因此，圣西门在《实业家问答》和《论实业体系》中，期待国王政权支持他为实现实业体系而进行的斗争，认为国王政权是促进已成为历史必然的社会改革的因素之一。[①] 在《新基督教》中，他以该书所特有的宗教规劝方式表达了同样的思想。当时，欧洲的几个国家的君主，已在基督教的旗帜下结成了神圣同盟。但是，他们的行径远不符合圣西门所宣布的真正基督教的准则。他们仍在维护仰仗宝剑的旧的王权制度。因此，圣西门认为必须向他们呼吁："君主们，你们要倾听神的声音，神通过我的嘴向你们号召：你们要重新作善良的基督徒，你们不要再认为雇佣军、贵族、异教僧侣和亵渎神明的法官是主要靠山。你们既然以基督教的名义联合起来，就要能够履行基督教赋予有产者政权的责任。你们要记住，基督教吩咐有产者要用全力以尽快的速度提高穷人的社会幸福。"[②]

圣西门对王权和实业家在未来改革中的作用估计得过高，而对变革的第三种力量，即学者和艺术家等知识分子的政治作用，却又讲得不够十分明确，可是他们将要在未来的实业体系中占有显著的地位。在圣西门所设想的政党中，他们无论如何只能占次要的地位。圣西门说，学者将对实业家作出巨大的贡献，但是他们依赖于实业家的地方更多，比如他们要依靠实业家生活。实业阶级不仅向学者提供满足他们直接需要的一切，而且还向他们供应科学工作使用的工具。实业阶级是主要的阶级，没有这个阶级，其他任何阶级都不能存在。实业阶级能为其他阶级创造他们所需的一切条件。因此，圣西门认为应当向实业家而不是向学者呼吁成立新的政党。[③]

在另一方面，即在准备和宣传新社会哲学方面，学者和艺术家的活动是非常重要的。学者们应当证明，在新的社会制度下，一切社会阶级的福利都能够增长。他们应当找到保证广大生产者经常有工作可做的办法，拟出社会教育

① 《圣西门全集》第 3 卷，法文版第 112—113 页。

② 见本选集第 3 卷，第 207 页。

③ 同上书，第 197 页。关于实业家和知识分子这两个集团的相互关系问题，圣西门的看法也经历了一个变化过程。在他早期的著作中，把学者的作用看得更大一些。

的基本原则，制定社会机体的卫生规则。他们应当用政治来补充人类科学的不足。艺术界人士是想象力丰富的人，应当用他们所特有的手段来促进改革。他们将宣告人类的未来，推翻黄金时代存在于过去的说法，指出它将出现于未来。他们将鼓舞社会，向社会描述新成就的美景，使社会感觉到它的每个成员很快就要享受到从前只是一个人数极少的阶级所能享受得到的快乐。

实业党的任务在于把国家管理权从贵族、军人、法学家的手中拿过来，交给实业家。按照圣西门的意见，这个具有历史意义的行动，也同实业党的其他一切活动一样，都是和平的行动。从出身和性质上来说，实业家们是一个和平的阶级。甚至在革命时期，暴力也不是来自实业家方面。圣西门问道，对谁需要进行暴力斗争呢？要知道，实业家本身就占社会总人数的二十五分之二十四。他们占有纯实力优势。他们生产着全部财富，拥有大量金钱。他们的知识和业务能力都高于其他阶级。从人的道德或神的道德来看，也都要求由他们来管理国家。谁能够反抗这种力量呢？当实业家组织起来的时候，政权自然会转移到他们的手里。他们的政治观点将成为舆论，而舆论将支配世界。①

按照我们今天所使用的社会主义一词的含义，不能把圣西门的社会体系看做社会主义体系。圣西门在他的理想社会里仍保留了私有制、企业主阶级、工人阶级和企业主利润。圣西门从来没有说过生产资料的公有化，即使是局部的公有化也没有提到过。实业体系有一些特点使它很像国家资本主义。在这种体系中，各企业主的私人利益在一定程度上服从于“共同”利益，但是因为统治阶级就是这些实业家本身，所以十分显然，这种“共同”利益也就是整个企业主阶级的利益。虽然圣西门在其反对封建体系的早期著作中指责过国家干预实业，但是仍不能像艾克斯坦所武断的那样，认为圣西门的学说是曼彻斯特学派②的学说。③ 圣西门的学说企图以空想的方法克服资本主义制度的无政府状态，而不触动它的基础。为建立未来的社会体系而进行

① 《圣西门全集》第 3 卷，法文版第 72—75、104 页等处。

② 19 世纪初叶欧洲资产阶级经济政策方面的一种思潮，因盛行于英国曼彻斯特工厂主中而得名。它的出发点是要求所谓自由贸易，要求国家不干涉资本主义企业主的事务。马克思曾指出，在曼彻斯特学派的花言巧语后面，隐藏着资本家力争自由贸易和自由剥削工人阶级的意图。——译者注

③ 艾克斯坦：《新老圣西门》，《社会主义史文库》第 2 卷，德文版第 432 页。

的“革命”，也要完全符合这种性质。这是一个统治阶级在王权的大力协助下反对另一个统治阶级的和平变革，最好不让群众参加，以免发生危险。圣西门相信，在建立起实业体系以后，会对群众、穷人阶级带来好处。但是，按照圣西门的意见，这个“穷人阶级”本身仍要消极等待，由他们的“天然”领导者——实业家来代表和保卫他们的利益。

圣西门体系的许多重要论点，同 19 世纪头二十五年广泛流行的资产阶级思想的论点一致。同许多出名的资产阶级利益的代表者一样，圣西门在自己活动的初期也把拿破仑的专政理想化了，指望他来改革社会。后来也同这些人一样，又批判拿破仑是“新封建制度”的建立人。圣西门在王权复辟时期跟这些人一起反对“封建残余”，以便为“实业家”的彻底胜利扫清道路。圣西门同这些人一样，认为最近几个世纪的历史首先是实业的发展史和旧封建集团的衰落史。圣西门同他们一样，一回想起革命的年代就感到恐怖，害怕社会的下层再次发动，幻想实业家同国王联盟，幻想建立“实业王国”。最后，圣西门还和他们一样，把雇佣劳动制度和“金字塔式的社会结构”理想化了，并把它们看成是永世长存的。但是，如果把圣西门简单地说成是一个资产阶级思想家也是不对的，因为这完全不能表明圣西门体系的独特之处。

制定整个社会的工作计划，实行协作制，把国家变成生产组织，实施义务劳动，按才分级，由学者掌握精神权力——这一切就是圣西门学说的独特之处。这些特点的总合，即把它们合在一起，便使圣西门主义不能为圣西门依靠的主要社会阶级即资产阶级所接受。这些特点丝毫也不符合资产阶级的心意。对这一时期的具有强烈个人主义意向的资产阶级来说，社会劳动组织的思想是极其荒谬的。只有根据高级知识界而主要是技术知识界的心理，才能理解圣西门体系的特点是如何产生的。这个知识界是随着实业的发展而发展起来的一个社会集团，在生活条件方面与资产阶级接近，它绝不敌视资本主义，但对社会问题的看法却与资产阶级略有不同。从社会出身来说，圣西门不属于这个集团。但是，对于科学技术方面的一些宏伟计划，从开凿巴拿马运河计划开始，一直到设想采用一切科学成就来改造地球，使地球变为天堂为止，他毕生都感到兴趣。圣西门最喜欢接近高级知识界，在拟定他的社会体系的基本原则的时期，他主要同高级知识分子来往。

在同这些人往来时，他重视精密科学，认为它是技术进步的基础，而反对形而上学和法学的烦琐议论，这是理所当然的。从这一重视中得出的简单逻辑结论，就是承认研究实证科学的人应当在社会管理方面发生相应的作用。值得人们注意的是，圣西门在他设计的科学院中，只让数学家、物理学家和经济学家三类学者参加。我们知道，这三类学者是促进生产在技术上和组织上进步的最重要学科的代表者，即被圣西门视为技术知识界的天然领导人和老师的那些人。按才分级制和劳动义务制的思想，也是这一集团能够接受的。工程师就是根据劳动和才能被提升到领导地位上的。同生产工具的所有者不同，工程师之与生产发生关系，并不是基于民法法典规定的权利，而是由于个人的知识和才干。从圣西门的观点出发，对坐食其利的资本家和实际经营的资本家采取原则上不同的态度，这是可以理解的。他认为前者是寄生分子，后者是劳动者；前者不管怎样渺小无能，都可以不劳而获，后者是根据自己的组织才能而高升的。我们知道，圣西门实际上从实业家阶级中排除了不领导实业的有产者，把他们划为对社会经济不起重要作用的中间阶级。最后，也只有在这个知识阶层中，才能产生圣西门关于整个生产服从统一计划的思想。生产的技术领导者，比任何人都更能了解集中组织制的优越性。就是在那个时代，他们也不会意识不到个人主义体系给最合理利用生产力所造成的障碍。他们本身不是生产工具的所有者，所以能够抱有制定社会利用技术进步成就的计划的理想(这在当时是一种空想)。

这就是反映在圣西门思想中的社会心理，这种心理使他的学说具有了自己的特点，而这个特点便使他在19世纪初期的思想家队伍中占据了特殊地位。

圣西门在要接近他的人生旅程的终点时，把那些可以证明他的体系具有社会主义倾向的论点表述得越加明确，并且越来越明显地把这些论点提到首位。属于这种论点的有：关于整个社会的工作计划和按才分级制的思想，关于为人数最多的阶级谋求最大幸福的原则。这些论点可以成为，而且后来也的确成了社会主义体系的来源。我们已经说过，圣西门本人并没有从这些论点中作出彻底的社会主义的结论。在圣西门的体系中，这些论点始终是所谓潜在的社会主义论点。然而，圣西门坚持这些论点的毅力和热情，对于培养进步人士去接受社会主义思想起了不小的作用。从这个意义上来看，他的这种毅力和热情也是符合于正在成长的工人阶级的利益的。

这已经足以使圣西门在社会主义史上占据光荣的地位。再有，圣西门学说的另一方面，即他的历史哲学，对于社会主义思想的进一步发展也起了不小的作用。圣西门的哲学基本上是唯心主义的，但以其彻底的决定论和关于历史过程的辩证性质的特别观点，为唯物主义历史观的发展开辟了道路。此外，圣西门主义还含有用唯物主义观点分析历史现象的因素。在这方面，我们可以想起圣西门对 11 世纪以来实业的发展和实业家反对封建社会的斗争，即对法国革命所完成的斗争的描述。对于历史哲学中的唯物主义因素和实业体系中的社会主义因素，圣西门都没有考虑透彻。但是，这些因素对于唯物主义历史观的形成却起了极其重要的作用。

（作者：维・彼・沃尔金；董果良译自俄文版《圣西门选集》）

圣西门传略

克劳德·昂利·德·卢夫罗阿·圣西门出身于法国的一个旧贵族家庭。这个家庭是查理大帝的后裔，出过许多显赫的宫廷大臣、杰出的军人和政治活动家，其中最著名的是法国的贵族路易·德·卢夫罗阿·圣西门公爵，因著作《摄政回忆录》而驰名于世。昂利·圣西门曾屡次自豪地谈起自己与他有血统关系。圣西门的父亲是巴尔塔扎尔·昂利·圣西门（1721—1783年）伯爵，母亲也出身于在法国北部的皮卡迪地方拥有领地的圣西门家族。他们在巴黎有一所私邸，一般都在巴黎过冬。圣西门的家庭相当富有而且很有教养，足可让子女受到良好的教育。

1760年10月17日，克劳德·昂利·圣西门在巴黎出生。他曾在一些著名的教师的指导下受过家庭教育；据他自己说，这些教师向他传授了大量的知识，以致使他都来不及很好地消化和把它们形成某一种体系。这种无系统的学习，使圣西门的一生和写作活动都受到了影响。

圣西门从小就十分聪明，有很强的记忆力和很高的求知欲，同时感觉敏锐和意志坚强。在他的教师中间，著名的"百科全书派"达兰贝尔给了他重大的影响。在他的影响下，圣西门从小就对精密科学发生兴趣，爱好唯物主义哲学，对宗教迷信养成了批判的态度。

他的这种态度，早在十三岁的时候，就已经锋芒毕露了。当时，要他参加所谓第一次圣餐礼仪式；根据自古以来规定的制度，只有参加这种仪式，才能进入教会的怀抱。小圣西门坚决不参加这种仪式，说他不相信宗教上的圣餐礼，认为圣餐礼不符合他的信念，而他不想言行不一。老圣西门被儿子的这种大胆的自由思想和公然抗拒行为所激怒，便把圣西门关在堡垒里，希望通过拘禁迫使他回到"正路"上来。但是，这丝毫也没有削弱这个年轻的异教徒的坚强意志。圣西门被单独监禁了几星期以后，终于从堡垒里逃了出来，躲藏在一位女亲戚家里。这位亲戚费了很大的力气，才使圣西门与父亲重归于好，回到自己家里。

圣西门的一些传记作者还列举了圣西门童年生活中的其他一些逸事，来描述他的坚强性格。同时，他的自负心也很早就发展和形成起来，他深信自己负有伟大的使命，而且这个信念日益加强。据说，圣西门在十五岁的时候，就命令他的仆人每天早晨用下面的话来叫醒他："起来吧，伯爵，一些伟大的事业在等待着您！"昂利·圣西门幻想在社会活动中，即在为人类和普遍幸福服务的活动中得到荣誉。

根据贵族的古老传统习惯，圣西门在十七岁的时候入伍，一进军队就当上少尉，但是他很不满意军官生活，这种生活的空虚使他感到难以忍受的无聊和苦恼。为了排遣这种无聊的心情，他专心致志于自修，加强自我教育。他非常热心于有益社会的活动。他把当时在英国的北美殖民地进行的争取独立和自由的革命斗争，看做是实现自己愿望的出路。他热烈地欢迎法国政府关于支援起义人民的决定，并被编为志愿军，参加远征兵团，在他的堂兄圣西门侯爵的指挥下，于1779年远渡重洋，到美洲直接参加反对英国的军事行动。

在美洲，圣西门在法军部队里英勇战斗，先后参加过五次战役，负伤数次，而他的军阶也连连晋升。1781年10月，在约克城附近那次最后迫使英军投降的著名战役中，圣西门表现得非常出色。1782年，圣西门被俘，押解到牙买加岛。但是不久以后，由于一个幸运的机会他被释放。后来，圣西门自豪地说："我可以把自己看作是合众国自由的奠基人之一。"①

但是，军事行动本身并没有使圣西门感到兴趣。他在《给一个美国人的信》中说道："我在美洲期间，研究政治科学的时间大大超过研究战术的时间。战争本身并没有引起我的兴趣，而战争的目的却强烈地吸引着我。后一种兴趣，使我毫无怨言地忍受了戎马生活的艰苦……我的天职根本不是当一个军人，我应从事一种完全不同的，甚至可以说是与此截然相反的活动。研究人类理性的进程，以便将来为改进人类的文明而努力——这就是我为自己规定的目的。从此我就完全献身于这一目的，并为此贡献出了我的一生。从那时

① 见本选集第一卷第144页。——译者注

起，这项新的工作便开始占去了我的全部精力。我在美洲逗留的后期，都用于思考我亲眼目睹的重大事件上。我竭力探索和揭示它们的原因，并设法预见它们的结果。我尤其致力于研究对于我的祖国可能产生的后果。”①

战争结束以后，圣西门装了一脑子关于科学活动的宏伟计划和实践工作的方案。在返回祖国以前，他先从牙买加岛到了隔海相望的墨西哥，向墨西哥总督提出开凿一条联结大西洋和太平洋的运河的计划。当然，这项计划在当时是无法实现的(巴拿马运河是在圣西门提议后一百多年才动手开凿的)。

1783 年，圣西门回到法国，继续在军队里服役，并且晋升为上校。一种被他看作是令人苦恼的、干燥乏味的无聊的生活又开始了。现在，这种生活使他格外感到苦恼，因为在美洲的体验和所得的印象，以及新的自由思想，使他产生了一个想把“另一个世界的植物”移植到本国的不可遏制的愿望，并推动他的热情澎湃的性格积极地去从事“为人类造福”的工作。圣西门回忆这个时期时说道：“我很快就对……无所事事的生活感到厌倦。夏天练兵，冬天在宫廷里担任侍从——这样的生活，对我来说是不能忍受的。”②圣西门的团队曾在梅济埃尔市驻防一个时期，著名的数学家孟日当时正在该市的军事工程学校讲课；到这个学校去听孟日的讲课，是他这一时期的唯一乐事，但到1784 年，孟日便离开了这个城市。

圣西门的心绪不能平静下来，于是他东奔西走，抱着宏伟的计划游历欧洲各地。1785 年，他到了荷兰。当时，在这个因为同英国斗争而弄得衰落不堪的国家里，时常发生反对总督的革命风潮。圣西门提出一项由法国和荷兰成立联合远征军去占领英国的殖民地印度的计划。他用了整整一年的时间，协同法国驻荷兰的公使拉·沃古翁将军制定这项远征计划。他本想在这次远征中担当重要职位，但是荷兰最后没有采纳这项计划，于是圣西门失望地回到法国。

1787 年，圣西门又到了马德里。他所以到这里来，是因为西班牙准备用开凿运河的办法使首都变成一个海港的计划使他产生了兴趣。开凿运河的

① 见本选集第一卷第 148—149 页。——译者注

② 参看本选集第一卷第 28—29 页(俄文译本所据的原文版本不同)。——译者注

工作早已经开始，但由于政府缺乏必要的资金和工作人员而中断。圣西门同一个祖籍法国的西班牙大金融家和商人卡巴留斯议妥，后者负责提供修造运河的资金，而圣西门则负责招募人员和合理组织他们工作。西班牙政府对这项计划很感兴趣。同时，圣西门在西班牙还组织了一个公共马车公司。但是不久以后，他把在西班牙所搞的事业全部放下，急忙赶到法国，因为法国爆发的革命在吸引着他。

1789 年秋，圣西门回到故乡皮卡迪。在这里，他先在法里威村，后在离这个村庄不远的佩龙讷市，极力接近当地的居民，大约有两年的时间积极地参加了人民革命运动，但是始终没有超出这个地区的范围。他向群众公开宣传政治平等和自由的思想，组织人民欢迎国民会议，要求废除贵族和僧侣的一切特权。他自己也正式声明放弃伯爵的头衔和贵族的称号。为了切断同过去的联系，他甚至通过正式手续更改了自己的名字，由圣西门伯爵改为“公民包诺姆”(Bonhomme 即老百姓、庄稼人之意)。同时，不管人民选他担当任何重要职务，他都坚决拒绝。人们选他担任佩龙讷市的市长和当地的国民近卫队队长，都被他拒绝了，他说委托过去的特权阶层出身的人来担任这种职务是危险的。

但是，随着革命运动不断扩大和深入，越来越采取坚决的和暴力的形式，圣西门便开始离开革命的洪流，并在后来当他提起往事的时候，不仅避而不谈自己在 1789—1791 年间的活动，而且干脆否认有这么一回事。这很可能是因为不愿意在拿破仑和路易十八的政府面前败坏自己的名誉。

圣西门在 1808 年写的自传中回忆自己对革命的态度时写道：“我回到法国的时候，革命已经开始。我不想参与革命，这一方面是因为我本来就确信旧制度已经日薄西山，另一方面是因为我厌恶破坏。”①后来在 1820 年，圣西门在致下议院的呼吁书中再次强调说：“在法国革命的整个过程中，我始终只是一个旁观者和观察家，没有在相继更迭的任何一个政府中担任过任何政治职务。”

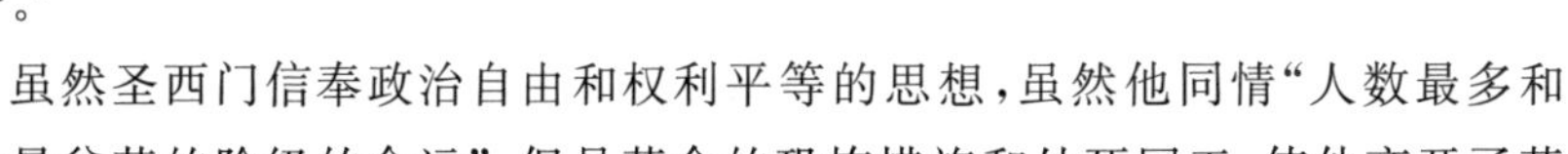

虽然圣西门信奉政治自由和权利平等的思想，虽然他同情“人数最多和生活最贫苦的阶级的命运”，但是革命的恐怖措施和处死国王，使他离开了革

① 参看本选集第一卷第 30 页注①。——译者注

命。1817 年,圣西门在《给一个美国人的信》(第一封信)中写道:"……我的笔就屡次想描述法国人自己制造的灾难的情景,摘录他们做过的暴戾举动,复述他们在革命时期所犯的暴行。但是,我的内心反对我这样做。一想起我亲眼目睹的这些可怕情景,在我的内心就引起反感。"[①]圣西门幻想用和平办法"改组社会"。

圣西门家族的财产在革命时期遭到严重损失。为了谋生,圣西门准备根据 1790 年 5 月 15 日法令从事国有财产的投机买卖,但是他的个人资金不够,于是开始寻找一个打算向这种投机活动投资的有钱伙伴。他终于找到了这个伙伴,这个人是他的旧相识(他们在西班牙就认识的),德国的外交家兼富商,名叫西格兹蒙德·列德伦,也是一个伯爵。作为一个外国人,列德伦不可能在革命的法国独立活动,他把大批资金(数十万里弗)交给圣西门使用,从所得的利润中分取一半。他本人却不得不离开法国。圣西门把全部精力都投在这项新的、他所不习惯的活动上。他以自己特有的热情和坚定的精神,巧妙地利用市场情况的特点和货币行市的波动,迅速地扩展了他的大胆的和广泛的金融活动。他在美国看到有人迅速地积累了巨富的实例,使他受到了鼓舞。他关于这一时期的生活写道:"我在这个金融部门,热情奋发地、信心十足地而且一帆风顺地干到 1797 年。"[②]

他得到的成就确实使人惊讶。圣西门在很短期间内就把列德伦交给他支配的资本增值了数倍,他成了百万富翁。这使他可以过阔绰的生活。他在巴黎的华丽高雅的私邸里举行丰盛的招待会和豪华的宴会,挥金如土,解囊相助初出茅庐的科学家和作家。他同法国思想界的著名代表人物,主要是同精密科学和自然科学界的泰斗建立了密切的联系,并且经常保持这种联系。常到他那里去的,有数学家拉格朗日和孟日,有当时还很年轻的自然科学家,既是他的论敌又是他的朋友的居维叶和茹夫卢阿·圣伊莱尔,有著名的作家、演员和政治活动家,总之,都是法国知识界的一些名流。

在 1794 年,圣西门的金融活动曾一度中断,因为革命政府的机关把他关押起来。最初,有人警告他,说要逮捕他,于是他马上隐匿起来;但是,后来听

① 见本选集第一卷第 148 页。——译者注

② 参看本选集第一卷第 30 页。——译者注

说政府把帮助他潜逃的一个无辜的人逮捕了，他便去投案自首，被关在监狱里。他被逮捕的原因，至今还没有完全查明。据某些材料说，他是作为贵族而被捕的；而据另一些材料说，则是出于误会：政府把他误认为是潜逃国外的银行家圣西门。后来，他在1820年致下议院的呼吁书中谈到这次被捕事件时写道，他遭到了"罗伯斯庇尔执政时期一切正直的人所受到的那种迫害"。

圣西门在监狱里被关押了十个月左右。监狱里的条件很差，使他得了重病，脑的功能失常。他时常发出呓语，说查理大帝来到他的眼前，提醒他关心自己的崇高使命，预告他将在哲学方面取得荣誉。在热月，他才获得释放。

圣西门出狱以后，继续进行因被捕而中断的投机活动。但在1797年，列德伦返回巴黎，因为他害怕圣西门耗尽他所积蓄的巨额财富。他们决定拆伙。他所积蓄的财产的法定所有主是列德伦，圣西门只是代表他经营。列德伦根据这一点，并利用圣西门幼稚的轻信，只分给他十五万法郎，约等于财产总额的二十分之一。圣西门以为这只是预分的一部分，将来还要进行决算，但是圣西门想错了：列德伦利用最无耻的手法，把全部财产都霸占过去。

后来圣西门说他的投机活动和革命时期的阔绰生活，即圣西门生平中的这一段阴暗时期的作为，是出于一些崇高的动机：企图得到一笔资金来创办以"改进人类命运"为目的的巨大实业和科学机构，希望同有天才的人直接交往，以便在日常生活中研究他们的心理和创作过程，同时也观察普通人的生活。但是应当承认，圣西门的这段经历，现在还没有得到充分的阐明。这不过是圣西门的充满内心矛盾的、具有冒险色彩的复杂生活的许多离奇古怪的波折之一。

同列德伦断绝关系（1797年）以后，或许是由于圣西门的财力已非常有限，或许是由于他的整个思想发生了变化（以前，也有过数次这种变化），圣西门的生活方式具有了新的性质。他开始研究科学。为"改造人类命运"而工作的时期开始了，圣西门"计划为人类的理性开辟一条新的道路——物理政治学的道路"。但是，这需要知识，首先是需要自然科学方面的知识。于是，圣西门以他通常特有的热情和坚强意志开始学习科学知识。

正是在这个时期，即在18世纪末叶，精密科学和自然科学日益被法国科学家的最卓越成就丰富起来。拉普拉斯（《宇宙体系讲话》，1796年；《天体力学》，1799年）、拉格朗日（《解析方程论》，1797年）、卡诺（《无限小计算的形而上学研究》,1797 年)和孟日(《画法几何学》,1799 年)的物理和数学著作相继出版,居维叶(《动物演变史简述》,1798 年)和毕沙(《生和死的生理学研究》,1800 年)的生物学研究也先后问世,达尔文的先驱者之一茹夫卢阿·圣伊莱尔也开始出版自己的著作。卡巴尼斯和维克达吉尔的唯物主义观点得到传播。

圣西门完全卷进新的科学和哲学思潮的这股洪流之中。他决定使自己的学习按照一定的计划来进行:先研究比较简单的自然现象——无机体世界,然后再研究比较复杂的自然现象——有机的自然界。最初,他搬到工业大学附近居住。工业大学是国民公会创办的,在反动势力猖獗时期还保留着革命传统,以物理和数学的教学水平较高而出名。他在这里住了三年左右,经常到学校去听课,到图书馆去阅读,与最出名的教授保持密切的联系。1801 年,他又抱着同样的目的搬到医学院附近居住,利用医学院来扩大自己生物学方面的知识。在这个期间,他仍像从前那样继续在家里招待科学界的许多代表,只是场面没有从前那样豪华罢了。

他对这个时期写道:"我是花钱来购买知识的。我设盛宴款待教授,为他们准备上等美酒,对他们照顾备至,经常对他们解囊相助。这一切使我得到一切可能,愿意学习什么就可以学到什么。"①

的确,圣西门的义囊总是敞开着的,他不仅对贫穷的科学家,特别是对初出茅庐的科学家进行物质援助,而且资助各种学术创举,比如资助设立免费讲座,进行科学试验,刊行学术著作等等。

圣西门一直认为,要想使自己的学术长进,必须亲身与学者密切往来,但是他觉得在自己这样单身汉的家里接待学术界人士是达不到目的的,只有在沙龙里(这个沙龙要有一位受过良好教育、精通上流社会的生活和一切礼仪的主妇)招待客人,才能收到最好的效果。后来,他找到了一位合乎他这样要求的沙龙夫人,名叫古里·德·尚格兰,二十七岁,受过很好的教育,已在当时文艺界中稍有名气。圣西门同她结合并不是想要欢度夫妇生活和享受家庭快乐,而只是要一位沙龙夫人而已。1801 年,他与古里·德·尚格兰夫人同居。尽管这一对好客的主人对客人招待得殷勤备至,但是他所布置的沙龙

① 参看本选集第一卷第 31 页注⑤。——译者注

却使他大失所望:除了平庸无味的笑谈之外,在沙龙里几乎听不到任何有用的东西。

然而,圣西门对他的伟大使命——为人类开辟一条新的道路,即走向普遍幸福的道路,却越来越具有信心。当时,他读到斯塔尔夫人的新著《论文学与社会制度的关系》(1800年),感到十分兴奋。斯塔尔夫人认为科学具有伟大作用和人是完美的观点,以及她昔日对各族人民和个人生活中的情感和欲念所作的崇高评价,与圣西门的想法十分接近,使得圣西门感到他自己同斯塔尔夫人心心相印,觉得她的才华与自己并驾齐驱。他断定同她密切合作,一定会收到最好的效果,而像他和她这样的天才结成夫妇,必然会生出能够创造出一番伟大事业的才华惊人的后代。

圣西门没有多加考虑,就在1802年中期同妻子离婚。离婚后不久,女方就同巴夫尔男爵结婚,后来她用巴夫尔夫人的名字发表小说和戏剧作品,而且相当出名;而圣西门则到瑞士的日内瓦湖畔科佩镇,去拜访独居在那里的斯塔尔夫人,企图同她结识并把她据为己有。当时,斯塔尔夫人已经同丈夫离婚。圣西门的尝试完全失败:斯塔尔夫人非常亲切地接待了他,但是拒绝了他的要求。

1802年以后,圣西门集中精力于科学研究和写作。他游历了英国和德国,研究这两个国家的科学界是不是按照他所设想的方向在活动,结果败兴而归。他确信英国人"没有把自己的学术活动指向物理政治学的目标,没有从事改组自己的科学体系的工作",而德国的科学"仍处在幼稚状态,因为它还建立在神秘主义的基础上"。[①] 圣西门最后产生一种信念,认为除了他以外,任何人也不能实现他的理想——为改造欧洲社会开辟新的道路,即开辟走向人类幸福的大道。他动笔写作,并在1802年写出了处女作《一个日内瓦居民给当代人的信》。他在这部著作中努力总结自己在各门科学方面所取得的一切知识,并勾画出自己世界观的几乎一切论点的最一般的,但是还不够清晰的轮廓。

到1802年,圣西门的财产已经荡尽,全都花在招待客人和旅行上了。圣西门不仅无钱出版自己的著作,而且穷得难以果腹。有一个时期,他不得不

① 参看本选集第一卷第32页。——译者注

到一家当铺去当缮写员，每天工作九小时，而全年收入才一千法郎。但是，这种境遇并没有挫败他的志气。他继续刻苦工作，通宵达旦著书，归纳自己的思想，连咯血的重病也没有使他停止过工作。

1805 年，圣西门偶然遇见过去的仆人迪亚尔，从此以后，他的生活状况略有好转。迪亚尔在给他当差的时候，积蓄了一些财产，这时把他请到自己家里去住，使他有了集中精力写作的可能。圣西门用迪亚尔的钱，在 1808 年出版了自己的第二部著作《19 世纪科学著作导论》，比较详细地和有计划地发挥了《一个日内瓦居民给当代人的信》中的基本思想。他在这部著作中详尽地谈论了科学研究的方法，略述了科学的分类，比较慎重地制定了关于必须完全依据有用的知识来总结已经积累得很多的经验材料，总结自然科学和社会科学的思想。圣西门不想大量发行自己的新著。这部书只印了一百部，由他分赠给最著名的学者，希望读者给予批评，并请他们把意见告诉给他。但是，圣西门并没有得到预期的反应。他以后的几部著作，其中有《给经纬度测绘局的信》(1808 年)和《新百科全书》(1810 年)，也得到了同样的命运。

但是，无论是这些失败，还是在迪亚尔死(1810 年)后他遇到的更大的穷困，都丝毫没有使圣西门气馁。相反地，他继续以更大的毅力工作，更加相信自己的力量和使命。结果，虽然他的物质生活状况不断恶化，而他的精神却日益昂扬。他已经达到一贫如洗的地步。他在 1812 年时写道："饮食只有面包和开水，工作的时候屋中没有生火，这样的生活已经过了两个星期。我把一切东西都已卖光，一直到身上穿的衣服，为的是支付我的著作的抄写费。热爱科学和公共福利，渴望寻找和平的方法来结束整个欧洲社会所遭到的可怕的危机，结果竟把我弄到这般贫困地步。因此，我可以心安理得地承认自己的贫困，并且请求必要的支援来继续我的写作活动。"

实际上，圣西门也真正"心安理得地"向一切能够给予援助的人求过援。他不认为自己的求助是下贱的事，因为他所追求的不是赠与，不是施舍，而是对他所创造的重大公益事业、给全人类造福的事业的支援。但是，他的许多受过他的好处和得过他的物质援助的朋友，大部分都对他的求援置之不理。圣西门也曾想起由于他的努力而发了大财的列德伦，并且屡次向他写信：有时答应他用两个人的名义出版哲学著作，有时对他阿谀逢迎，有时用诉讼威胁他，有时又想用自己的贫苦境遇引起对方的怜悯，以便得到圣西门本来有权享有的财产的一部分，哪怕是一小部分也好。但是，这个在1797年用卑鄙手段欺骗过他的列德伦，这一次也只是分给他很少一点钱。

1813年，圣西门写成两部著作：《人类科学概论》和《论万有引力》。这两部著作都没有付印，只是誊了几份清稿，分赠给权威的学者，供他们审阅批评。圣西门等待接受认真的批评，准备同他们一起合作。但是这一次，他的希望也成了泡影。

为了引起政府对他的著作的注意，圣西门给他的《论万有引力》一书加了一个耸人听闻的政治性副题：《迫使英国人承认航海自由的手段》。由于法国实行大陆封锁政策，而英国则实行反封锁，所以"航海自由"非常具有现实的意义。这个副题与该书的内容完全不符，而这本书还是没有引起人们的重视。无论是在书上题名或把该书献给拿破仑，无论是把这本书送给上议院、政府和科学院，也无论是标榜作者同《摄政回忆录》的作者圣西门公爵有血统关系，都没有能够产生效果。

法国和整个欧洲在当时经受的激烈的动荡，以及打乱了大陆上各国人民的整个经济和政治生活的连年战争，都不能不在敏感而喜欢沉思的圣西门的思想活动与著作上反映出来。他的思想集中在社会政治问题，首先是欧洲的"和解"问题上面。这时，他把自然科学问题、自然哲学、作为普遍原则的万有引力定律都放到次要的地位上，不过在解释社会现象时仍以"实证方法"为基础。

1814年，圣西门同一位有才能的初露头角的学者结识，这个人就是后来成名的历史学家梯叶里，他给圣西门当了秘书。在梯叶里的协助下，他发表了一部新作，名叫《论欧洲社会的改组，或在保持各国独立的条件下把欧洲各族人民结成统一的政治体的必要性和手段》。在这部著作里提出了一项摆脱普遍危机的措施，即通过成立全欧议会的办法在政治上把欧洲各国联合起来，而这种联合首先应从结有宿仇的法国和英国开始。圣西门天真地相信这个"欧洲和解"思想能够成为现实。他把这部作品分赠给各国君主，包括沙皇亚历山大一世在内，圣西门并且随书给他写了一封信（这封信没有发表）。

《论欧洲社会的改组》一书获得成功。圣西门的学说开始被人承认。他的物质生活状况也好转起来。圣西门关心政治事件，时常在报刊上发表对这些事件的评论文章，但是由于受到当时政局的影响，在对待政治事件的态度上表现出了很大的摇摆不定。例如1815年拿破仑重返法国时，圣西门在3月15日发表一本小册子反对拿破仑。他在这本小册子里写道：“在我们的国境上出现了一个曾以种种漫无节制的军事暴政蹂躏法兰西十余年的人。”可是刚刚过了两个月，即在“百日”统治时期的5月18日，圣西门又发表一本小册子(与梯叶里合著)，名叫《关于反对1815年同盟的措施的意见》，其中号召法国在拿破仑的领导下同英国结盟。

在拿破仑战争结束以后，法国和整个欧洲的政局暂时安定下来。在复辟时期，法国迅速地沿着工业发展的道路前进，大型的工商企业和银行发展起来。圣西门敏锐地感受到了法国经济生活的脉搏的跳动。他日益看清“工业家”、“实业家”的作用，认为他们是法国经济建设的领导者和参加者，所以应当占据“优势地位”。他开始受到资本家的代表人物的注意，其中有些人时常支持他的写作活动，并成了他的弟子。

圣西门现在有可能发表自己的著作了。他把自己的作品编成选集或文选出版。

1817—1818年，圣西门的四卷本选集出版，总书名叫《实业，或为献身于有益和独立的劳动的一切人的利益所作的政治、道德和哲学讨论》。在收入这部选集的作品中，最有价值的是《给一个美国人的信》和《论财产和法制》。1819年1—5月，出版了十二册文集，书名叫《政治家》。他还利用这部文集的材料，出版了单行本的论文集，名叫《论蜜蜂与胡蜂的不和或生产者与不事生产的消费者的彼此地位》。

1819—1820年，圣西门出版了选集《组织者》，其中有一册刊载了他的名著《寓言》即《关于组织者》。在《寓言》中，他由于犯了“冒犯皇族宗室的公爵”罪而受审。当然，这个罪名是虚构的，没有任何根据，因为圣西门是十分尊崇波旁王朝的。圣西门没有花费多大的力量就洗清了自己的罪名(他的《给陪审员先生的信》就是在当时发表的)，法庭宣告他无罪。

1821年，圣西门出版新的选集，名叫《论实业体系》，并在书上题词：“上帝说：人们要互爱互助。”圣西门在这部选集的各篇论文、意见书、书信和呼吁书中，已经相当清晰和肯定地描绘出他的“实业体系”的思想。

圣西门精力充沛，不知疲倦，而且著作的产量很多。但是，他是一个不能保持平衡、在神经心理系统方面不够正常的人。1823年3月9日，在精神消沉的状况下,他用手枪射击自己的头部企图自杀,但是未遂,只是使右眼失明。这段插曲并没有影响他以后两年的活动,正是在他生活的最后两年,完成了他最重要的和最成熟的一部著作。这时,圣西门已经不是独自一个人在工作了,他的周围有了许多学生。除了梯叶里以外,这时最和他亲近的,是奥古斯特·孔德。后来,孔德成了著名的哲学家,创立了“实证主义”,他的哲学的所有主要论点都是从他的老师那里借用来的。1823—1824 年,圣西门出版了四册《实业家问答》,其中有一册,即第三册,是由孔德执笔的。[①] 圣西门只对这一册作了一个序言,其中阐述他和孔德之间的意见分歧。

1825 年,《论文学、哲学和实业》问世,这部书附有充满乐观精神的题词:“直到目前,人们都盲目地传说黄金时代是属于过去的事,其实它还在将来。”最后,在 1825 年 4 月,出版了圣西门的最后一部著作即《新基督教》,这部著作完成了圣西门所建立的思想大厦。

圣西门在晚年受到了朋友和弟子们的关怀与照顾。1825 年 4 月,他患了重病。他的体力迅速衰弱,但是直到临终,他还保持着清醒的头脑和蓬勃的生气。在弥留之际,他对自己的弟子们说:“你们要记住,为了完成一项伟大的事业,必须具备热情……我终生的全部劳动的目的,就是为一切社会成员创造最广泛的可能来发展他们的才能……在我即将离开人间的时刻,我只能对你们说:用你们的联合力量去完成最伟大的成就的时候来到了。梨子已经成熟,只等你们去摘。”

1825 年 5 月 19 日,圣西门与世长辞。

(董果良译自俄文版《圣西门选集》)

① 这一册构成孔德的《实证政治体系》的第 1 卷。

圣西门的主要著作
（书名附有 * 印的，均收入本选集）

* Lettres d'un habitant de Genève à ses contemporains. 1802.

《一个日内瓦居民给当代人的信》，1802 年。

* Introduction aux travaux scientifiques du XIX siècle (2 vol.). 1807—1808.

《19 世纪科学著作导论》(2 卷)，1807—1808 年。

Lettres au Bureau des Longitudes. 1808.

《给经纬度测绘局的信》，1808 年。

* Nouvelle Encyclopédie 1810.

《新百科全书》，1810 年。

* Mémoire sur la science de l'homme. 1813.

《人类科学概论》，1813 年。

* Travail sur la gravitation universelle. 1813.

《论万有引力》，1813 年。

De la réorganisation de la société européenne, ou de la nécessité et des moyens de rassembler les peuples de l'Europe en un seul corps politique, en conservant à chacun son indépendance nationale. ①1814.

《论欧洲社会的改组，或在保持各国独立的条件下把欧洲各族人民结成统一的政治体的必要性和手段》，1814 年。

Opinion sur les mesures à prendre contre la coalition de 1815. ②1815.

---

① 这部著作是圣西门同他的学生奥古斯丁·梯叶里合写的。

② 同梯叶里合著。

《关于反对1815年同盟的措施的意见》,1815年。

* L'Industrie,ou Discussions politiques,morales et philosophiques dans l'intérêt de tous les hommes livrés à des travaux utiles et indépendants. 1817—1818. ①

《实业,或为献身于有益和独立的劳动的一切人的利益所作的政治、道德和哲学讨论》,1817—1818年。

* Le Politique,pou une société de gens de lettres. 1819. ②

《政治家,为一个文艺工作者协会而作》,1819年。

Considérations sur les mesures à prendre pour terminer la révolution, présentées au roi,ainsi ou à MM. les agriculteurs,né gocians... qui sont membres de la Chambre des députés. 1820.

《论向国王和身为下议院议员的农业界人士、商业界人士……提出的结束革命的措施》,1820年。

* L'Organisateur. 1819—1820. ③

《组织者》,1819—1820年。

* Du système industriel. 1821. ④

《论实业体系》,1821年。

* Des bourbons et des Stuarts. 1822.

《论波旁王朝和斯图亚特王朝》,1822年。

* Suite à la brochure des Bourbons et des Stuarts. 1822.

《续论波旁王朝和斯图亚特王朝》,1822年。

---

① 本选集由本书中选了两篇文章:《给一个美国人的信》和《加强实业的政治力量和增加法国的财富的制宪措施》。

② 本选集由本书中选了《论蜜蜂与胡蜂的不和或生产者与不事生产的消费者的彼此地位》一篇。

③ 本选集由本书中选了两篇文章:《关于组织者》(即《寓言》)和《我的〈社会组织理论〉一书的摘要》。

④ 本选集由本书中选了《序言》、《导论》、《上国王书》、《致博爱者书》等篇。

* Catéchisme des industriels. 1823—1824.

《实业家问答》,1823—1824 年。

* Opinions littéraires, philosophiques et industrielles. 1825. ①

《论文学、哲学和实业》,1825 年。

* Nouveau Christianisme. 1825.

《新基督教》,1825 年。

*　　*　　*

最初的圣西门全集是由他学生罗德里格在 1832 年出版的,本预定共出十或十二卷,但是结果只出了两卷。这两卷是:

Oeuvres complètes de Saint-Simon. Publiées par Olinde Rodrigues, son disciple("Lettres d'un habitant de Genève", "Parabole politique", "Nouveau christianisme", "Fragments de l'histoire de sa vie"). Paris, 1832. XXXVIII+201 p.

《圣西门全集》(《一个日内瓦居民的信》、《政治寓言》、《新基督教》、《圣西门生平片断》),第 1 卷,巴黎,1832 年,XXXVIII+201 页。

Oeuvres complètes de Saint-Simon("Catéchisme politique des industriels", "Vues sur la propriété et la legislation"). Seconde livraison. Paris, 1832. 364 p.

《圣西门全集》(《实业家政治问答》、《论财产和法制》),第 2 卷,巴黎,1832 年,364 页。

1841 年,罗德里格又把这两本全集合成一册出版,并作了订正。书名改为:

Œuvres Complètes de Saint-Simon... publiés par Olinde Rodrigues. Paris, 1841. XXXVIII+364+201 p.

《圣西门全集》,奥伦德·罗德里格编。巴黎,1841 年。XXXVIII+364+201 页。

雨巴在 1857 年出版的下述一书,选载了圣西门的大部分原作:

G. Hubbard, Saint-Simon. Sa vie et ses travaux, suivi de fragments des plus célèbres écrits de Saint-Simon. Paris, 1857, 316 p.

雨巴:《圣西门——他的生平及其名著片断》,巴黎,1857 年,316 页(其中

① 本卷由本书中选了两篇文章:《适用于 19 世纪的几个哲学论点》和《论社会组织》。

由 117 页至 311 页是圣西门作品选录）。

1859 年，列蒙尼埃编的圣西门选集出版，共分三小卷，第 1 卷和第 3 卷附有圣西门著作目录。这部选集的名称为：

Œuvres choisies de C.-H. de Saint-Simon, précédées d'un essai sur sa doctrine. Bruxelles, 1859. I, CXII+264 p.; II, 455 p.; III, 388 p.

《圣西门选集》，前面附有一篇论圣西门学说的文章。布鲁塞尔，1859 年，第 1 卷，CXII+264 页；第 2 卷，455 页；第 3 卷，388 页。

后来出版的比较完全的全集为：

Oeuvres de Saint-Simon et d'Enfantin, publiées par des membres du conseil institué par Enfantin... et précédées de deux notices historiques. Vol. 1—47. Paris, 1865—1878.

《圣西门与安凡丹全集》，由安凡丹领导的委员会出版，前面附有两篇历史文献。1—47 卷，巴黎，1865—1878 年（其中第 15 卷、18—23 卷、37—40 卷载的是圣西门著作）。

1925 年，为纪念圣西门逝世一百周年，出版了圣西门的著作摘要：

L'œuvre d'Henri de Saint-Simon. Textes choisis avec une Introduction par C. Bouglé. Paris. 1925. XXXII+264 p. (I partie—La philosophie des Sciences, II Partie—L'Organisation de la Paix, III partie—L'Industrialisme socialiste, IV partie—La Religion de l'Avenir).

《昂利·圣西门作品摘要》，作品摘要，附有布格雷的导言。巴黎，1925 年，XXXII+264 页（第一部分——社会哲学；第二部分——和平的组织；第三部分——社会主义的实业制度；第四部分——未来的宗教）。

1966 年，法国“人类出版社”增订出版六卷本的《圣西门全集》。这部全集的头五卷抽印重版了上述的 1865—1878 年陆续出版的《圣西门与安凡丹全集》中的圣西门作品：第 1 卷合刊该全集的第 15 卷和第 18 卷（每卷均单独编页码，以下同），第 2 卷合刊第 19 卷和第 20 卷，第 3 卷合刊第 21 卷、第 22 卷和第 23 卷，第 4 卷合刊第 37 卷和第 38 卷，第五卷合刊第 39 卷和第 40 卷。另外，又选《圣西门与安凡丹全集》未收的圣西门重要作品，按作品的发表年代顺序，合编了一本第 6 卷，其中包括：

一、选自列蒙尼埃编的 1859 年版《圣西门选集》（三卷本，布鲁塞尔）：

1. * Introduction aux Travaux scientifiques du XIXe siècle (1807—1808)（《19 世纪科学著作导论》，1807—1808 年）；

2. Profession de Foi du Comte de SAINT-SIMON sur l'invasion du territoire français par Napoléon Bonaparte(1815)(《圣西门伯爵对拿破仑·波拿巴入侵法国领土的声明》,1815 年);

3. Opinion sur les mesures à prendre contre la coalition de 1815(1815)(《关于反对 1815 年同盟的措施的意见》,1815 年,与梯叶里合写);

4. Lettres de Henri de SAINT-SIMON à Messieurs les Júrés(1820)(《昂利·圣西门给茹勒家诸先生的信》,1820 年);

5. * Suite a la Brochure des Bourbons et des Stuarts(1822)(《续论波旁王朝和斯图亚特王朝》,1822 年);

6. Lettres au Bureau des Longitudes(1808)(《给经纬度测绘局的信》,1808 年)。

二、迄今部分发表和未发表的作品:

1. Projet d'Encyclopédie(1810),(Manuscrit B. N. 24605)(《百科全书草案》,1810 年,手稿档案编号 B. N. 24605,以前曾部分发表);

2. Histoire de l'Homme(1810)(《人的历史》,1810 年,删去关于太阳系理论的部分);

3. Les Communes ou Essai sur la Politique Pacifique(1818? B. N. ,Fr 24607)《公社,或论和平政治》,1818 年? 手稿编号 B. N. ,Fr 24607);

4. * Classe des Prolétaires(1821?)(《无产阶级》,1821 年?)

5. * Lettre à Messieurs les Ouvriers(1821)(《致工人先生们的一封信》,1821 年);

6. * Travaux Philosophiques, Scientifiques et Poétiques ayant pour objet de faciliter la réorganisation européenne(1822, B. N. 8 R 7084)(《以促进欧洲改组为目的的哲学、科学和诗学研究》,1822 年,手稿编号 B. N. 8R 7084);

7. * Deux lettres à Messieurs les Électeurs de la Seine qui sont Producteurs(1822, B. N. 8 Lb 48 3372)(《给塞纳省生产者选民先生们的两封信》,1822 年,手稿编号 B. N. 8 Lb 48 3372);

8. * les Intérêts Politiques des Producteurs(1822, B. N. R 2650). (《生产者的政治利益》,1822 年,手稿编号 B. N. R 2650);

9. * Nouvelle Encyclopédie(1810)(《新百科全书》,1810 年,曾部分发表);

10. Chant des Industriels(1821)(《实业家之歌》,1821 年);

11. * Des Bourbons et des Stuarts(1822)(《论波旁王朝和斯图亚特王朝》(1822 年))。

(董果良编译)

有关研究圣西门的文献

К. Маркс и Ф. Энгельс. Сочинения, т. IV, М. 1933. "Немецкая идеология", стр. 491—507.

《德意志意识形态》。《马克思恩格斯全集》第 4 卷,莫斯科 1933 年版,第 491—507 页。

Ф. Энгельс. Анти-Дюринг. К. Маркс и Ф. Энгельс. Сочинения, т. XIV, М.-Л., 1931, стр. 259 сл. и passim. То же в книге: Ф. Энгельс. Развитие социализма от утопии к науке. М., 1940, 104 стр.

恩格斯:《反杜林论》。《马克思恩格斯全集》第 14 卷,莫斯科-列宁格勒 1931 年版,第 259 页以后和散见各处。恩格斯:《社会主义从空想到科学的发展》,莫斯科 1940 年版,第 104 页。

Г. В. Плеханов. Сочинения, т. VII, М.-Л., 1925. "К вопросу о развитии монистического взгляда на историю" Гл. III, стр. 84—113.

《论一元论史观的发展》第 3 章。《普列汉诺夫全集》第 7 卷,莫斯科-列宁格勒 1925 年版,第 84—113 页。

Г. В. Плеханов. Сочинения, т. XVIII. М.-Л., 1925. "Французский утопический социализм", стр. 57—73 и 86—132.

《法国的空想社会主义》。《普列汉诺夫全集》第 18 卷,莫斯科-列宁格勒 1925 年版,第 57—53 页,第 86—132 页。

Арк. А—Н (Аннекштейн). Анри де Сен-Симон, егожизнь и учение. С приложением очерка учения и деятельности сен-симонистов. М.-Л., 1926. 240 стр.

阿尔克:《昂利 · 圣西门——他的生平和学说》,附有圣西门主义者的学说和活动的简述。莫斯科-列宁格勒 1926 年版,第 240 页。

Р. Виппер. Социальная философия сен-симонизма (по поводу книги Ив. Иванова: "Сен-Симон и сен-симонизм"). Журн. 《Мир божий》, 1901, № 12, стр. 256—271.

维佩尔:《圣西门主义的社会哲学》(评伊万诺夫的《圣西门和圣西门主义》),《神的世界》杂志,1901 年,第 12 期,第 256—271 页。

В. П. Волгин. Сен-Симон и сен-симонизм. 2-е изд., М., 1925, 104 стр. (то же в книге: В. П. Волгин. Очерки по истории социализма. 4-е изд. М.—Л., 1935, стр. 231—316).

沃尔金:《圣西门和圣西门主义》。第 2 版,莫斯科 1925 年版,第 104 页(沃尔金:《社会主义简史》第 4 版,莫斯科-列宁格勒 1935 年版,第 231—316 页)。

В. П. Волгин. История социалистических идей. Часть 2, вып., 1, М.—Л., 1931, 142 стр.

沃尔金:《社会主义思想史》第 2 部,第 1 编,莫斯科-列宁格勒 1931 年版,142 页(关于圣西门,参看第 5—34 页)。

Ив. Иванов. Сен-Симон и сен-симононизм. М., 1901, 735 стр. 伊万诺夫:《圣西门和圣西门主义》,莫斯科 1901 年版,735 页。

Н. Ососкова. Нравственный облик Сен-Симона и его отношение к религии. "Записки научного общества марксистов", 1922, № 3, стр. 86—99.

奥索斯科娃:《圣西门的道德面貌和他对宗教的态度》,载于《马克思主义学会通报》,1922 年,第 3 期,第 86—99 页。

Н. Г. Чернышевский. Полное собрание сочинений, т. VI, СПб., 1906. "Июльская монархия", стр. 127—150.

《七月王朝》。《车尔尼雪夫斯基全集》第 6 卷,圣彼得堡 1906 年版,第 127—150 页。

Б. Н. Ричерин. Сен-Симон и его школа. Журн. "Вопросы философии и психологии", 1901, XI—XII, стр. 615—698.

齐切林:《圣西门和他的学派》,载于《哲学和心理学问题》杂志,1901 年,第 11—12 期,第 615—698 页。

С. Штейнберг. Общественные и исторические взгляды Сен-Симона. Журн. "Жизнь", 1900, № 2, стр. 69—85.

施坦因贝格:《圣西门的社会和历史观点》,载于《生活》杂志,1900 年,第 2 期,第 69—85 页。

A. J. Boots Saint-Sirnon and Saint-Simonism. A chapter in the history of

socialism in France. London, 1871, IX+262 p.

布茨:《圣西门和圣西门主义。法国社会主义史上的一章》,伦敦 1871 年版,XI+262 页。

C. Bouglé. Chez les prophètes socialistes. Paris, 1918, 246 p.

布格雷:《社会主义先驱者》,巴黎 1918 年版,246 页(其中第 1—110 页是专谈圣西门的)。

G. Brunet. Le mysticisme social de Saint-Simon. Paris, 1925, 125 p.

布鲁内:《圣西门的社会神秘主义》,巴黎 1925 年版,125 页。

Doctrine de Saint-Simon. Exposition, Paris, 1830. Последнее издание (под редакцией Бугле и Галеви), Rivière, 1924. Русский перевод: Изложение учения Сен-Симона. Пер. с Франпузского под редакцией и с комментариями Э. А. Желубовской. Вступительная статья В. П. Волгина. М. —Л., 1947, 599 стр.

《圣西门学说释义》,巴黎 1830 年版。本书的最近一版(布格雷和加列维主编)在 1924 年由李维埃尔书店出版。本书的俄译本在 1947 年于莫斯科-列宁格勒出版,附有日鲁包夫斯卡娅的注释和沃尔金的序文,599 页。

G. Dumas. Psychologie de deux messies positivistes Saint-Simon et Auguste Comte. Paris, 1905, 314 p.

仲马:《实证主义的两个始祖:圣西门和奥古斯特·孔德的心理学》,巴黎 1905 年版,314 页。

E. Durkheim. Le socialisme. Sa définition, ses débuts. La doctrine saint-simonienne. Paris, 1928, XI+352 p.

杜尔克姆:《社会主义、它的定义和产生。圣西门学说》,巴黎 1928 年版,XI+352 页(由第 117 页到第 352 页是专谈圣西门的)。

J. E. Fidao. Le droit des humbles. Études de politique sociale. Paris, 1904, 360 p.

费达欧:《谦逊者们的权利。社会政治的研究》,巴黎 1904 年版,360 页(由第 80 页到 149 页是专谈圣西门和圣西门主义的)。

H. Gouhier. La jeunesse d'Auguste Comte et la formation du positivisme. T, II. Saint-Simon jusqu'à la Restauration. Paris, 1936, 388 p.

古叶:《帝制复辟以前的圣西门》《载于奥古斯特·孔德的青年时代和实证主义的形成》,第 2 卷,巴黎 1936 年版,388 页。

J. E. Grabowski. Saint-Simon. Utopja-filosofja-industrjalizm. Warazawa, 1936, III+395 S.

格拉包夫斯基:《圣西门。空想的、哲学的实业体系》,华沙 1936 年版,III+395 页。

W. Hausenstein. Die grossen Utopisten. Berlin, 1920, 64 S.

豪森斯坦:《伟大的空想主义者们》,柏林 1920 年版,第 64 页(第 27—44 页是专谈圣西门的)。

G. Hubbard. Saint-Simon. Sa vie et ses travaux. Paris, 1857, 316 p.

雨巴:《圣西门——他的生平及其名著片断》,巴黎 1857 年版,316 页。

P. Janet. Saint-Simon. et le saint-simonisme. Paris, 1878, VII+171 p.

贾内:《圣西门和圣西门主义》,巴黎 1878 年版,VII+171 页。

M. Leroy. Le socialisme des producteusr. Henri de Saint-Simon. Paris, 1924, XIX+193 p.

勒鲁:《生产者的社会主义。昂利·圣西门》,巴黎 1924 年版,XIX+193 页。

M. Leroy. La vie veritable du comte Henri de Saint-Simon. Paris, 1925, 336 p.

勒鲁:《昂利·圣西门伯爵的生活实况》,巴黎 1925 年版,336 页。

E. Levasseur. Les études sociales sous la Restauration. Saint-Simon et le saint-simonisme. Fourier et le fouriérisme. Paris, 1902, 56 p.

勒瓦瑟尔:《帝制复辟时期的社会研究。圣西门和圣西门主义。傅立叶和傅立叶主义》,巴黎 1902 年版,56 页。

F. Muckle. Saint-Simon und die ökonomische Geschichtstheorie. Ein Beitrag zu einer Dogmengeschichte des historischen Materialismus. Jena, 1906, 45 S.

穆克尔:《圣西门和经济史观。关于历史唯物主义学说史的一项研究》,耶纳 1906 年版,45 页。

F. Muckle. Henri de Saint-Simon. Die Persönlichkeit und ihr Werk. Jena, 1908, VI+384 S.

穆克尔:《昂利·圣西门及其为人和著作》,耶纳 1908 年版,VI+384 页。

A. Péreire. Autour de Saint-Simon. Documents originaux. Paris, 1912, XII+237 p.

彼列拉:《有关圣西门的原始文献》,巴黎 1912 年版,XII+237 页。

"Revue d'Histoire économique et sociale". 1925, No. 2. Numéro spécial, consacré à Saint-Simon. 129—238 p.

《经济史和社会史评论》,1925 年,第 2 期,《圣西门研究专号》,第 129—238 页。

G. Salomon. Saint-Simon und der Sozialismus. Berlin, 1919, 108 S.

萨洛蒙:《圣西门和社会主义》,柏林 1919 年版,108 页(其中摘录了圣西门的某些作品)。

L. von Stein. Geschichte der sozialen Bewegung in Frankreich von 1789 bis auf unsere Tage. Zweiter Band. München, 1921, 567 S.

冯·史坦因:《法国由 1789 年到现在的社会运动史》,第 2 卷,慕尼黑 1921 年版,第 567 页(由第 133 页到第 231 页是专谈圣西门的)。

O. Warschauer. Geschichte des Socialismus und neueren Kommunismus. Erste Abteilung: Saint-Simon und der Saint-Simonismus. Leipzig, 1892, X+106 S.

瓦尔肖:《社会主义史和现今共产主义》,第 1 部:《圣西门和圣西门主义》,莱比锡 1892 年版,X+106 页。

G. Weill. Saint-Simon et son oeuvre. Paris, 1894, X+247 p.

魏尔:《圣西门和他的著作》,巴黎 1894 年版,X+247 页。

P. Weisengrün. Die socialwissenschaftlichen Ideen Saint-Simon's. Basel, 1895, 97 S.

维森格伦:《圣西门的社会科学思想》,巴塞尔 1895 年版,97 页。

H. Fournel. Bibliographie saint-simonienne de 1802 au 31 décembre 1832. Paris, 1833, 130 p.

富尔涅尔:《圣西门著作目录(从 1802 年至 1832 年 12 月 31 日)》,巴黎。1833 年版,130 页。

J. Stammhammer. Bibliographie des Sozialismus und Communismus. Bd. I-III. Jena, 1893—1909.

斯坦汉梅:《社会主义和共产主义著作目录》,第 1—3 卷,耶纳 1893—1909 年版。

Журн. Под знаменем марксизма, 1925, №. 5—6, стр. 265—269.

《在马克思主义的旗帜下》杂志,1925 年,第 5—6 期,第 265—269 页(内有关于圣西门的俄文文献)。

Georges Weill: L'École Saint-Simonienne. Paris, 1896.

若·魏尔:《圣西门学派》,巴黎 1896 年版。

Sérastien Charléty: Histoire, du Saint-Simonisme. paris, 1896 el 1931.

赛·沙尔勒蒂:《圣西门主义的历史》,巴黎 1896 年版,1931 年再版。

Samuel Bernstein: Saint-Simon's Philosophy of History, in Science and Society, Vol XII, No. I, New-York, 1948.

赛·伯恩斯坦:《圣西门的历史哲学》,载于《科学与社会》杂志第 12 卷第 1 期,1948 年,纽约。

Jean Dautry: Sur un imprimé retrouvé du Comte de Saint-Sirmon. (Annales historiques de la Révolution française, 1948)

让·多特利:《关于新发现的一部圣西门伯爵的小册子》(载于《一九四八年版法国革命史年鉴》)。

Jean Dautry: "Saint-Simon, Textes Choisis", Paris, 1969.

让·多特利:《圣西门著作选读》,1969 年巴黎版。(本书是法国社会出版社出版的《人民必读古典著作丛书》之一,前面有一篇很长的序言,对选读的原文附有注释和解说。)

(董果良编译)

人名译名对照表

A

阿伯勒斯　Apelles
阿尔-拉希德(哈仑-阿尔-拉希德)　Al-Roshid
阿尔-马门　Al-Manoun
阿基米得　Archimedes
阿里欧斯托，洛多维科　Ariosto，Lodovico
安凡丹，巴特尔米·普罗斯佩　Enfantin，Barthélemy Prosper
安古雷姆公爵　Angoulêm duc d'
安提帕特　Antipater
奥尔良公爵　Orleans，duc de
奥古斯丁，奥略里　Augustinus，Aurelius

B

巴斯噶，勃列兹　Pascal，Blaise
巴特尔米，弗朗斯瓦　Barthélemy François
巴札尔　Bazard，Armand
保罗(使徒)　Paul，Apostle
贝尔托莱，克劳德·路易　Berthollet，Claude-Louis
贝黑尔，约翰·约阿希姆　Becher，Johann Joachim
贝利公爵　Barry，duc de
贝利曼，托尔培恩·奥洛夫　Bergman，Torbern Olof

比约-瓦廉，让·尼古拉　Billaud-Varenne，Jean-Nicolas
彼得(使徒)　Peter，Apostle
毕达哥拉斯　Pythagoras
毕丰，若尔日·路易·勒克勒尔克　Buffon，Georges-Louis-Leclerc
毕沙，玛丽·弗朗斯瓦　Bichat，Marie François
庇护七世　Puis VII
波利欧克特　Polyeucte
波旁公爵　Bourbons，duc de
博纳尔，路易·加布里埃尔·昂布鲁瓦兹　Bonald，Louis-Gabriel-Ambroise
博胥埃，雅克·伯尼涅　Bossuet，Jacques-Benigne
柏拉图　Platon
布尔格，约翰·托比阿斯　Bürg，Johann Tobias
布根维尔，路易·安都昂　Bougainwille，Louis-Antoine
布莱克，约瑟夫　Black，Joseph
布莱克斯顿，威廉　Blackstone，William
布瓦尔，亚历克西斯　Bouvard，Alexis

C

查理大帝　Charles le Grand
查理一世　Charles I
查理十世　Charles X
查士丁尼　Justinien

D

达尔文，查理·罗伯特 Darwin, Charles Robert
达格梭，昂利·弗朗斯瓦 D'aguesseau, Henri François
达·芬奇，列奥纳多 da Vinci, Leonardo
达兰贝尔，让·勒朗 D'Alembert, Jean le Rond
达纳乌斯 Danaus
但丁·阿利格埃里 Dante Alighieri
德拉孔 Dracon
德洛姆，让·路易 Delolme, Jean Louis
狄德罗，德尼 Diderot, Denis
狄摩西尼 Demosthenes
笛卡儿，勒内 Descartes, René
迪亚尔 Diar
杜巴丽，吉约姆 Du Barry, Guillaume
杜尔阁，安·罗伯尔·雅克 Turgot, Anne-Robert-Jacques
杜弗雷斯诺阿，朗格勒 Dufresnoi, Lenglet

F

法尔内泽，亚历山大 Farnése, Alexander
菲利浦二世 Philippus II
菲力浦，奥尔良公爵 Philippe, Orleans
斐迪南二世 Ferdinand II
斐迪南七世 Ferdinand VII
斐狄亚斯 Phidias
封特内尔，贝尔纳·勒·博维埃·德 Fontenelle, Bernard Le Bovier de
伏尔泰，弗朗斯瓦·玛丽·阿劳埃·德 Voltaire, François Marie Arouet de
富尔克罗瓦，安都昂·弗朗斯瓦 Fourcroy, Antoine François
福克斯 Fox

G

该隐 Cain
盖纳尔，安都昂 Guenard, Antoine
哥伯尼，尼古拉 Copernicus, Nicholas
哥伦布，克里斯托弗尔 Columbus, Cristopher
格雷哥里七世（希尔德布兰德） Gregorius IIV
格累尔特，克里斯提布·埃烈哥特 Gellert Christieb Ehregott
龚德 Conde, de
古阿迪，玛尔格丽特·艾利 Guadet, Marguerete-Elie

H

哈仑-阿尔-拉希德（阿尔-拉希德） Haroun-Al-Roshid
哈维，威廉 Harvey, William
汉尼拔 Hannibal
荷马 Homeros
亨利四世 Henri IV
华盛顿，乔治 Washington, George
惠根斯，克利斯提安 Huygens, Christian

J

基佐，弗朗斯瓦·比埃尔·吉约姆 Guizot, François Pierre Guillaume
纪顿，路易·贝尔纳 Guiton, Louis-Bernard
加佩·休 Capet-Huguet
伽利略，伽利莱 Galileo, Galilei
居鲁士 Cyrus
居维叶，若尔日 Cuvier, Georges
君士坦丁大帝 Contantin, Le Grand

K

卡巴留斯，弗朗斯瓦　Cabarrus，François
卡巴尼斯，若尔日　Cabanis，Georges
卡尔诺，拉札尔　Carnot，Lazare
卡文迪什，亨利　Cavendish，Henry
恺撒，凯尤斯·尤利乌斯　Caesar，Caius Julius
康巴塞烈斯，让·雅克　Cambaceres，Jean Jacques
康德，伊曼努尔　Kant，Immanuel
康沃利斯，查理　Cornurallis，Charles
柯尔培尔，让·巴蒂斯特　Colbert，Jean-Baptiste
柯伦卡尼乌斯　Coruncanius
柯万，理查　Kirwan，Richard
科克，詹姆斯　Cock，James
克雷门特十四　Clement XIV
克列安提斯　Cleanthes
克利齐普　Chrosippus
克伦威尔，奥利弗　Cromwell，Oliver
克洛维斯一世　Clovis I
刻卜勒，约翰　Kepler，Joham
孔德，奥古斯特　Comte，Auguste
孔多塞，让·安都昂　Condorcet，Jean Antoine
孔狄亚克，埃蒂耶纳　Condillac，Etienne

L

拉彼鲁兹，让·弗朗斯瓦　La Perouse，Jean-Francois de
拉斐尔·桑蒂　Raffaello Santi
拉格朗日，约瑟夫·路易　Lagrange，Joseph-Louis
拉普拉斯，比埃尔·西蒙　Laplace，Pierre Simon
拉瓦锡，安都昂·罗朗　Lauoisia，Antoine Laurent
拉·沃古翁　La Vauguyon
莱布尼茨，哥特弗利德·威廉　Leibniz，Gottfride Wilhelm
莱喀古士　Lycurgus
黎塞留，阿尔芒·让　Richelieu，Armand-Jean
利奥十世　Leo X
列德伦，齐格蒙德　Redern，Sigismund
列奥弥尔，勒内·安都昂　Reaumur，René-Antoine
林耐，卡尔　Linne，Carl
卢夫阿，米歇尔　Louvois，Michel
卢梭，让·雅克　Rousseau，Jean-Jacques
路德，马丁　Luther，Martin
路易四世　Louis IV
路易九世　Louis IX
路易十一　Louis XI
路易十三　Louis XIII
路易十四　Louis XIV
路易十五　Louis XV
路易十六　Louis XVI
路易十八　Louis XVIII
罗伯斯庇尔，马克西米利安　Robespierre，Maximilien
罗德里格，奥伦德　Rodrigues，Olinde
罗慕路斯　Romulus
洛克，约翰　Locke，Joh

M

马基雅弗利，尼古洛　Machiavelli，Nicolo
马卡尔，比埃尔·约瑟夫　Macquer，Pierre-Joseph
马勒伯朗士，尼古拉　Malebranche，Nicolas

马勒泽尔布,克列提安·吉约姆 Malesherber, Chretien-Guillaume
麦克劳林,科林 Maclaurin, Colin
麦哲伦,斐尔南·德 Magellan, Fernand de
曼太嫩 Maintenon
梅济埃尔 Miesier
米开朗琪罗·邦纳罗蒂 Michelangelo Buonarroti
米诺斯 Minos
莫尔,托马斯 More, Thomas
莫尔沃,吉顿·德 Morveau, Guyton de
莫利纽,威廉 Molineux, William
墨涅拉俄斯 Menelaus
孟德斯鸠,沙尔·路易 Montesquieu, Charles-Louis
孟日,加斯帕尔 Monge, Gaspard
穆罕默德 Mahomet
普洛透斯 Proteus

N

拿破仑一世,波拿巴 Napoléon I,Bonaparte
拿破仑二世(奥地利公爵) Napoléon II
聂克尔,雅克 Necker, Jacques
牛顿,伊萨克 Newton, Issac
努玛,彭庇里乌斯 Numa, Pompilius

O

欧福耳玻斯 Euphorbus
欧勒,列奥纳特 Euler,Leonard

P

潘恩,威廉 Penn,William
培尔,比埃尔 Bayle,Pierre
培根,弗兰西斯 Bacon, Francis
培根,罗吉尔 Bacon, Roger
佩尔蒂埃,比埃尔·约瑟夫 Pelletier, Pierre-Joseph
佩里埃,卡吉米尔 Perier, Casimer
配第,威廉 Petty, William
普拉德特,多米尼克 Pradt, Dominique
普莱斯,理查 Price, Richard
普利斯特列,约瑟夫 Priestley, Joseph

R

茹夫卢阿,圣伊莱尔 Jouffroy, Saint-Hilaire
若弗卢阿,埃蒂耶纳 Geoffroy, Etienne

S

萨伊,让·巴蒂斯特 Say, Jean Baptiste
赛古尔,亚历山大·约瑟夫·比埃尔 Ségur, Alexander-Joseph-Pierre
舍勒,卡尔·威廉 Scheel, Karl Willhelm
圣比埃尔,沙尔·伊列尼 Saint-Pierre, Charles-Irenee
圣西门,巴尔塔札尔·昂利 Saint-Simon, Baltasar Henry
圣西门公爵,路易 Saint-Simon, Louis
施塔尔,格奥尔格·恩斯特 Staël, George Ernst
斯密,亚当 Smith, Adam
斯塔尔夫人 Staël, Madame de
斯图亚特,詹姆斯 Stuart, James
苏格拉底 Socrates
苏利公爵 Surry, duc de
梭伦 Solon

T

塔索,托尔夸托 Tasso, Torquato
塔西佗,普卜利乌斯·科尔奈利乌斯

Tacitus, Publius Cornelius
梯叶里,奥古斯丁 Thierry, Augustin

W

瓦列里亚努斯 Valerianus
万德尔蒙德,亚历克西斯・泰奥菲尔 Vandermonde, Alexis Théophile
威克里夫,约翰 Wiclif, John
威列尔,让・巴蒂斯特・赛拉芬・约瑟夫 Villèle, Jean-Baptiste-Seraphin-Joseph
维尔尼奥,比埃尔・维克图尼安 Vergniaud, Pierre-Victurnien
维克达吉尔,菲力克斯 Vicge D'Azyr, Felix
维莱尔,沙尔 Viller, Charlges
沃尔涅,康斯坦丁・弗朗斯瓦 Volney, Constantin-François

X

西庇阿 Scipio
西塞罗,马克・土利乌斯 Cicero Marcus Tullius
希波革拉底 Hippocrates
希尔德布兰德(格雷哥里七世) Hildebrand
希卡尔,安布罗阿兹・库库伦 Sicard, Ambroise Cucurron
希罗多德 Herododus
夏多布里安,弗朗斯瓦・勒内 Chateaubriand, François-René
夏隆,比埃尔 Charron, Pierre
夏瓦 Eva
休谟,戴维 Hume, David
修昔的底斯 Thueydides

Y

亚伯 Abel
亚勒弗烈大帝 Alfred, the Great
亚里士多德 Aristoteles
亚历山大(马其顿王) Alexander
亚历山大一世 Александр I
亚当 Adam
杨格,阿瑟 Young, Arthur
杨松奈,阿尔芒 Jeanssone, Armand
伊塔尔,安都昂 Itare, Antoine
尤利安努斯 Julianus
犹大 Judea
约翰六世 Johann VI
约瑟夫二世 Joseph II

Z

芝诺 Zenon

编 后 记

1962年，我馆根据苏联科学院出版社所出的《圣西门选集》俄译本转译了圣西门的几篇主要著作，分为上下两卷出版。岁月流逝，迄今已有二十一年了。

现应读者的要求，并在数位译者通力协作和热情支持下，新版《圣西门选集》又开始陆续问世。这一版系根据法国1966年出版的《圣西门全集》直接从法文翻译过来。除对原来从俄译本转译过来的几篇文章，根据法文重新作了校订外，并新增补了圣西门的十四篇重要论著，分别插入各卷中，以便于我国的读者对于法国这位伟大空想社会主义者的学说有较全面的了解，或进行更深入的研究。原来俄译本中所收的《圣西门的社会学说》一文和《圣西门传略》，对了解圣西门的生平和思想很有参考价值，故在新版中仍予保留。

由于书中的内容有了大幅度的增加，所以这一版的《圣西门选集》分成三卷出版，第三卷中除《新基督教》一文外，其余均为新译。

1983年10月

图书在版编目(CIP)数据

圣西门选集.第3卷/(法)圣西门著;董果良,赵鸣远译.—北京:商务印书馆,2017
(汉译世界学术名著丛书:120年纪念版:珍藏本)
ISBN 978-7-100-14460-5

Ⅰ.①圣… Ⅱ.①圣… ②董… ③赵… Ⅲ.①圣西门(Saint-Simon,claude Henri 1760—1825)—文集 ②空想社会主义—文集 Ⅳ.①D091.6-53

中国版本图书馆 CIP 数据核字(2017)第154811号

汉译世界学术名著丛书
(120年纪念版·珍藏本)
圣西门选集
第三卷
董果良 赵鸣远 译

商 务 印 书 馆 出 版
(北京王府井大街36号 邮政编码100710)
商 务 印 书 馆 发 行
北京市十月印刷有限公司印刷
ISBN 978-7-100-14460-5

2017年12月第1版 开本 710×1000 1/16
2017年12月北京第1次印刷 印张 17½
定价:88.00元